■국내 최신판 · 완벽한 그림 해설 · 새로운 레크레이션 모음집!!

정통 실외

기초 이론에서부터
실기 완성까지

레크레이션

현대레저연구회 편

太乙出版社

■완벽한 그림 해설—
새로운 레크레이션 모음집!!

정통 실외 레크레이션

현대레저연구회 편

머 리 말

'자연은 위대한 교사다'라고 하는 말이 있지만, 그 자연 속에서 이루어지는 야외 레크레이션은 인간성 개발에 매우 효과적이다. 아름다운 자연이 인간의 정서 발달에 좋은 영향을 줄 뿐만 아니라, 캠핑 때와 같이, 자연 속에서의 매우 단순하고 소박한 집단 생활이 사회성을 함양하고 따뜻한 연대감을 기르는 데에도 큰 역할을 한다. 구미에서는, outdoor Education이라고 해서, 소위 야외 레크레이션이 높이 평가되고 점점 더 발전의 일로를 걷고 있다.

야외 레크레이션이란, 자연 속에서 자연을 이용하여 실시하는 레크레이션 활동으로 등산, 캠핑, 하이킹, 오리엔티어링, 반더포겔, 유스호스텔 활동, 백패킹, 스키, 스케이트, 수영, 카누, 요트, 그리고 요즘에는 행글라이더 등까지 포함해서 그 종류도 매우 다채롭다.

본서에서는 수 많은 야외 레크레이션 종목 중에서, 학교 교육이나 사회 교육, 그룹이나 단체 레크레이션으로써 이용하는 빈도 높은 종목을 중점으로 더욱더 앞으로 발전하리라고 예상되는 종목의 소개도 하고 있다. 가능한 한 구체적으로 설명하고 있으니까, 학교에서 임간 학교를 개설하는 경우나, 단체나 그룹 야외 레크레이션을 하려고 할 때에는 틀림 없이 도움이 될 것이다.

차 례

제1부—야외(실외) 레크레이션의 의의

제2부—국민학생을 위한 야외레크레이션

차 례

차 례

차 례

차 례

제3부—중고생을 위한 재미있는 야외레크레이션

차 례

차　례

차 례

제4부—언제 어디서나 즐길 수 있는 야외레크레이션

차 례

차 례

제3장/여럿이서 함께 모여 즐길 수 있는 스포티 게임

제5부—전문적인 야외레크레이션

제1장/캠핑

차 례

차 례

제4장/사이클링

제5장/캠프 파이어

차 례

차 례

제8장/호스테링

제6부—야외레크레이션의 유의점

제1장/야외레크레이션의 기획

차 례

제2장/건강관리

제3장/구급법(야외에서의 응급처치)

차 례

제7부—기 타

제1장/캠프 크라프트

제2장/야외 활동과 자연

차 례

제3장/사진촬영

제1부

야외(실외) 레크레이션의 의의

1. 야외레크레이션이란
2. 야외레크레이션의 필요성
3. 야외레크레이션의 전개

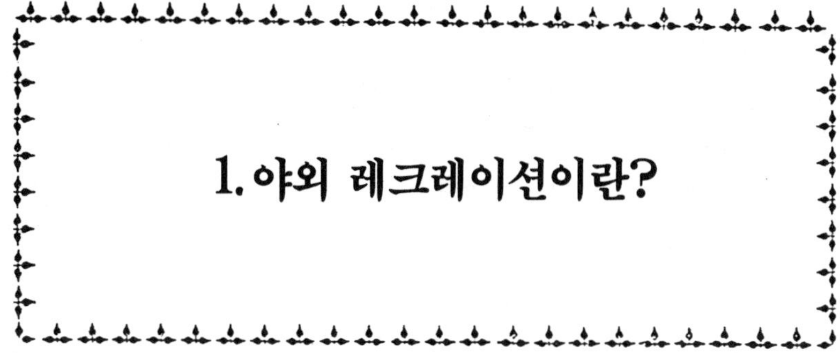

1. 야외 레크레이션이란?

야외 레크레이션이란, 자연 속에서 자연을 이용하여 실시하는 교육적 혹은 레크레이션적 의도를 가진 여러 가지의 활동을 말한다.

예를 들면, 산이나 들판, 숲이나 수풀 등 대지를 이용해서 실시하는 활동을 첫째로 들 수 있다. 즉, 등산(본격적인 것부터 근교의 산에서 실시하는 가벼운 것까지 포함해서), 하이킹, 캠핑, 오리엔티어링, 요즘에는 본격적 등산인 베이스 캠프까지의 캐러밴 부분만을 뽑아내서, 트래킹이라고 하는 새로운 종목까지 생기고 있다. 더욱이 인문적인 가치를 부가한 여행 활동으로써, 유스호스텔 활동, 백패킹, 종교적인 의미를 가진 현대적인 편로, 행각까지도 야외 레크레이션으로 이해해도 틀리지 않을 것이다.

다음으로 바다나 강, 호수, 늪 등 물을 이용한 활동이 있다. 수영, 낚시, 요트, 카누, 스킨다이빙 등이 그것이다.

하늘을 이용한 활동도 있다. 요즘 유행하는 삼각 날개의 글라이더로 활공을 즐기는 행글라이더, 패러슈트로 강하하는 스카이다이빙, 열기구로 하늘을 나는 스포츠도 젊은이 사이에 인기가 있다. 모두 공기나 바람을 이용한 활동이다.

계절적인 것으로써는, 눈이나 얼음을 이용하는 친숙한 스키나 스케이트가 있다.

그리고, 이런 몇가지를 복합시킨 활동도 있다. 호반에서 캠프를 하면서 카누나 요트를 즐기거나 하는 예가 그것이다. 또한, 스키로 오리엔티어링을 하는 경우도 그 예다.

다른 스포츠 경기와 중복되는 점도 있지만 야외 레크리에이션의 경우는 그다지 경기의 승패에 구애되지 않고 그 활동을 선뜻 즐기는 데에 의의가 있는 것이다.

2. 야외 레크레이션의 필요성

과학의 진보는 우리들에게 이루 헤아릴 수 없는 은혜를 베풀어 주었다. 생활의 기본이라고도 말할 수 있는 의식주를 생각해 봐도, 불과 20년쯤 전과 비교해서 매우 사치스러워졌다고 말할 수 있으리라 생각한다. 반면, 폭발적인 공업화나 경제의 발전은 인구의 도시집중이나 각종 공해, 더욱이 인체의 건강 저해, 마음의 황폐를 초래한 것도 사실이다. 이것들은 세계의 선진국이라고 일컬어지는 나라들의 공통 현상이다. 특히, 일본의 태평양 연안 메가로폴리스 지대의 도시의 과밀화는 바야흐로 포화상태를 초래해서 생활 환경의 악화가 사회 문제가 되고 있다.

우리들을 둘러싼 생활환경의 변화는 이것 뿐만이 아니다. 기계의 발달은 노동의 질을 크게 변화시켜 두뇌 노동량의 증가를 가져왔다. 두뇌 노동의 증가는 당연, 운동부족을 초래하고 체력의 저하를 가져온다. 또한, 정신적인 긴장의 연속은 스트레스를 축적해서 심신의 건강에 현저한 악영향을 준다.

자연의 상실은 정서의 건전한 발달과도 무관하지 않다. 인간은 그 성장 속에서 아름다운 자연, 엄격한 자연의 가르침을 자신도 모르는 사이에 받아 왔다. 인간이 창조한 수 많은 예술에서, 자연과의

관계를 무수히 발견할 수 있다. 들에 피는 한 송이의 민들레를 보고 감동할 수 있는 사람과 그렇지 않은 사람과 어느 쪽이 행복할까. 흔히 말하는 콘크리트 정글 속에서는, 그런 정서를 개발할 수 없는 것이다.

이런 환경 속에서 사람들은 당연히 상쾌한 공기, 풍요로운 녹색, 맑고 푸른 하늘, 눈부시게 빛나는 햇빛, 새파란 바다 등의 아름다운 자연을 마치 어머니를 찾는 유아와 같이 그리워하며 찾게 되었다. 산으로 가자! 바다로 가자! 사람들은 도회의 혼잡이나 끊임없는 소음, 번거로운 인간관계, 혹독한 업무 등으로부터 탈출해서 인간성 회복의 장으로써 풍부한 자연을 찾게 되었다.

한편, 학교 교육이나 사회 교육의 면에서도 야외 레크레이션이 초래하는 교육적 효과에 착안하게 되어 수 많은 전문 지도자도 양성되고 있다.

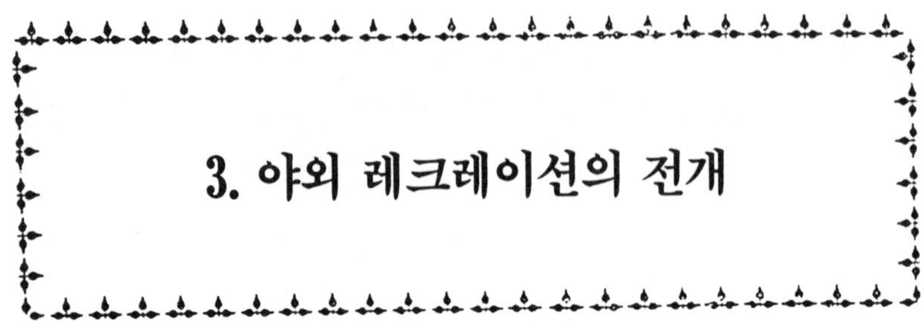

3. 야외 레크레이션의 전개

여가를 즐겁게

레저의 시대라고 일컬어지고 있는 요즘은 노는 것을 죄악시 하던 과거의 습관도 점점 줄어들고 있다. 그러나 누구나 건전한 여가 시간을 보내고 있다고는 단정할 수 없다. "그저 왔다갔다 하고 있는" 사람이 많은 것은 아닌가. "여가"는 우리의 생활을 보다 풍요롭게 하기 위해 이용 되어야한다. 아무일도 않고 왔다갔다만 하는 시간도 필요할 지 모르지만 그 이상으로 스스로 여러 가지 일을 해 보는 적극성도 중요하다. "언제 어디서 누구나" 즐길 수 있는 레크레이션을 생활 속에 받아들이는 것에 의해 밝고 즐겁게 지냈으면 하는 것이다.

그룹 활동을 즐겁게

"우정은 인간사회에 있어서 큰 사슬이다"(제임스 오웰)

우리들은 평소 특별한 이유없이 소수의 친구들과 그룹을 만드는 경우가 있다. 친구 집에 모이기도 하고 찻집에서 담소를 하며 시간을 보내기도 하고 영화를 보고 음악을 듣기도 하고 또는 여행을 즐기기도 한다.

그러나 아무런 목적도 없이 또 확실한 연결 방법도 없을 경우에는 얼마 지나지 않아 뿔뿔이 흩어져 버리는 경우가 많다.

이 그룹활동을 조금이라도 길게 계속하기 위해서는 그 내용이 밝고 건강해야 하고 그룹 전원이 함께 행할 수 있는 일을 통해 그룹 전원에게 기쁨을 주고 동료의식을 싹 틔워야 한다. 그룹활동을 통해 새로운 지식을 얻고 왕성한 생활 의식을 불태울 수 있게 된다면 최고이다.

그를 위해서는 안심하고 대화를 나눌 수 있는 분위기나 자유로움이 필요하다. 구기에 도움이 되는 것이 레크레이션을 도입하는 프로그램으로 그에 의해 밝고 즐거운 그룹 활동을 할 수 있게 되는 것이다.

그룹 활동 중의 레크레이션에는 스포츠, 게임, 야외활동(캠프, 하이킹 등)에 의해 대표되는 신체적인 것과 음악, 연극, 공작, 수예 등의 정서적인 것, 지적인 것, 작업적인 것이 있고 각각에 그 나름대로의 장점이 있으나 이 책에서는 비교적 간단하고 활동적이며 누구나 즐거워 할만한 '게임'을 다루기로 했다. 따라서 단순한 게임 해설이 아니라 그룹 활동의 효과적인 방법으로써 게임은 다른 생각이므로 집회나 파티 등에 적응시켜 그때 알맞는 연구를 덧붙이고 싶다.

게임 진행방법

'게임'은 ① 언제나(간편성) ② 어디에서나(보편성) ③ 누구나(대중성) ④ 즐겁게(흥미성) ⑤ 상쾌하게(건강성) ⑥ 모두가 즐겁게(협동성) ⑦ 규칙을 지킨다(준수성) 등의 요소를 지니고 그것을 행함으로써 리더쉽이나 후랜드쉽을 기르고 팀웍에 의한 협조성을 배가 시키고 밝고 건강한 심신 양성에 도움을 줄 수 있다는 장점이 있다. 또 놀이로써의 재미 외에 경쟁적인 내용도 들어있기 때문에 한층 흥미를 자아낸다.

이러한 것을 특별히 생각할 것까지도 없이 게임을 집회나 파티 또는 그룹 활동에 단시간에 효과적 작용하는 것으로써 없어서는 안될 것이 되어 있다.

이런 게임을 그저 막연히 진행시키면 되는 것은 아니다. 보다 좋은 효과를 올리려면 역시 여러 가지 조건이 필요하다.

다음 8가지 점을 염두해 두고서 게임을 즐기는 것이 좋다.

1. 분위기를 만든다.

도입 방법으로써 그 장의 공기에 맞는 노래나 아이스 · 브레이커를 도입한다. 모인 사람들을 동심으로 되돌린다는 생각으로 아무런 저항감 없는 수용적인 자세가 필요하다.

2. 준비 운동을 실시한다.

아무리 즐거워도 한명이 쳐져 있어서는 안된다. 또 게임을 진심으로 즐기기 위해서는 신체를 잘 익숙하게 만들 필요가 있다.(특히 부인, 성인, 노인의 경우)

3. 게임에 대한 연구와 준비를 한다.

아무리 간단한 게임이라도 주도면밀한 준비, 계획이 있어야 한다. 그 자리에서 떠올리는 것은 효과도 적고 흥미도 적다.

4. 설명은 간단하고 알기 쉽게

길고 긴 설명은 게임에 대한 흥미를 감퇴시킨다. 설명은 간단하고 알기 쉽게 다소의 유모어가 있으면 보다 효과적이고 때에 따라서는 설명을 보충하기 위한 실기도 필요하다.

5. 방관자를 만들지 말라.

'벽의 꽃'이란 게임에 참가하지 않고 벽 앞에 서 있는 방관자를 이르는 말. 전원이 함께 즐기는 것이 무엇보다도 중요하므로 프로그램에 융통성을 가하여 변화를 주는 것에 의해 게임의 정도를 낮추기도 하고 자발적으로 참가시키는 방법을 생각하는 등 연구를 하도록 하자. 그래도 게임에 참가하지 않는 사람에게는 진행상 협력을 구해 전원 참가의 형태를 유지해야 할 것이다.

6. 대상, 장소, 계절에 따라 종목을 선택한다.

참가자의 연령, 성별, 능력, 흥미 등에 따라 또 장소, 계절 등을 생각하여 종목을 선정한다.

7. 게임 종료를 적절하게

산해 진미라도 너무 많으면 싫증이 나는 것과 마찬가지로 재미있는 게임이라도 몇번이고 계속해서 반복하는 단순한 구성일 때는 매력이 없어져 버린다. 적당히 다음 종목으로 옮겨 새로운 흥미를 일으키도록 하자.

8. 게임의 리듬을 기한다.

게임에도 리듬이 있다. 이 리듬을 살리면 한층 즐거움도 증대되고 효과도 오를 것이다. 그것은 하나의 게임 뿐만이 아니고 프로그램

운영에 있어서도 마찬가지라고 할 수 있다.

이상 8가지 외에도 도구는 되도록 주변에 있는 것, 산다고 해도 구입하기쉽고 경비가 적게 드는 것으로 하고, 비어의 사용은 피하고 상대를 존중하고 룰을 지키는 등 게임을 진행시키는 가운데 고려해야 할 사항은 여러 가지가 있다. 각자 연구와 공부를 더 하기 바란다.

제2부

국민학생을 위한 야외레크레이션

제1장 교정이나 광장에서 할 수 있는 레크레이션
제2장 숲 속에서 할 수 있는 야외 레크레이션
제3장 해변에서 즐길 수 있는 야외레크레이션
제4장 여럿이서 함께 즐길 수 있는 미니미니 운동회

도움말

1964년 아메리카의 헨리=터너=베일리라고 하는 분이 '아이들의 타고난 권리'라는 제목을 붙여서 다음과 같은 강연을 하고 있었다.

'모든 아이는 흙탕 범벅이 되어 놀고, 시냇물을 되튀기고, 작은 새가 노래하는, 신을 칭송하는 노래를 듣는 기쁨을 모르면 안된다.

동 틀 무렵이나 일몰의 한때, 형용할 수 없는 찬란함으로 빛나는 하늘, 멋진 보석과 같이 빛나는 아침 이슬이 내린 아침의 풍경, 별이 한숨 돌리고, 반짝이는 넓은 밤 하늘을 바라보지 않으면 안된다.

아이는 꽃이나 나비 등 우화의 세계를 창작한 야생 생물과 함께 생활하지 않으면 안된다.

아이는 맨발로 걷고, 비를 맞으며, 자작나무에 올라 타고, 소나무 가지를 미끄러져 내려오고, 산이나 높은 나무에 기어 오르고, 맑은 물 속에 머리부터 뛰어드는 스릴을 맛보지 않으면 안된다.

축축한 대지, 막 베어 낸 풀, 단 양치식물, 박하, 전나무, 가축의 한숨, 바다로 들어가는 강으로 스며드는 안개 냄새를 모르면 안된다. 그리고, 나무들이 비나 바람에 대답하는 말, 잔 물결이나 폭포의 소리, 폭풍의 바다가 사납게 날뛰는 소리를 듣지 않으면 안된다.

아이는 물고기를 잡고, 마른 풀의 산을 타고, 야영하고, 모닥불로 요리를 하고, 낯선 토지를 돌아다니고, 하늘 아래에서 자는 기회를 갖지 않으면 안된다.

젊은 시절에 자연의 세계와 축복받은 생활을 즐긴 적이 없는 사람은 자연, 소설, 역사, 그림 그리고 음악조차 구석구석까지 이해하고, 그 좋은 맛을 엿볼 수 없는 것이다.'

1964년 미국교육협의회의 기록에서

참으로 교육의 근간을 찌른 지극히 마땅한 말이다. 현재 도회에 사는 아이들에게 있어서는 바랄 수도 없는 환경이지만, 자연 속에서 구김살 없이 자유롭게 노는 것이 아이의 정신적 · 육체적 성장에 있어서 필요 불가결한 일임을 지적하고 있다.

요즘, 학교 교육의 장에 있어서 레크레이션의 필요성이 이야기되고, '놀이'의 복권이 외쳐지고 있다. 본래 '놀이'는 아이들에게 있어서 생활 그 자체였다. '놀이'의 즐거움 속에서 동료를 알고, 선후배의 서열을 알고, 경쟁이나 힘을 합치는 협조성을 알았다.

'놀이'는 또한 아이들의 창조성을 높이는 기회이기도 했고, 정서를 깊게 하는 장도 되었다. 바로 체험적 인간 교육의 역할을 담당하고 있었던 것이다.

그러나 학력지상주의로 기우는 사회적 풍조 속에서 '놀이'는 아이들에게 있어서 차츰 주인에서 종의 입장으로 바뀌게 되었다. '놀이' 보다도 '공부' 쪽이 중요하다고 하는 발상이 그것이다. 그렇지만 이와 같은 경향 속에서 소위 '낙오생'이라든가, '교내 폭력'이라든가 혹은 '골절하기 쉽다'든가, '상처를 입기 쉽다' 등, 정신적 · 육체적으로 약점을 가진 어린이들이 두드러지게 되었다. '놀 수 없는 아이', '친구가 불가능한 아이' 등도 그렇다.

게다가 물질 문명의 발전으로 인해서 아이들의 용돈으로도 살 수 있는 플라모델이나 게임 전자식 탁상 계산기 등이 잇달아 발매되어,

아이들이 집에서 혼자 놀 수 있게 되었다. 이와 같이 '놀이'의 경향이 '집단 놀이'에서 '개인 놀이'로 변화하고 있는 점도 들 수 있다.

반면, 상업 베이스에서 이루어지고 있는 '서머 캠프' 등에는 아이들이 '놀이'를 찾아 활기차 있는 것도 사실이고, '놀이' 그 자체의 상품적인 가치도 나타나는 것 같은 경향으로 흐르고 있다.

학교 교육 중에서 '놀이'는 일상 접하고 있는 선생과 아이들, 아이와 아이가 서로 잘 알고, 힘을 합쳐서 협조해 가는 것이 기본이 되는 것이다. 이 책은 일상의 학급 활동, 방과 후의 교정이나 교정 개방, 그리고 임간(林間), 임해(臨海) 등의 교외 활동에 이용할 수 있는 것을 중심으로 '국민학교의 야외 게임'이라고 했다.

학교 교육 중에서의 놀이야말로 우리들 자신의 공유 재산이며, 인간성 · 사회성의 학습장이기도 하다. 놀이를 통해서 선생과 아이, 그리고 아이들끼리의 이해 · 협조, 더욱이 신뢰 관계로 일변해 가는 상태나 헨리=터너=베일리가 말하는 '아이의 타고난 권리'에 한 발이라도 다가갔으면 하는 바램이다.

제1장

교정이나 광장에서 할 수 있는 레크레이션

도움말

교정이나 광장은 아이들이 마음대로 자유롭게 돌아다니거나 할 수 있는 장소다. 도시에서 볼 수 있는, 놀이 기구가 늘어선 공원에서는 4~6명의 그룹으로 놀게 되어 있고, 놀이 기구가 있기 때문에 오히려 그 '놀이'의 종류가 제한되거나, 아이들의 '놀이의 창조'를 방해하고 있는 면도 있다.

본래 '놀이의 천재'라고 일컬어지고 있는 아이들은 집단을 만들어서, 소위 '골목 대장' 밑에 광장에 모여서 '놀이'를 전개하고 있었다. 그 속에서 아이들은 '놀이'를 계승하고, 그 놀이터·광장에 맞는 룰을 만들어서 놀고 있었다. 또한 집단이라고 하는 것에 의해서 룰이 생기고, 그 룰 준수의 중요성 등을 체험할 수 있었다.

아이들에게 있어서 생활의 장과 밀착해 있는 교정이나 광장은 집단으로 놀 수 있는 장소다. 이와 같은 곳에서 실시하는 '야외 게임'은 집단(그룹)에 의한 대항 게임이 중심이 된다. 따라서, 특히 룰은 명확히 하고, 판정을 확실히 실시할 필요가 있다. 또한 그룹에 각각 작전을 세우게 해서 경쟁시키는 것도 중요하다. 그룹 전원이 작전을 세우는 것은 그룹 내에서의 리더십, 멤버쉽의 실습과, 게임 전개의 예측이나 독창적인 수법을 생각해 내는 계기도 된다.

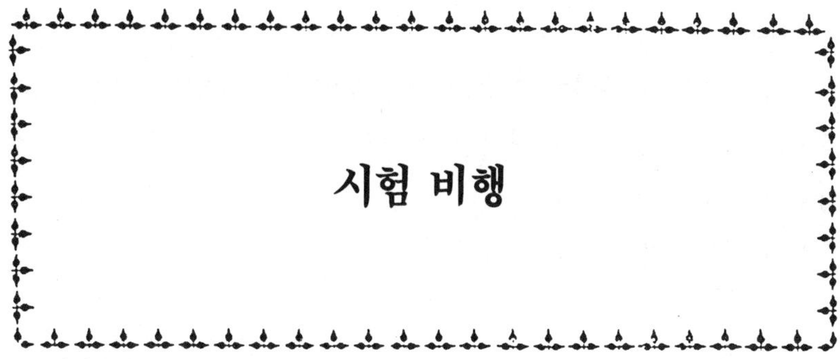

시험 비행

□준비

신문지를 인원수 만큼. 약 2m 간격으로 스타트 라인에 골 라인을 긋는다.

□진행 방법

각각 신문지 1페이지를 사용해서 비행기를 접는다. 비행기의 모양

은 자유다.

전원이 스타트 라인에 일렬 횡대로 줄을 선다. 리더의 '시작' 신호로 일제히 골을 향해서 비행기를 날린다. 도중에 추락했을 때는 그 지점부터 다시 날린다.

빨리 골인시킨 아이의 승리다.

어떤 아버지

인색하기로 소문난 아버지가 의사에게 아들을 데리고 왔다.

"이놈이 이천 원짜리 기념 주화를 삼켰는데, 한 번 보아주십시오."

"염려 없습니다. 하지만 한 삼사일 정도는 입원해야 하는데요?"

"그러면 삼킨 이천 원짜리 기념 주화는 틀림없이 꺼내주시는 건가요?"

"아 물론 꺼내어 돌려 드리구 말구요."

"그럼 지금 이천 원만 좀 꾸어주시겠소?"

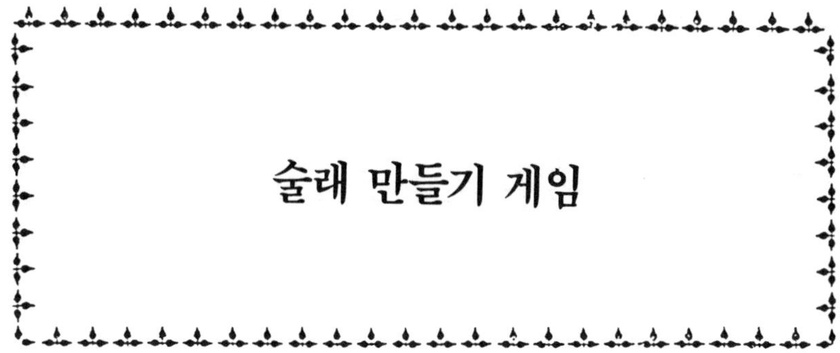

술래 만들기 게임

전체 중에서 1명을 모친 또 1명을 술래로서 어머니 등 뒤에 숨은 모양을 취한다.

다른 사람이 와서 '산의 술래는 있습니까? 부디 만나게 해주십시오'라고 외친다. 어머니는 '모처럼이지만 방금 나갔습니다'라고 거절하지만 몇 회 계속 부탁하면 결국 거절하지 못하고 술래를 내보내면 '전번 빌려 준 향합은?'하고 묻는다.

그래서 술래가 '잃어 버렸습니다'라고 대답하면 이것을 신호로 다른 사람은 '바보, 바보'라고 외치면서 달아나고 술래는 그것을 쫓아 붙잡힌 사람은 새로운 술래가 되어 게임을 계속한다.

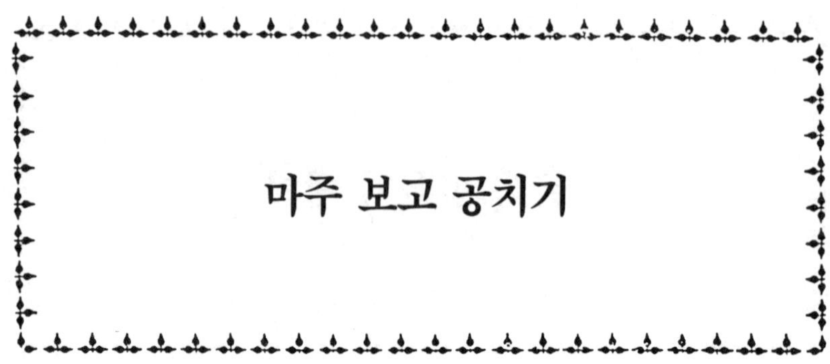

마주 보고 공치기

대표 두 사람이 마주보고 땅바닥에 세운 폴에 줄을 내려 그 끝에 매달린 공을 어느쪽인가 먼저 친다.

상대는 그 볼을 되치고 두 사람 사이에서 반복하여 볼을 연결한 줄을 빨리 폴에 휘감은 쪽이 우승이 된다. 볼의 크기, 줄의 길이, 폴의 높이는 대상에 따라 바꾸는 편이 좋다.

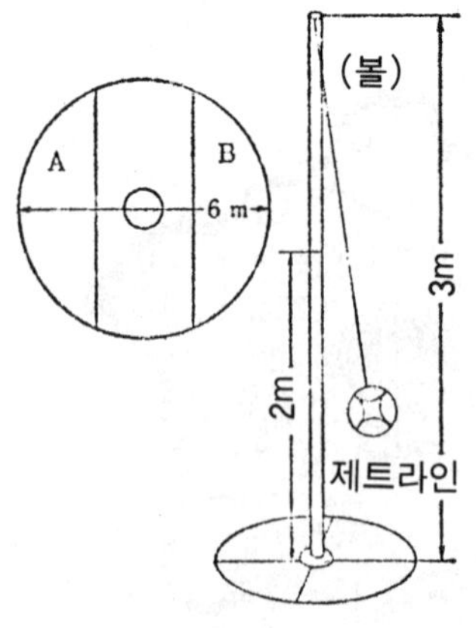

그림 1　제트라인

돼지 쫓기

□보기 1

전체가 원을 만들어 원 중심을 향해 손에 각각 막대기를 들고 그 자리에 구멍을 만든다.

다시 원 중앙에 작은 구멍을 만들어서 거기에 전원의 막대기를 모으고 그 위에 볼을 얹어 신호와 함께 이것을 위로 튀겨 올리고 원으로 되돌아와 임의의 구멍을 점령한다. 그 구멍은 참가자 수보다 1개만큼 적기 때문에 나머지 사람은 구르고 있는 볼의 뒤를 쫓으면서 가능한 한 빨리 중앙의 구멍(이것의 돼지 우리)에 넣어 잘 할 수 있으면 처음부터 시작한다.

□보기 2

참가자를 같은 수의 조로 나눠서 각각 종렬로 세워 출발선 앞에 늘어선다.

신호와 함께 각 열의 선두는 손에 쥔 막대기나 그 앞에 구르고 있는 병을 굴리면서 목표점을 돌아 원위치로 되돌아오면 다음 사람과 교대해서 게임을 계속해간다.

빨리 달려 끝마친 조가 우승이 되지만 병이 동일 방향으로 굴러가지 않는 점이 재미있다.

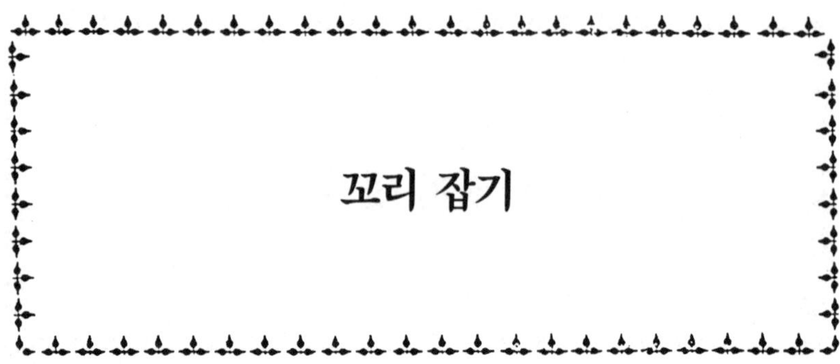

꼬리 잡기

아이들은 달리기를 매우 좋아한다. 친구와 뛰어다니고 있는 모습을 흔히 본다. 선생도 아이들과 함께 뛰어다니는 게임이다. 아이들이 선생을 뒤쫓아 선생의 꼬리를 잡는다. 아이들과 함께 놀고, 아이와의 커뮤니케이션을 깊게 하는 게임이다.

□준비

손수건 또는 머리띠를 몇 개.

□진행 방법

전원이 하나의 큰 원형 대열을 만든다. 선생은 머리띠를 1개 허리에 매서 꼬리를 만들고, 그 원형 대열 속에 들어간다. 선생의 신호로 아이들은 일제히 원형 대열을 허물고 선생을 뒤쫓아 꼬리를 잡는다. 꼬리가 누군가에게 잡히면 처음의 대형이 되어 선생은 새로운 꼬리를 달고 반복한다. 마지막으로, 가장 많이 꼬리를 잡은 아이의 승리로 한다.

처음 상태
신호와 함께
마음대로 뒤쫓는다
꼬리가 잡히면

□응용

꼬리를 다는 것은 선생 뿐만 아니라 재빠른 아이가 할 수도 있다.

□유의점

선생이 꼬리를 달고 도망갈 때는 꼬리를 아직 잡지 못한 아이가 있는 쪽으로 달아나도록 배려해서, 꼬리를 잡을 수 있는 기회를 어느 아이에게나 균등하게 주도록 한다.

그까짓거야

가게를 하고 있는 친구에게 다른 친구가 말하였다.

"자네는 나의 친구야. 이건 정말 하기 어려운 말이지만, 친구로서 꼭 일러두고 싶은 말이 있네만……."

"음, 중대한 일인 모양인데……좋아, 마음을 단단히 먹을테니 어서 말해 보게."

"자네의 의지가 그렇다면 내 이야기하겠네만……자네 가게의 회계보는 늙은 총각 말일쎄."

"뭐, 뭐, 이거 야단났군! 어서 그 다음을 이야기해 주게."

"안된 일이지만 , 그 녀석이……자네 부인과 배가 맞았어. 내 그 증거를 가지고 있네."

"난 또 뭐라구. 자넨 공연히 남의 속을 태우네 그려. 난 또 그놈이 금고나 가지고 달아났다는 말인줄 알았지."

빈 집 술래

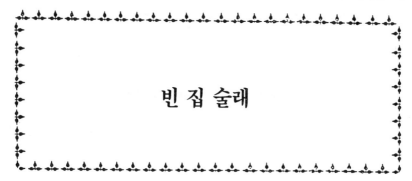

세 사람씩 조를 짜고 달리 술래를 1명 뽑아서 중앙에 선다.

세 사람은 원을 만들어 각각 발밑에 작은 원을 그리고 각 원 마다 '국화의 방'이라든가 '소나무의 방'등 방이름을 순환적으로 붙여둔다.

게임 개시가 되자 마자 술래가 크게 방이름을 외치면 그 원안에 들어가 있는 사람은 다른 같은 이름의 방으로 옮기지 않으면 안되는데 술래도 어딘가로 들어가 버리기 때문에 남은 사람은 새롭게 술래가 되어 계속해 간다.

아킬레스 술래 게임

술래를 1명 뽑아서 중앙에 세우고 그 다른 사람은 각자 한쪽발을 뒤로 올려 발목을 쥐고 다른 한쪽 발로 선 자세로 흩어진다.

게임이 시작되면 술래는 다른 사람을 잡으려고 하지만 다른 사람은 한쪽 발뛰기로 달아난다. 술래가 상대를 잡기 위해서는 그 잡는 부위가 반드시 발목 쪽이 아니면 안된다.

잡힌 사람은 술래와 교대해서 게임을 계속하지만 이것은 또한「새끼 늘리기 게임」의 방법을 덧붙여서 하면 재미있다.

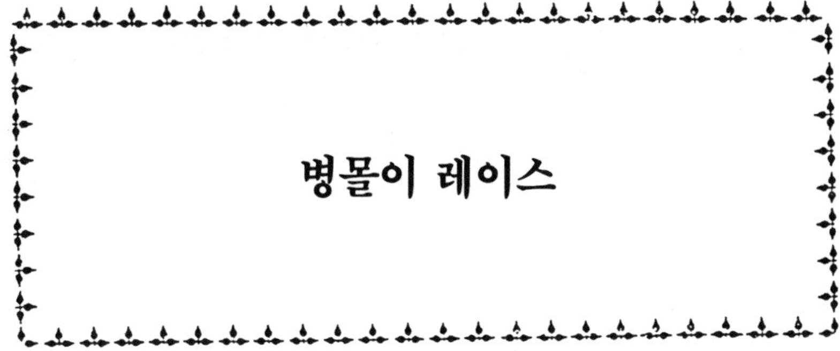

병몰이 레이스

□인원

50명 정도.

□준비

사이다병(또는 맥주병), 막대기.

□대형

같은 수로 나누어 줄을 선다.

각 조 선두는 출발 신호에 맞추어 막대기로 병을 굴리면서 반환점까지 갔다 돌아와 다음 사람에게 막대기를 넘겨주어 교대하고 레이스를 계속한다. 병이기 때문에 똑바로 진행되지 않고 때로는 옆사람과 부딪치기도 하여 무척 재미있다.

□요령

① 병 어디에 막대기를 대야 좋을지 연구할 필요가 있다.

② 땅이 울퉁불퉁할수록 어렵고 또 재미있다.

③ 너무 서두르면 오히려 진로에서 벗어나 버리므로 조절할 필요가 있다.

명질문

초혜는 길에서 친구 원희와 마주쳤다.

"주인께서는 안녕하셔?"

하고 그녀는 인사를 하였다. 그러나 이 친구의 남편이 몇 달 전에 죽은 것을 생각해 내고는 허둥지둥 덧붙였다.

"그 뒤 죽…… 돌아가신 채로야?"

공 놀이

전원을 두 조로 나눠서 한 조는 원안에 들어가고 다른 조는 원 밖에서 원 안의 사람에게 볼을 던져 맞힌다. 볼을 맞은 사람은 원 밖으로 나가지 않으면 안되지만 게임을 계속해서 전원 모두가 맞았을 때라든가 일정한 시간이 되면 양조는 교대한다.

또한 상대조에게 볼을 맞힌 수로 승패를 결정하든가 빠른 시간에 던져 맞힌 쪽을 우승이라고 해도 좋다.

다른 방법으로서 대상에 따라 직접적으로 볼을 던져 맞히는 것이 아니라 땅바닥에 굴려서 맞히도록 해도 재미있다.

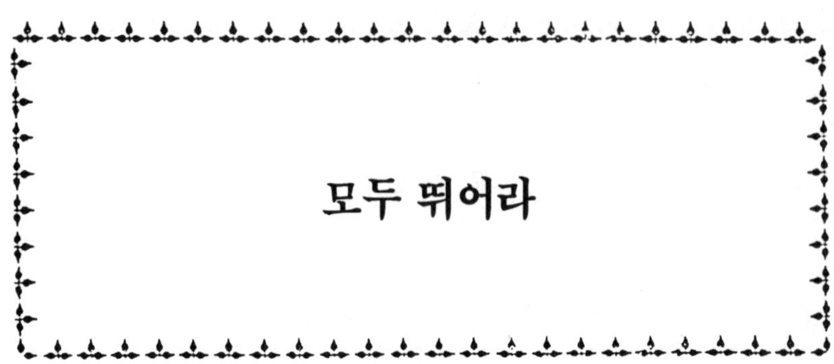

모두 뛰어라

사람 수에 따라 알맞게 네모를 땅바닥에 그리고 전원을 그 안에 넣어두고 그 속에서 술래를 1명 뽑는다.

술래가 볼을 높이 던져 올림과 동시에 다른 사람은 가능한 한 멀리로 몸을 피한다. 술래는 떨어져 온 볼을 잡음과 동시에 '정지'라고 외친다. 이 신호로 일동은 그 자리에 정지하지 않으면 안되고 그러면 술래는 자신이 서 있는 곳에서 누군가에게 볼을 던져 명중하면 장소를 교환하고 실패하면 처음부터 다시 한다.

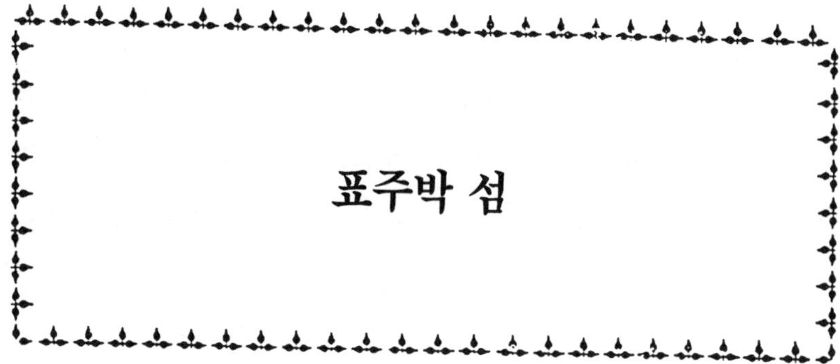

표주박 섬

'표주박 섬' 안을 여기 저기 도망쳐 다닌다.

□준비

그림과 같이 선을 그린다.

□진행 방법

20명 정도로 실시한다. 귀신을 한 사람 뽑고, 다른 아이들은 '표주박 섬' 안으로 들어간다. 이 때부터 게임은 스타트해서, 귀신은 표주박 섬 밖에서 안에 있는 아이를 붙잡는다(터치). 터치당한 아이는 귀신이 되어, 이번에는 두 명의 귀신이 안의 아이를 붙잡는다. 그 때마다 귀신은 점점 늘어난다. 표주박 섬 안에 아무도 없게 되면 처음에 붙잡힌 아이가 귀신이 되어 반복한다.

귀신은 표주박 섬으로 들어갈 수 없다. 그러나 표주박 섬 중앙에 있는 다리만은 건널 수 있다.

다 계산해 줄텐데 뭘

들치기 경수와 날치기 찬수가 세 시간의 악전고투 끝에 마침내 상제리제의 큰 보석상을 털었다. 금고를 몽땅 털어서 집으로 가져왔는데, 그때 이미 두 사람은 축 늘어질 정도로 지쳐 있었다.

"물건을 세어 보아야지."

경수의 말에 찬수는,

"뭐 그럴 것 없어. 난 피곤해 죽겠어."

그러면서 찬수는 덧붙였다.

"훔친 물건은 내일 라디오 방송으로 들으면 되잖아?"

볼 패스 줄넘기

줄넘기 릴레이 등으로 줄넘기를 할 수 있게 되면, 다음에 릴레이의 도구로써 볼을 사용해서 실시한다.

□준비

5~8m의 줄넘기와 발리볼을 그룹수 만큼.

□진행 방법

8~10명의 그룹을 만들어서 각각 줄을 돌릴 아이를 두 명씩 뽑는

다. 줄은 각 그룹의 열에서 약 3m 떨어진 지점에서 돌린다. 그 밖의 아이들은 일렬로 늘어선다.

선생님의 신호로 선두 아이부터 볼을 가지고 줄에 들어서서 3회 뛰면 다음 아이에게 볼을 패스하고 줄에서 나온다. 볼을 받은 다음 아이도 줄에 들어가서 3회 뛰고 다음 아이에게 볼을 패스한다. 이것을 계속해서 빨리 끝낸 그룹이 우승이 된다.

3회 뛰기 전에 실패하거나, 다음 아이가 볼을 받을 수 없었거나 했을 경우는 줄에 다시 들어가서 실시하도록 한다.

□응용

선두의 아이는 다음 아이에게 볼을 건넨 후 줄에 들어가서 뛴다. 그곳으로 다음 아이가 볼을 패스한다. 선두의 아이는 볼을 받은 후

3회 뛰고, 다음 아이에게 볼을 패스하고 나서 줄을 나와 열 뒤에 붙는다. 다음 아이는 그 다음 아이에게 볼을 건네 주고 줄에 들어가서 잇따라 반복한다.

줄넘기에 실패하거나, 볼을 받을 수 없었거나 했을 때는 다음 아이에게 볼을 돌려 보내고, 다시 한 번 줄에 들어가서 계속한다.

지독한 구두쇠

"건너 마을 김 영감이 죽었다면서?"

"무서운 구두쇠 영감이지. 절대로 필요한 것 외에는 안 사고, 한 번 돈을 치르고 사는 날에는 꼭 철저하게 사용하는 영감이라지?"

"맞았어. 바로 그 버릇 때문에 죽은 거야. 다 알다시피 그 영감은 쌀장사로 한 밑천 톡톡하 잡았지만 정권이 바뀌면서 쌀값이 갑자기 떨어져서 영감은 오륙백 만원 손해를 보았어. 대단한 손해도 아닌데, 원체 구두쇠가 아닌가? 절망 끝에 목을 매려고 노끈을 샀대. 마침내 목을 매려는데 갑자기 전화 벨이 울리더니 쌀값이 다시 폭등했다고 기별이 왔지. 영감은 단번에 이천 만원이나 벌었지. 그런데 이 영감은 역시 목을 매었대."

"그건 또 왜?"

"사온 노끈이 아까와서."

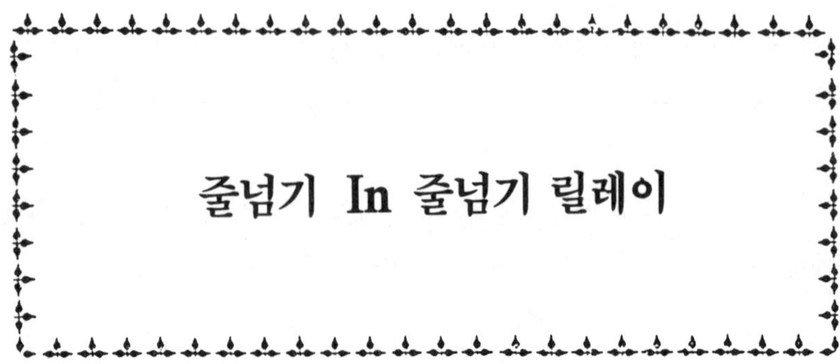

줄넘기 In 줄넘기 릴레이

줄넘기가 능숙해지면 도전해 봅시다.

□준비

긴 줄과 1인용의 줄넘기를 그룹수 만큼. 스타트 라인을 긋는다.

□진행 방법

8~10명의 그룹을 만들어서 각각 줄을 돌릴 아이를 두 명씩 뽑는다. 다른 아이는 스타트 라인에 일렬 종대로 서고, 선두 아이가 1인용의 줄넘기를 갖는다.

선생님의 신호로 각각 선두의 아이부터 줄넘기를 하면서 전진하여, 긴 줄로 들어가서 그대로 3회 뛰면 줄을 나와 되돌아와서 다음 아이에게 1인용의 줄넘기를 건네 주고 열 뒤에 붙는다. 이와 같이 잇따라 릴레이를 해 가서, 전원이 빨리 끝난 그룹의 승리라고 한다. 또한 줄넘기에 실패했을 때는 스타트 라인부터 다시 한다.

지혜롭게

"아담은 자기와 이브의 차이점을 발견했을 때 어떻게 했습니까?"

수업 시간에 교수가 질문을 하자 한 학생이 일어나서 대답하였다.

"그는그 차이점을 메웠습니다."

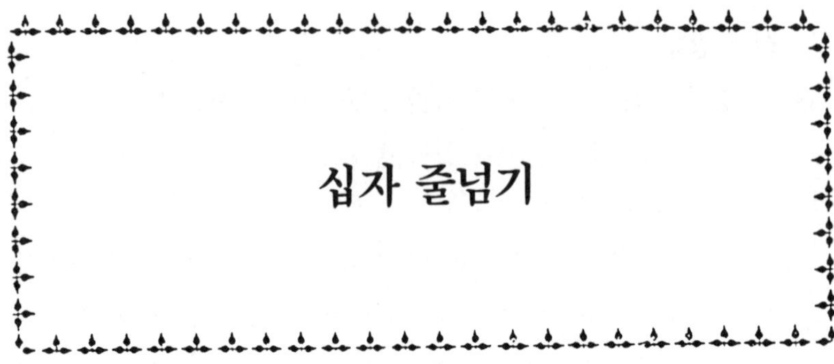

십자 줄넘기

두 개의 줄을 사용한 줄넘기다. 아이들이 뛸 수 있는지 어떤지 해 보십시오.

□준비

긴 줄을 두 개.

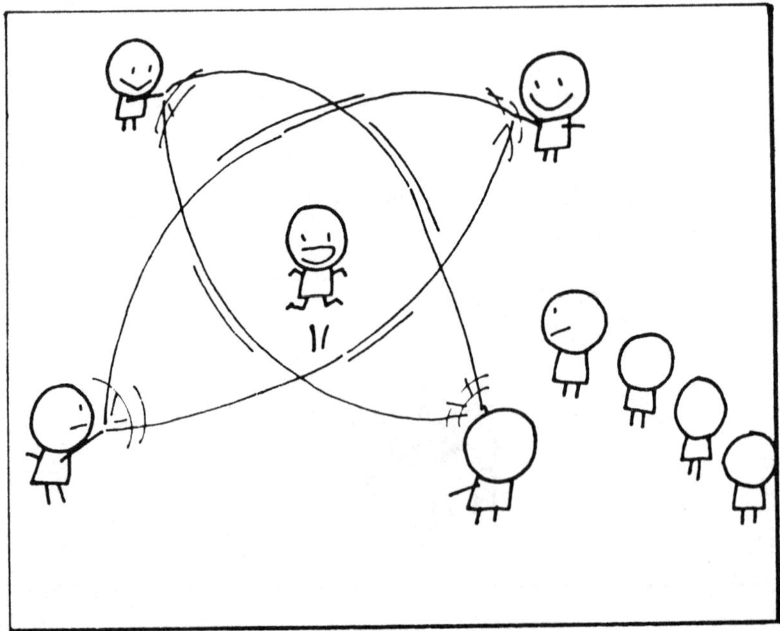

□진행 방법

전원 중에서 줄을 돌릴 아이를 4명 뽑는다. 줄은 4명이 마주서서 십자가 되도록 같은 방향으로 돌린다. 다른 아이들은 일렬로 서서 줄에 들어가서 3회씩 뛰고 나온다. 잇따라 뛰어 봅시다. 가끔씩 줄을 돌리는 아이의 교체도 잊지 않도록 한다.

이상한 박수

삼영 씨가 마을 이장에 당선되었다. 그리하여 그는 농아학교를 방문하였는데, 마중 나온 학생들이 모두 그를 향해 손바닥을 한 번씩 쳤다. 그런데 그 중에 유독 한 명이 몇 번씩이나 손바닥을 치는 것이었다. 참관을 끝내고 돌아가려는데, 학생들은 문밖에까지 나와서 또 다시 손바닥을 쳤는데, 아까의 그 학생만큼은 또 손바닥을 연거푸 치는 것이었다. 그래서 이장 당선자인 삼영 씨는 교장에게 물었다.

"왜 학생들이 손바닥을 치나요?"

"그건 당신에게 인사를 하는 것입니다."

"아아, 그렇군. 그럼 여러 번씩 손바닥을 치는 학생이 있는데 그것은 무슨 이유라도?"

"아, 그것 말입니까? 그 학생은 말더듬이 입니다."

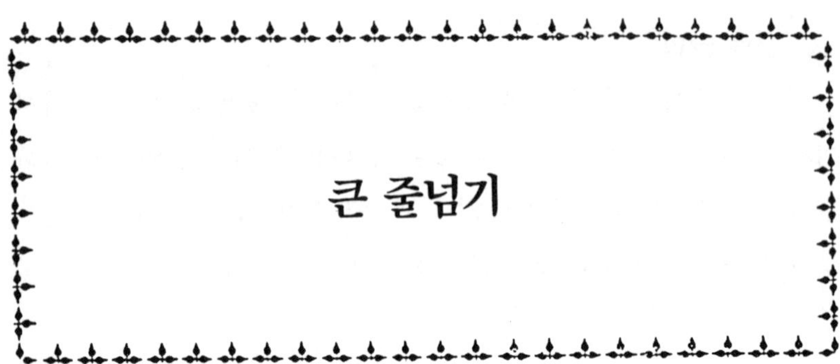

큰 줄넘기

1개의 줄에 몇 사람이 들어가서 뛸 수 있느냐가 문제가 된다. 기네스북에도 실려 있다. 도전해 보자.

□준비

긴 줄을 1개, 그룹 대항 때는 그룹수 만큼.

□진행 방법

전원 중에서 두 명을 뽑아 긴 줄을 돌리게 한다. 다른 아이들은 차례차례로 줄에 들어간다. 그리고 몇 사람 들어가서 뛸 수 있었는지를 기록한다.

□응용

① 그룹 대항의 게임으로 할 경우는 약 30명의 그룹을 만들어서, 줄에 몇 사람 들어갔는지를 겨룬다.

② 8~10명의 그룹에서는 전원이 들어가서 몇 번 계속해서 뛰었는지를 겨룬다.

안달복달

어떤 병원에서 한 간호원이 동료 간호원에게 물었다.

"지금 수술받고 있는 사람, 무슨 병이지?"

"아, 글쎄, 탁구공을 삼켰대."

"그럼 대합실에서 기다리는 사람은 집안 사람인게로군."

"그것도 아니래, 같이 탁구를 치던 사람인데 시합을 계속하고 싶어서, 공이 나오길 기다리느라 저 안달복달이래."

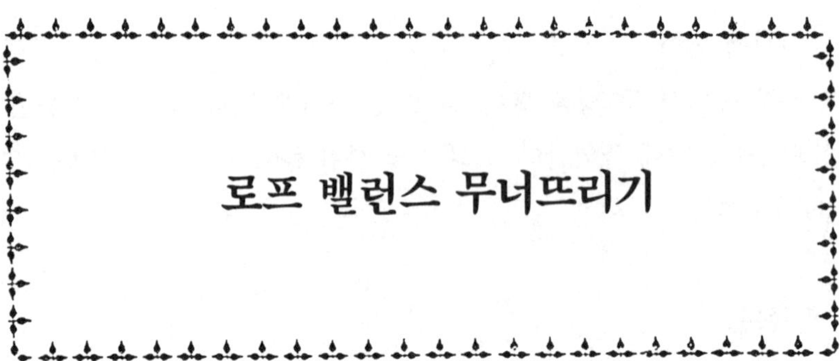

로프 밸런스 무너뜨리기

등을 돌리고, 로프를 여러 가지로 움직여서 상대를 원에서 내보낸다. 상대가 보이지 않는 만큼 의외성도 있다.

□준비

약 5m의 로프를 1개. 직경 약 1m의 원을 약 3m 떼어서 두 개 그린다.

□진행 방법

두 개의 원에 각각 한 사람씩 들어가서 서로 등을 돌리도록 해서 로프의 끝을 잡는다.

선생님의 신호로 로프를 잡아 당기거나 늦추거나 해서 상대를 원에서 내보낸다. 원에서 나간 아이는 패배가 되고, 다음 아이와 교체해서 반복한다.

□유의점

로프를 서로 잡아 당기고 있을 때에 방향을 바꾸는 경우도 패배가 된다.

아이의 생각

작고 귀여운 어린 아이가 백화점 입구에서 울고 있었다. 경찰관 아저씨가 그것을 보고 물었다.

"아가, 길을 잃었니?"

"응, 엄마가 없어졌어요. 아저씨, 나같은 조그만 남자 아이를 데리고 있지 않은 젊은 여자를 못봤나요?"

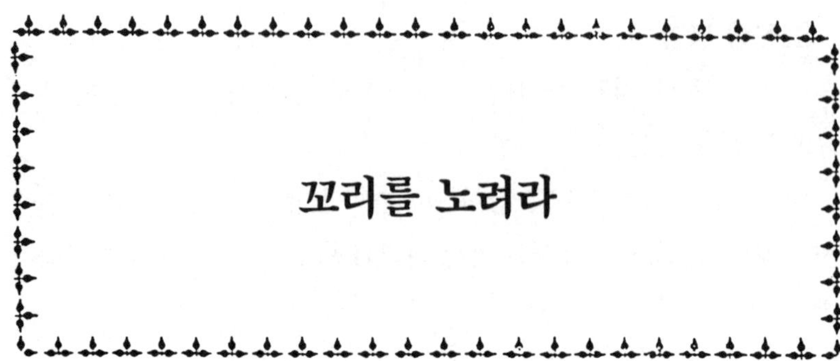

꼬리를 노려라

볼을 노리고 던지는 것과, 또 노려진 아이는 재빨리 달아나는 민첩성을 필요로 하는 게임이다.

□준비

도지볼(dodge ball)을 그룹수 만큼.

□진행 방법

15~20명의 그룹을 만든다. 각 그룹 모두 4~6명이 일렬 종대로 서서 앞 아이의 양 어깨에 양손을 얹고 바짝 붙어서고, 나머지 아이는 그 주위에 원 대열을 만든다.

선생님의 신호로 원 대열의 아이들은 서로 패스를 시작하지만, 틈을 봐서 원 대열 내 아이들의 마지막 꼬리의 아이의 엉덩이를 노리고 볼을 던진다. 원 대열 내의 아이들은 볼에 맞지 않도록 달아난다. 그리고 볼에 맞았을 때는 마지막 꼬리의 아이가 이번에는 선두에 붙어서 다시 게임을 시작한다. 원 대열 내의 아이들 전원이 맞으면 원 대열의 아이와 원 대열 내의 아이를 교체한다.

□응용

이 게임에서는 승패에 대해서는 의식하고 있지 않지만, 그룹마다의 승패를 결정할 때에는 원 대열 내에 들어가 있는 아이를 자신의 그룹이 아닌 상대(또는 다른 그룹)의 원 대열에 넣어서, 빨리 원 대열 내의 아이 전원에게 볼을 맞힌 그룹의 승리로 한다.

□유의점

승패를 겨룰 경우는 원 대열의 크기를 정해 둘 필요가 있다(볼을 맞히고 싶기 때문에 원 대열이 작아지지 않도록).

동업자

어느 유명한 변호사가 동업자인 동료 변호사를 격찬하고 있었다. 곁에서 그것을 듣고 있던 한 사람이 그에게 말했다.

"하지만, 저쪽에서는 당신의 흉을 지독하게 보던데요."

그 말을 듣고 변호사는 말하였다.

"아, 우리는 서로 진담은 절대로 하지 않으니까요."

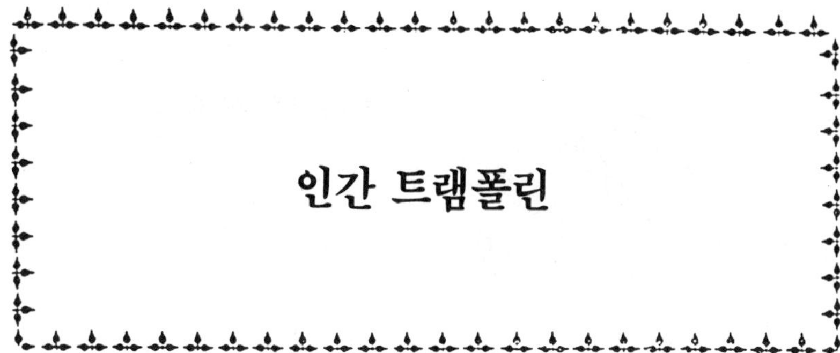

인간 트램폴린

아이들의 팔 위를 튀기면서 인간을 운반한다. 협력과 팀웍이 중요한 게임이다.

□준비

없음.

□진행 방법

약 30명의 그룹을 만든다. 각각 운반될 아이 1명과 그것을 마지막

받치는 아이
(운반되어 왔을 때 튀어 나오기 때문에
받치는 역할=안전을 위해서)
간격은
좁은 편이 좋다.

으로 받쳐 줄 아이를 1명 뽑는다. 다른 아이들은 2열 종대를 만들어서 옆 아이와 마주서서 양 손을 꽉 붙잡는다. 운반될 아이는 열 앞에 서고, 받쳐 줄 아이는 열 뒤에 선다.

선생님의 신호로 운반될 아이는 열의 팔 위에 타고, 열을 만들고 있는 아이들은 팔을 상하시키면서 그 아이를 뒤로 자꾸자꾸 보내준다. 그리고 빨리 뒤까지 운반한 그룹의 승리가 된다. 도중에서 떨어뜨렸을 때는 그 자리부터 다시 계속한다.

□유의점

양손을 잡을 때는 서로의 손목을 잡도록 한다. 또한, 특히 받쳐주는 역할의 아이는 단단히 받쳐서 부상이 없도록 주의해 주십시오.

셀프 서비스

양 손 가득 짐을 들고가는 한 신사를 붙들고 샌드위치맨이 광고지를 받아가게 하려고 버티고 있었다. 그는 무슨 일이 있어도 광고 쪽지를 그 신사에게 쥐어주려고 떼를 썼다. 그러자 그 신사는 싱글싱글 웃으며 대답하였다.

"아, 고마워요. 하지만 보는 바와 같이 나는 지금 양 손에 물건을 가득 들고 있으니까, 미안하지만 내 대신 그것을 좀 찢어버려 주세요. 난 지금 찢을 수가 없으니까."

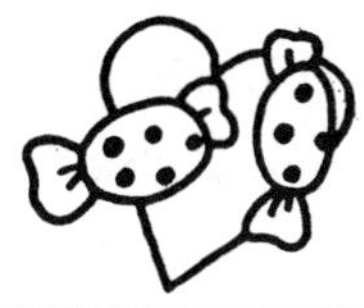

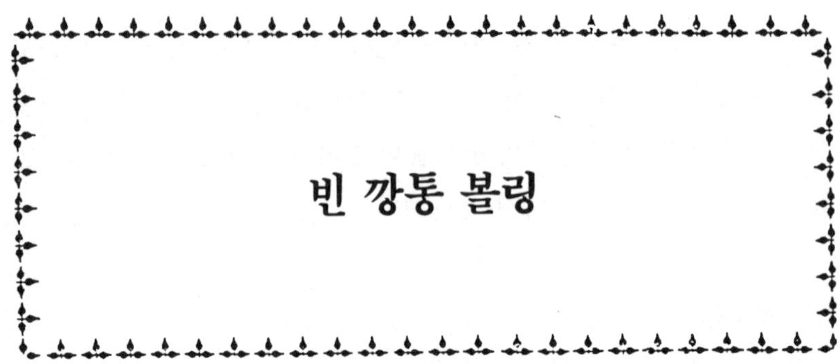

빈 깡통 볼링

배구공과 빈 깡통을 사용한 볼링이다. 빈 깡통의 핀을 쓰러뜨릴 수 있을 때까지 몇 번이라도 도전해 주십시오.

□준비

배구공과 쥬스 빈 깡통을 그룹 수 만큼.

□진행 방법

8~10명의 그룹을 만든다. 각각 스타트 라인에 일렬 종대로 서서 선두의 아이가 볼을 갖는다. 스타트라인에서약 7m의지점에 빈깡통을 세운다.

선생님의 신호로 선두의 아이부터 자신의 그룹의 빈 깡통을 겨냥해서 볼을 굴린다. 빈 깡통이 쓰러지면 깡통을 다시 세우고 볼을 다음 아이에게 건네주고 열 뒤에 붙는다. 빈 깡통이 쓰러지지 않았을 때는 굴러 간 볼을 주워 스타트 라인으로 되돌아와서 다시 볼을 굴린다. 빈 깡통이 쓰러질 때까지 몇 번이라도 반복해 주십시오.

전원이 빨리 끝난 그룹의 승리가 된다.

"이거
빗나가 버렸다"
7m

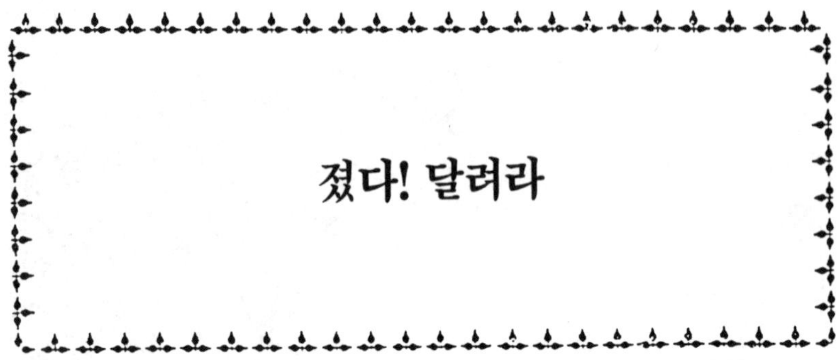

졌다! 달려라

관문 돌파인데, 문지기에게 지면 전원이 달리지 않으면 안된다.

□준비

스타트 라인을 긋는다.

□진행 방법

8~10명의 그룹을 만든다. 각각 문지기를 한명 씩 뽑고, 다른 아이들은 스타트 라인에 일렬 종대로 선다. 문지기는 스타트 라인에서 약 5m 떨어져서 다른 그룹의 열 앞에 선다.

선생님의 신호로 선두의 아이부터 달려나가 문지기에게 가서 가위 바위 보를 한다. 가위 바위 보에 이겼을 때는 문지기를 돌아서 돌아와 다음 아이에게 터치를 하고 열 뒤에 붙는다.

졌을 때는 그룹 전원에게 패배를 알려서, 그룹 전원이 달려와 문지기의 주위를 돌고 스타트 라인으로 되돌아온다. 이 때 진 아이도 함께 되돌아온다. 그리고 다시 문지기에게 가서 가위 바위 보를 한다. 이것을 반복해서 전원이 빨리 가위 바위 보에 이긴 그룹의 승리가 된다.

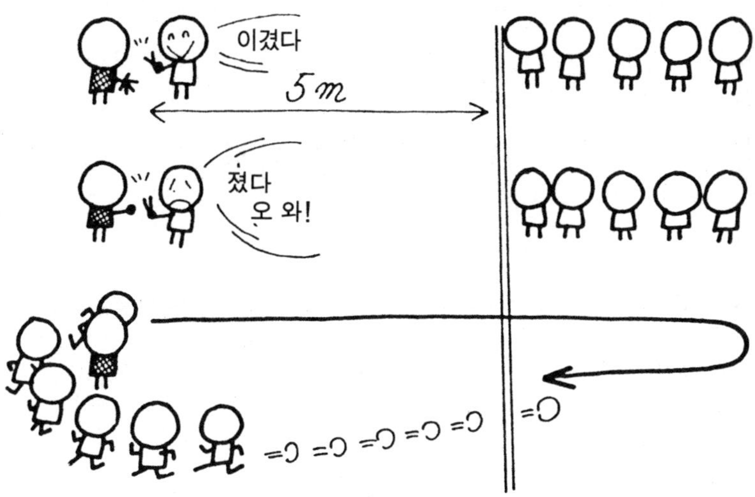

그렇다면야

"나는 물건을 보통 아껴쓰는 편이라, 구두같은 건 이 년을 거뜬히 신지."

용덕의 말에 삼영이가 질세라,

"나는 사 년은 신지."

"이거 놀랐는데, 하지만 사 년이라면 아무리 질긴 구두라도 꽤 낡아빠지겠지?"

"그런데 사실은 그렇지가 않단 말이야. 일 년이 지나면 밑창을 갈아대고, 이 년이 지나면 바깥쪽을 꿰매고, 삼 년이 되면 식당에서 구두를 바꿔치지!"

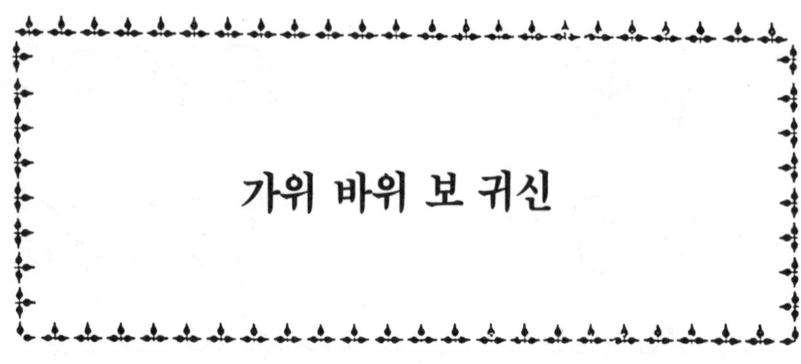

가위 바위 보 귀신

□준비

그림과 같이 약 20m 간격의 선을 긋는다.

□진행 방법

전원이 두 그룹으로 나눠서 각각의 선에 마주 보고 선다. 선생님의 신호와 함께 전원이 달려 나와서 각각 상대 그룹의 한 사람과 그

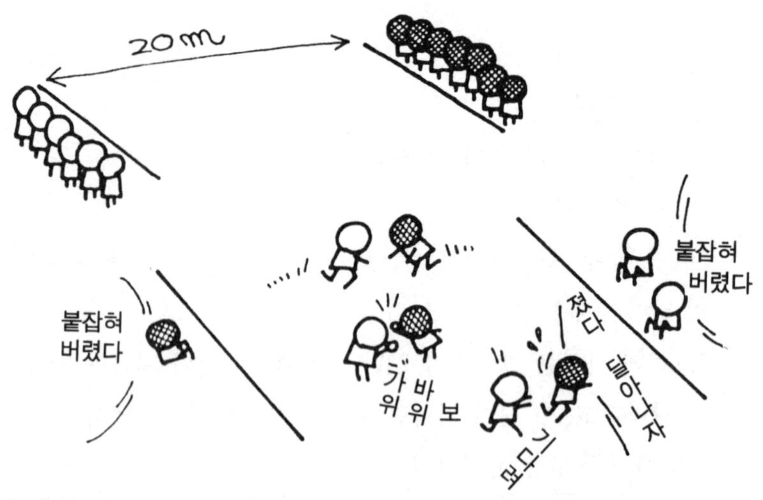

자리에서 가위 바위 보를 한다. 진 아이는 서둘러서 자신의 그룹의 선까지 달아난다. 이긴 아이는 진 아이를 뒤쫓아가 붙잡는다. 진 아이가 선까지 달아나기 전에 붙잡혀 버렸을 때는 상대 그룹의 선까지 데리고 갈 수 있다. 선까지 완전히 달아났을 때는 되살아나게 되어 다시 나가서 상대 그룹의 아이와 가위 바위 보를 한다. 선생님의 종료 신호가 있으면 전원 원래의 선으로 되돌아간다. 이 때 붙잡은 아이가 많은 그룹의 승리가 된다.

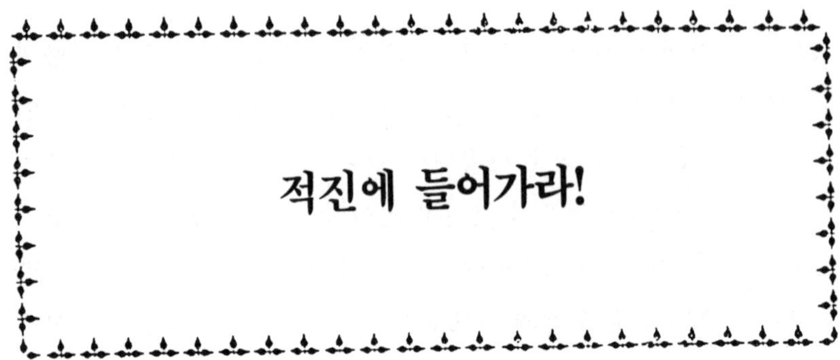

적진에 들어가라!

가위 바위 보에 이기는 것은 물론이지만, 가능한 한 빨리 달려서, 상대를 진지에 접근하지 못하도록 분발하지 않으면 안된다.

□준비

그림과 같이 임의의 선을 긋고, 선 양끝을 각각의 진지라고 한다.

□진행 방법

전원이 두 그룹으로 나뉘어서 각각의 진지에 일렬 종대로 선다.

선생님의 신호로 각각의 진지의 선두 아이는 선을 따라서 달려 나간다. 도중에서 상대와 만나면 그곳에서 가위 바위 보를 한다. 이긴 아이는 그대로 선을 따라서 앞으로 나아간다. 진 아이는 곧 패배를 다음 아이에게 알린다. 다음 아이는 서둘러서 선을 따라서 달려 나간다. 이것을 반복해서 빨리 상대의 진지까지 도착한 그룹의 승리가 된다.

□응용

① 사람 수가 적을 때에는 진 아이는 열 뒤로 가서 서서, 다시 선두

가위 바위 보
이긴 아이는 선을 따라서 나아간다.
진 아이는
열 뒤에 붙는다.
배구 코트, 농구 코트의
선을 사용해서도
할 수 있다.

에 오면 스타트한다고 하는 식으로 몇 번이라도 반복해서 실시한다.

② 선이 아니라 평균대 등을 이용해서 실시할 수도 있다.

그것만 없으면

어느날 삼영 씨가 변호사를 찾아왔다.

"아내가 나의 동업자와 밀통하고 있는 것 같습니다. 어제는 두 사람이 소파에 있는 것을 보았어요. 어떻게 하면 좋을까요?"

"당신은 부인에게 미련이 있나요?"

"아니요, 별로……."

"그럼 이혼하도록 하십시오."

"하지만 여자에게 재산이 있는걸요."

"그러면 그 동업자와 헤어지십시오."

"저도 그걸 생각 안해본 것은 아닙니다. 그러나 실은 그가 자본을 대고 있거든요."

"그것 참 난처하군요. 내 한 번 여러모로 생각해 볼터이니 한 이삼 일 후에 다시 한 번 와 주십시오."

그 후 며칠이 지나서, 변호사는 길거리에서 삼영 씨를 만났다.

"왜 한 번 오시지 않구? 그 일은 어떻게 되었습니까?"

"소파를 팔아버렸죠."

줄다리기 경기

청군, 백군으로 나눠서 줄을 서로 잡아 당기는 줄다리기는 어디에서나 운동회에서는 빼놓을 수 없는 종목이다. 의외로 알려져 있지 않은 것이 국제경기로써의 줄다리기로, 근대 올림픽의 제2회부터 제7회 대회까지는 육상종목으로써 실시되고 있었던 것이다.

□준비

그림과 같은 선을 그어 경기장으로 사용한다. 줄은 그림과 같은 것을 준비한다.

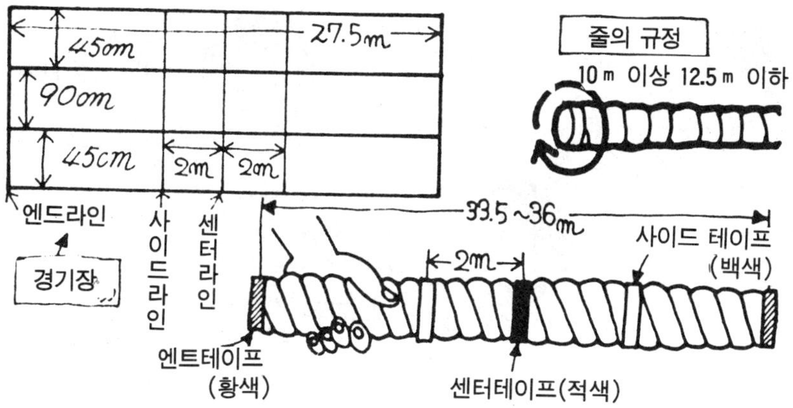

□진행 방법

8~10명의 그룹을 만들어, 8인 대 8인으로 줄을 잡아 당겨서 승패

[승패] 상대팀의 사이드
테이프가 아군의 사이드
라인을 넘으면 승리

오버하면 패배
호루라기가 울린다.

[줄을 당기는 방법]
주심의 신호로 위의 요령으로 줄을 당긴다.

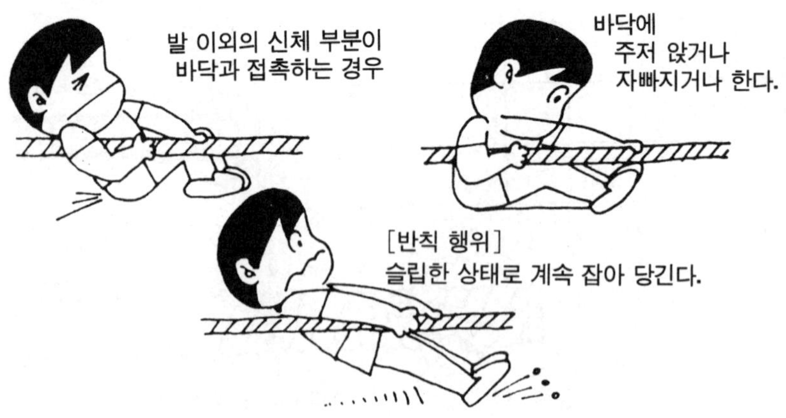

발 이외의 신체 부분이
바닥과 접촉하는 경우
바닥에
주저 앉거나
자빠지거나 한다.
[반칙 행위]
슬립한 상태로 계속 잡아 당긴다.

를 겨룬다. 각 그룹은 8명씩 나와 메인 레인에 서서 줄을 든다. 호루라기 신호로 전원이 줄을 머리 위로 들어 올린다. 다음에 '레디'의 신호로 줄을 붙잡아 쥐고, '고—'의 신호로 줄을 잡아 당긴다.

줄의 아군 사이드 테이프가 상대의 사이드 라인을 넘든가, 선두의 아이가 센터 라인을 오버했을 때는 패배가 된다. 또한 다음의 행위는 반칙으로써 금지되고 있다.

㉠ 발 이외의 몸 부분이 바닥에 닿은 경우.

㉡ 바닥에 주저 앉거나 뒹굴거나 하는 경우.

㉢ 슬립한 상태로 줄을 잡아 당기는 경우.

반칙 행위가 있었을 때는 패배로 한다.

□참고

정식 경기 대회에서는 선수 8명, 교체 요원 2명, 코치 1명, 감독 1명 모두 12명의 편성이 된다. 또한 경기자 8명의 체중 합계에 의한 웨이트제로 실시된다.

경기시의 각각의 포지션명은 그림과 같다.

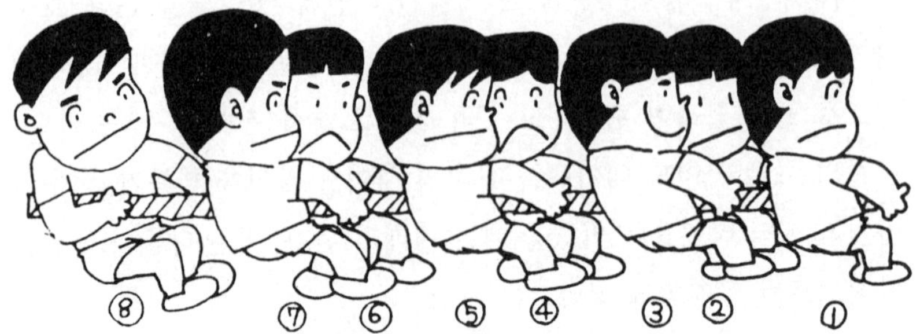

① 톱 타거 ② 세컨드 타거 ③ 서드 타거 ④ 포 타거 ⑤ 파이브 타거
⑥ 식스 타거 ⑦ 세븐 타거 ⑧ 앵커맨.
이 외, 교체 요원 2명, 코치 1명, 감독 1명, 합계 12명, 2－1팀.

그림 2　　[팀 편성]

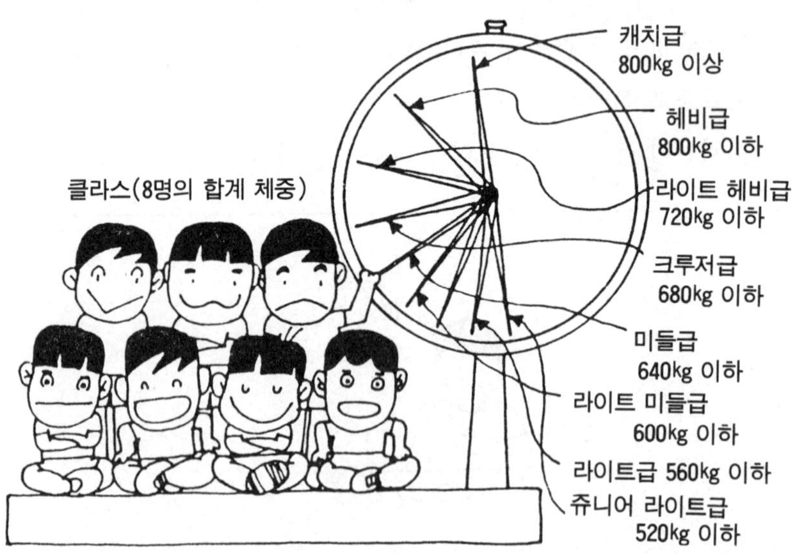

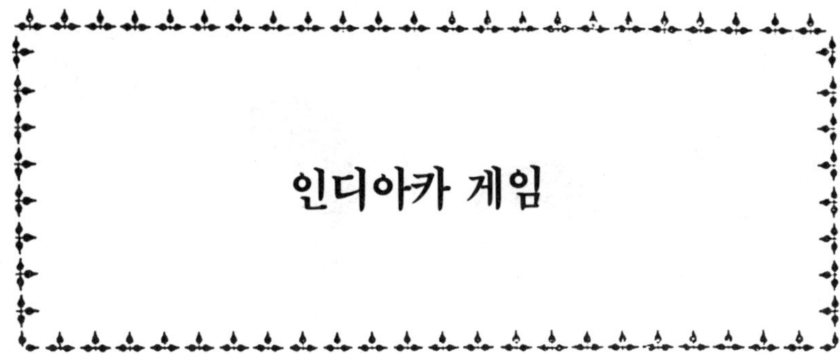

인디아카 게임

인다아카는 손으로 치는 배드민턴이라고도 말할 수 있다. 이 인디아카를 사용하여 6인제의 발리볼 룰을 기본으로 해서 실시되고 있는 것이 이 게임이다.

□준비

인디아카를 수 개. 그림과 같은 코트.

□경기 방법

① 인수는 4인 대 4인으로 실시한다.

② 인디아카는 팔꿈치부터 앞 부위로 친다. 한손, 손등, 주먹 등 어떤 방법으로 쳐도 상관없다.

③ 게임 방법은

㉠ 가위 바위 보로 서비스 코트를 선택한다.

㉡ 1세트는 15점 선취로 하고, 양쪽 14점이 되었을 때는 듀스로, 그 후 2점 선취하는 쪽의 승리가 된다.

㉢ 3세트 매치로 2세트 선취하는 쪽의 승리가 된다.

④ 게임은 서비스로써 시작되고, 서비스의 방법은

그림 3

㉠ 서브는 자기 진영의 엔드라인 우반분 후방에서 언더 핸드로 쳐서 상대 코드에 넣는다(그림 1).

㉡ 서비스는 1번이다. 그러나, 네트에 닿고 상대쪽 코트에 들어갔을 때는 네트가 되어 다시 한다.

㉢ 서비스는 백라이트의 위치에 온 아이가 실시한다(그림 2의 Ⓐ).

⑤ 리시브 및 리턴은

㉠ 리시브쪽은 코트 내에 서서 상대의 서비스를 기다린다.

㉡ 인디아카는 정해진 방법으로 치고, 3회 이내에 네트를 넘겨서 상대 코트로 돌려 보낸다.

⑥ 다음 플레이는 반칙이 되어 상대팀의 득점(서브권이 있을 경우)이 되든가, 서브권이 넘어간다.

㉠ 인디아카를 반격하지 않고 자기 진영 코트 내 떨어뜨렸을 때.

㉡ 친 인디아카가 코트 밖으로 나갔을 때(아웃 오브 바운즈).

㉢ 인디아카에 팔꿈치부터 앞 부위 이외의 신체가 닿았을 때.

㉣ 인디아카가 네트의 밑을 통과했을 때.

㉤ 경기자가 네트에 닿았을 때(네트 터치).

㉥ 경기자가 네트를 넘어서 플레이를 했을 때(오버 레트).

㉦ 동일 팀이 4회 이상 계속해서 플레이를 했을 때(오버 타임).

㉧ 동일 경기자가 계속해서 두 번 이상 인디아카에 닿았을 때(드리블).

⑦ 체인지 코트는 각 세트 종료 때마다 실시한다. 제3세트만 어느 한 팀이 8점 선취했을 때에 교체한다.

⑧ 로테이션은 서비스권을 가진 팀이 시계 방향으로 1포지션씩 이동한다(그림 2 Ⓐ→D, D→C, C→B, B→Ⓐ의 위치로 이동한다).

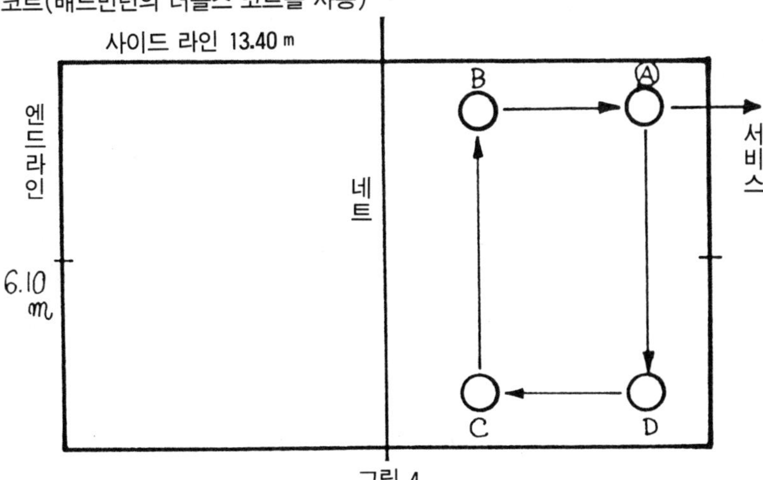

그림 4

□응용

여기에 소개한 룰은 대회에 사용되고 있는 것이다. 사람 수가 많을 때는 배구 코트를 사용해서 실시한다. 학년에 따라서는 네트의 높이를 조정해서 실시한다.

헷갈리는 말

프랑스의 작은 거리.

공증인과 세금 징수원이 같이 걷고 있었다.

"하나물어봐도 될까요? 어떻습니까, 당신의 의견으로는 이 거리에 꼬꾸(아내를 빼앗긴 남편)가 몇 사람 있다고 생각하십니까? 물론 당신을 빼고서 말입니다."

하고 공증인이 말하였다.

"뭐라고요? 나를 빼놓고서라구요? 그건 무슨 의미입니까, 조롱입니까?"

"아니, 이거 정말 난처하군요. 나는 당신의 기분을 상하게 할 생각은 전혀 없었습니다. 그러나 당신이 그토록 마음을 쓰신다면, 다시 한 번 질문을 고쳐서 하겠습니다. 어떻습니까? 이 거리에 당신을 포함해서, 꼬꾸가 몇 사람이나 있다고 생각하시나요?"

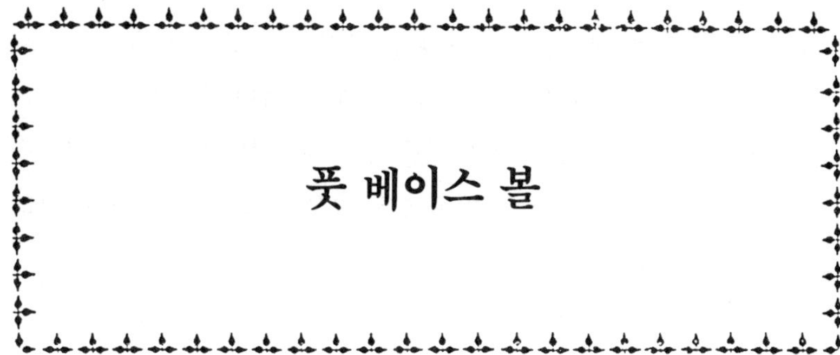

풋 베이스 볼

보통의 야구를 기본으로 해서 누구나 할 수 있는 형태로 겨루어지는 것으로 킥 베이스 볼이라고도 불리고 있다. 배트로 볼을 치는 대신 3호 볼을 사용해서 킥하기 때문에 고도의 기술이 없어도 출루의 가능성이 있어 누구나 참가할 수 있다.

□준비

3호볼 수 개. 그림과 같은 라인을 긋는다.

□룰

① 풋 베이스 볼은 1팀 9명의 선수로 2팀에 의해 경기가 이루어진다. 1팀 9명이 다 차지 않을 때는 정식 시합이라고는 인정하지 않는다.

② 1팀의 등록 인원은 15명을 한도로 한다. 등록 멤버 이외의 출장은 인정되지 않는다. 단, 제 1시합 개시 전에 상대팀과 주최측의 승낙을 얻으면 그 범위에 들지 않는다.

③ 타자는 심판의 호루라기 신호로 홈 베이스상의 볼을 페어 그라운드 내로 킥한다. 호루라기 신호 전에 킥했을 경우는 파울로 한다.

④ 타자는 두 번 파울 또는 헛 찼을 경우는 아웃이 된다.

⑤ 주자는 다음의 타자가 볼을 킥했을 때에 베이스를 떠날 수(달리다) 있고, 볼이 홈 베이스 위에 있을 경우 주자는 베이스를 떠날 수 없다(도루는 없다). 이것을 위반했을 경우는 심판의 판단에 따라 아웃을 선고할 수가 있다.

⑥ 타자가 킥을 완료하지 않은 동안은 캐처는 페어 그라운드 내로 들어갈 수 없다.

⑦ 등록 멤버 내에서의 선수 교체, 수비 위치의 변경은 심판에게 신청하면 된다. 단, 타자의 순서는 변경할 수 없다.

⑧ 각 팀의 선수 중에서 1루와 3루에 코치를 둘 수 있다.

⑨ 베이스 간격은 중학생 여자 20m, 국민학생 18m로 한다.

⑩ 킥커 에리어는 홈 베이스에서 뒤로 4m, 폭 1m로 한다. 에리어 밖에서 킥했을 경우는 파울로 한다.

⑪ 시합은 국민학생·중학생 모두 5회전으로 하고, 3회 종료 후 20점 이상의 차이가 생겼을 경우는 콜드 게임으로 한다. 단, 결승전은 7회전으로 한다.

⑫ 룰은 그라운드 컨디션에 따라 심판이 정할 수 있다.

⑬ 사용 볼은 국민학생, 중학생 모두 3호 볼로 한다.

⑭ 복장은 학교에서의 착용 체육복으로 하고, 신발은 고무바닥 운동화로 한다. 또, 모자는 반드시 착용한다.

⑮ 시합 시간이 1시간을 넘고, 양팀의 공격 횟수가 같은 경우는 그 시점의 득점으로써 승패를 정한다. 단, 결승전은 이 범위에 들지 않는다.

⑯ 시합 전에 멤버표 3부를 작성해서 심판과 상대팀 감독에게 1

여자 풋베이스볼 라인 긋기 규정 (국민학생용)

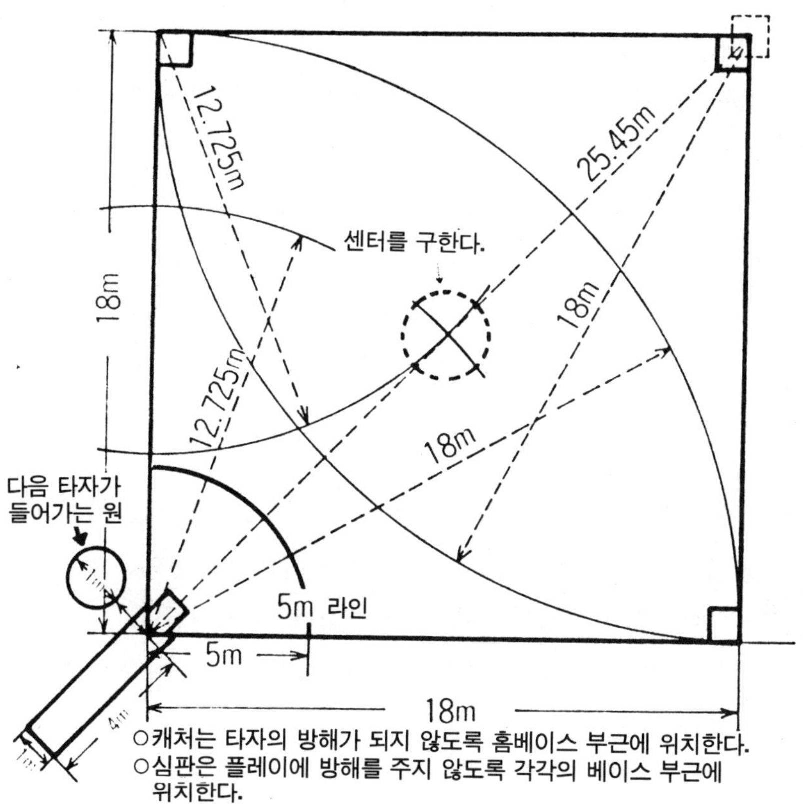

그림 5

부씩 제출하고, 나머지는 부본으로 한다. 멤버표에는 주장에게 ◎표를 한다.

⑰ 국민학생 팀에 중학생이 들어갔을 경우는 패배로 한다.

⑱ 시합은 신속하게 진행하고, 심판의 판정에 따를 것.

⑲ 볼이 플레이 그라운드에 있을 경우의 주루는 프리로 하고, 플레이 그라운드 밖으로 나갔을 경우는 원 베이스로 한다.*

⑳ 기후 등의 사유로 인해 주심은 시합을 중단 혹은 중지시킬 수 있다.

㉑ 시합 중 상대 팀에 대한 개인 공격이나 천박한 야유 등은 절대로 삼가할 것. 심판은 이와 같은 행위에 대해서 주의를 촉구할 수 있고, 주의를 듣지 않을 경우는 그 팀에 대해서 퇴장 등의 처리를 취할 수 있다.

㉒ 대회 중의 사고에 대해서는 최초의 응급처치는 주최자 측에서 실시하지만, 그 이후의 처치에 대해서는 일절 책임을 지지 않는다.

㉓ 그 밖에는 거의 야구의 룰을 준용한다.

*플레이 그라운드란 페어 그라운드, 파울 그라운드라고 해서, 캐치미스 등으로 볼이 벤치 뒤로 나갔을 때에 플레이를 중단하고 원베이스로 한다. 다음 타자의 킥에 의해서 플레이가 재개된다.

쵸비 에리어(5m 라인)는 타자가 킥한 볼이 그 범위내로밖에 날아가지 않을 때는 파울이 된다.

제2장

숲 속에서 할 수 있는 야외레크레이션

평소의 생활을 떠나 자연 속에서 활동하는 임간 학교는 도감이나 텔레비젼 등을 통해서 알고 있는 사항을 실제로 체험할 기회가 된다. 풀 숲에 있는 곤충, 숲 속에 있는 새, 시냇물에서 헤엄치는 작은 물고기 등, 생물의 생태, 나무나 풀이나 물의 냄새, 밤하늘 가득한 별의 반짝임도 진짜로 접할 수 있다.

아무런 부자유도 없는 생활에서 떠나 동료와 생활하는 것도 임간 학교가 아니고서는 할 수 없는 특징이라고도 말할 수 있다. 무엇이든 손에 넣는 생활의 아이들은 놀이 도구가 적은 자연 속에서는 그룹으로 함께 생각하고, 이를 발견하지 않으면 안되는 상태가 된다. 저절로 그룹 워크를 높여 가게 되고, 창조성을 높이는 장도 된다.

그러나 아이들을 자연 속에 두는 것만으로는 무엇을 해야 할지 모르는 아이가 생기는 것도 현실이다.

이 장에서는 야외 게임을 통해서 어느 정도의 동기 부여가 될 것 같은 놀이를 소개하고 있다. 또한 자연과 접할(관찰) 기회를 많이 가질 수 있는 것 같은 종목도 있다. 선생님이나 지도자 여러분도 아이들과 함께 즐기고, 자연을 이해하는 것과 그 장소에 맞는 놀이를 창조해 가는 것이 임간 학교 등에서 유익하게 생활을 하기 위한 마음 자세일 것이다.

임간 학교나 캠프 등에서는 나방을 비롯해서 벌, 파리떼, 진드기 등의 독충, 옻나무 등의 초목, 살모사 등이 있을 경우에는 특히 주의해서 그 사전 준비를 충분히 해 둔다.

그림자 밟기 귀신

□준비

없음.

□진행 방법

전원 중에서 귀신을 한 명 정하고, 다른 아이들은 도망자가 된다.

게임의 개시와 함께 귀신은 도망자를 뒤쫓아 그 아이의 그림자를 밟는다. 밟힌 아이는 귀신이 되어 뒤쫓기 시작한다. 이 귀신 놀이에서는 자신의 그림자가 가려져 버리는 나무 그늘, 건물의 그늘은 안전지대가 되어 귀신에게 쫓겨서 위험을 느꼈을 때에 도망쳐 들어간다.

□유의점

응달이 적은 정오 전후의 경우는 이 귀신 놀이가 적합하지 않다. 또한, 안전지대가 되는 응달이 없는 곳에서도 할 수 있지만, 사람 수에 따라서 달아나는 범위를 한정하여 귀신이 도망자를 붙잡기 쉽도록 하는 장치도 필요하다.

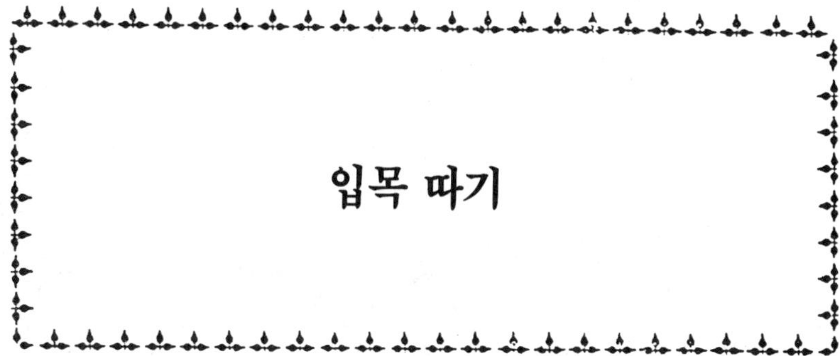

입목 따기

입목이 많은 숲 속, 해변 등에서 할 수 있다. 숲 속의 가시나무 등에 상처를 입지 않도록 확인하고 실시해 주십시오.

□준비

50㎝ 정도의 리본 4~5 색을 각각 30개씩.

□진행 방법

전원을 4~5 그룹으로 나눠서 각 그룹에게 각각 색이 다른 리본을 나눠 준다.

선생님의 신호로 아이들은 숲으로 들어가서 나무에 리본을 묶고 온다. 이미 리본이 묶여 있는 나무에는 묶을 수가 없다. 선생님의 종료 신호와 함께 각 그룹은 처음의 위치로 되돌아와서 각각의 남아 있는 리본을 센다. 리본의 수가 적은 그룹이 가장 많은 나무를 딴 것이 되어 우승이 된다.

□응용

나무에 리본을 묶은 채로는 할 수 없기 때문에 계속해서, 지금까지

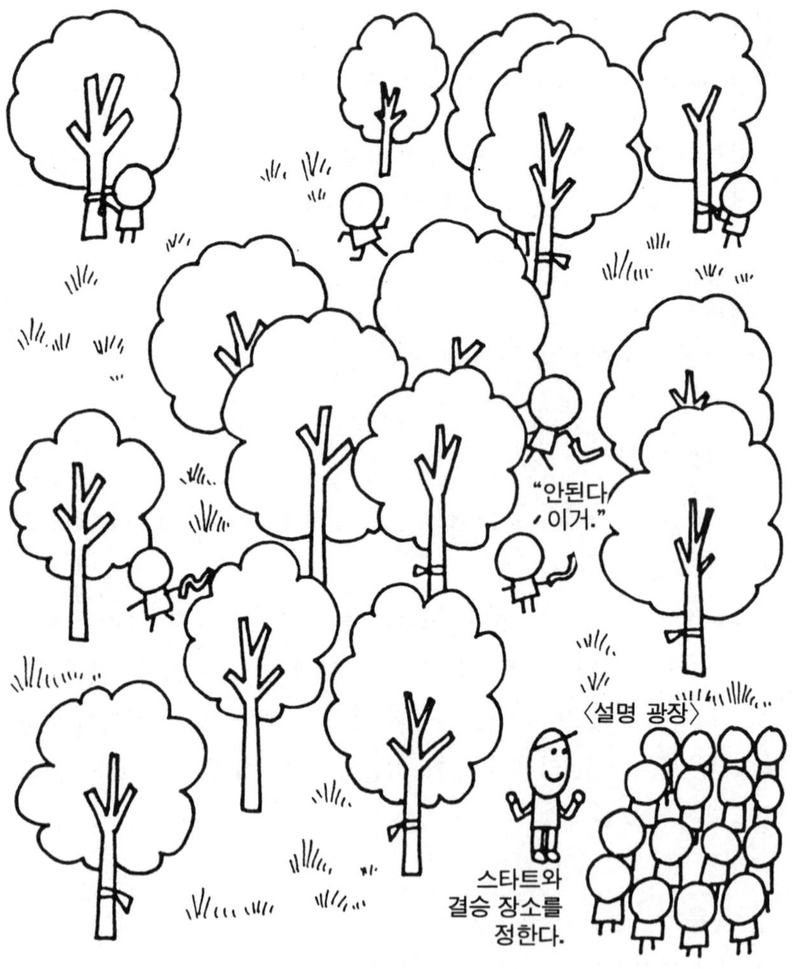
"안된다, 이거."
〈설명 광장〉
스타트와
결승 장소를
정한다.

묶은 리본을 풀어 오는 경쟁을 한다.

선생님의 신호와 함께 숲 속으로 들어가서 자신들이 묶은 리본을 풀어 온다. 그리고 가장 빨리 전부 풀어 온 그룹을 우승으로 한다.

□유의점

게임을 개시할 때에는 반드시 리본의 수를 확인시킨다. 또한, 리본을 나무에서 풀어 왔을 때도 확인시키고, 수가 맞는지 어떤지 조사한다. 동시에 수 명의 아이가 나무에 매달렸을 때는 가위 바위 보로 결정하기로 한다.

모호한 건 싫어

어느 변호사가 아내를 데리고 도심 속에 있는 나이트 클럽에 들어왔다. 의자에 앉아있던 호스테스가 변호사에게 아는 체를 하며 윙크를 보내왔다.

"어머나, 당신은 저런 여자도 알고 있군요?"

부인의 말에 변호사는 대답하였다.

"음, 직업상의 관계로 알고 있소."

"어느쪽 직업 말인가요? 당신 직업? 아니면 저쪽의?"

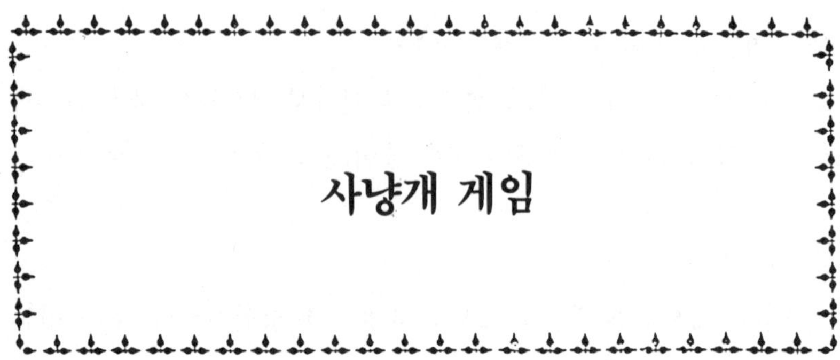

사냥개 게임

아이들은 사냥개가 되어 사냥감을 찾는다. 발견하면 자신의 그룹의 사냥꾼에게 알려 그 동물을 붙잡도록 한다. 팀웍과 작전이 필요한 게임이다.

□준비

4종류 정도의 동물 그림을 그린 카드를 20~30장씩 준비해서 수풀이나 나무 뿌리 등, 여러 가지 곳에 숨겨 둔다.

□진행 방법

8~10명의 그룹을 만들어서 각각 사냥꾼을 한 사람 정한다. 다른 아이들은 전원 사냥개가 되어 사냥감을 찾는 역할이 된다.

선생님의 신호로 사냥개는 동물을 찾아서 사냥꾼에게 알려 그 동물을 붙잡도록 한다. 사냥개는 '왕왕' 하고 짖어서 사냥꾼을 불러도, 또는 잠자코 부르러 가도 상관없다. 다른 그룹이 모르도록 하는 작전도 필요하게 된다.

선생님의 종료 신호로 집합해서, 모은 동물의 수를 세고, 수가 많은 그룹의 승리로 한다.

□응용

각각의 동물에 점수를 매겨서 그 모은 동물의 총득점으로 승패를 결정할 수도 있다.

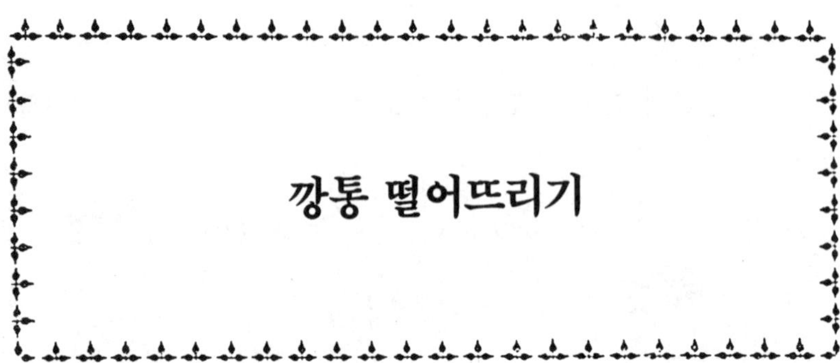

깡통 떨어뜨리기

볼을 던져서 깡통을 떨어뜨린다. 상대 그룹의 깡통에 맞지 않도록 신중히.

□준비

쥬스 빈 깡통 2종류를 10개씩, 고무공 4개, 깡통을 올려 놓을 대가 되는 것(없으면 지면 위라도 좋다). 스타트 라인을 긋는다.

□진행 방법

전원을 두 그룹으로 나눈다. 각각 스타트 라인에 일렬 종대로 서서 선두 아이가 볼을 2개씩 갖는다. 각각의 빈 깡통을 정해서, 스타트 라인에서 약 5m의 지점에 2종류를 교대로 옆으로 세워 놓는다.

처음에 그룹에서 한 사람씩 나와서 가위 바위 보로 선공·후공을 결정한다. 선공의 선두 아이부터 볼을 2개 던져서 깡통을 떨어뜨린다. 다음에 후공의 선두 아이가 볼을 2개 던져서 깡통을 떨어뜨린다. 이와 같이 선공·후공 교대로 볼을 던져서 전원이 다 던졌을 때에 남아 있는 깡통이 적은 그룹의 승리가 된다. 또한 그룹 전원이 다 던지기 전에 자신의 그룹의 깡통을 전부 떨어뜨렸을 때는 물론 승리

볼이 멀리 가지 않도록 할 수 있으면 더욱 좋다.

가 된다.

□**유의점**

만일 잘못해서 상대 그룹의 깡통을 떨어뜨려 버렸을 경우는 상대 그룹에게 유리해져 버리기 때문에, 자신의 그룹의 깡통만을 떨어뜨리도록 목표를 정해서 던진다.

들통나다

어떤 텔리비젼의 퀴즈 프로에 등장한 모녀. 딸은 다섯 살, 어머니는 아직 이십 대 중반쯤의 미인이다. 사회자는 관례에 따라 딸 아이에게 실없는 질문을 하였다.

"아가씨의 아빠께서는 지금 댁에서 텔리비젼을 보시면서 대답을 잘하나 어쩌나 하고 걱정하고 계시겠죠, 네?"

귀엽게 생긴 소녀는 머리를 가로 저으며,

"아녜요, 아빠는 지금 안계셔요. 아빠는 선장이니까 일 년에 반 년은 집에 안와요."

"그래요? 그럼 아가씨는 쓸쓸하겠네요?"

"밤에는 엄마와 함께 자니까 별로 쓸쓸하지 않아요. 그렇지만 토요일 밤마다 우유 배달 아저씨가 오시면 난 다른 방에 가서 자요."

지뢰를 주의하라

길에 있는 작은 돌이나 낙엽이 지뢰다. 상대가 장치한 지뢰에 닿으면 아웃이 되어 버린다. 어느 것이 지뢰인지를 확인하면서 걸어가서는 안된다.

□준비

그림과 같이 선을 긋는다.

□진행 방법

8~10명의 그룹을 만들어서 두 그룹 대항으로 실시한다. 선공 · 후공을 정해서 후공의 그룹은 코스 상에 지뢰(작은 돌, 나뭇잎 등)를 한 사람 1개씩 놓아둔다. 이 때 선공 그룹은 그것을 보지 않도록 뒤돌아 있다.

그룹 전원이 지뢰를 놓아 두면 선공의 아이는 한 사람씩 후공 그룹 아이들의 얼굴을 관찰하면서 코스를 신중히 걷는다. 후공의 아이들은 코스 양쪽에 늘어서서 선공의 아이가 지뢰에 닿거나 밟거나 했을 때에 '펑' 하고 큰 소리를 낸다. 지뢰를 밟은 아이는 아웃이 되어 코스에서 벗어난다. 선공의 아이가 전원 끝나면, 다음에 선공과 후공

펑
「폭」 1.5m 길이
5m 정도

을 교체해서 실시한다. 이번에는 선공의 아이가 지뢰를 놓아두고, 후공의 아이가 걷는다. 양 그룹이 끝났을 때 아웃 아이가 적은 그룹의 승리가 된다.

□유의점

이 게임은 작은 돌이나 낙엽이 많은 곳에 적합하다. 또한 지뢰가 되는 작은 돌이나 낙엽을 분명히 구별하기 위해서 그 뒤에 매직 등으로 표시를 해서, 그 표시를 모르도록 놓아 두고, '펑' 하고 말했을 때에 정말로 지뢰에 닿았는지를 확인하기로 하면 보다 확실하다.

□응용

작은 돌이나 낙엽이 없는 장소에서 실시할 경우는 지뢰를 직접 지면에 그리고, 코스를 걷는 아이는 타올로 눈가리개를 해서 나아가도록 하면 가능하다.

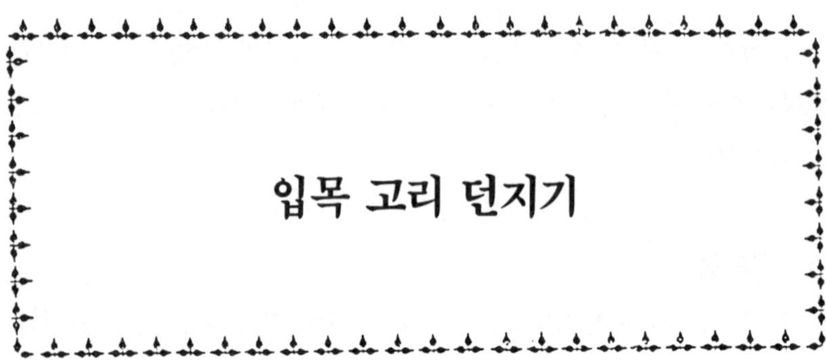

입목 고리 던지기

높은 곳을 향해서 던지는 고리 던지기다. 가지에 따라서 점수가 다르다.

□준비

고리를 10개, 고리를 벗기는 막대기를 1개. 그림과 같이 입목의 가지를 자른다.

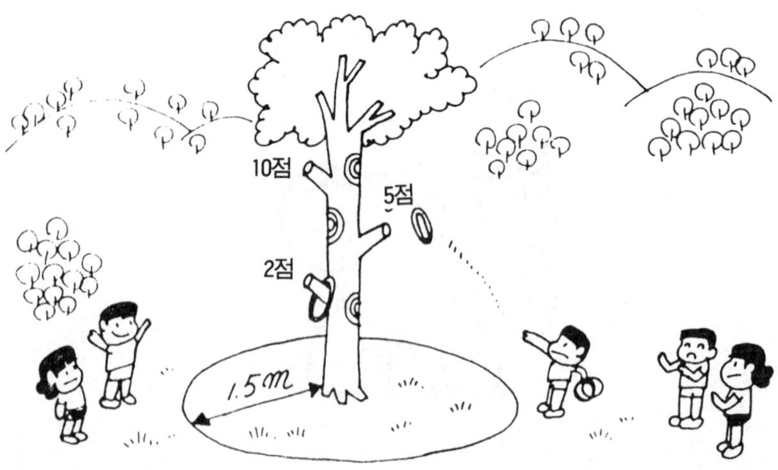

□진행 방법

한 사람씩 교대로 실시한다. 입목을 중심으로 한 원 밖에서 한다. 입목을 중심으로 한 원 밖에서 1인 5회씩 던져서 그 득점을 겨룬다. 전원이 다 던져서 가장 득점이 많은 아이의 승리다.

□유의점

아이의 수가 적을 때에 적합하다. 또한, 숲 속 학교 등에서 자유시간에 마음대로 할 수 있도록 해도 좋을 것이다.

미래지향형

동남아 여행 중인 삼영이 부부는 필리핀의 어느 공원 벤치에 앉아 잠시 쉬고 있었다. 그때 마침 과자 장수가 그들 앞에 와서 멈추어 섰다. 남편인 삼영이는 큰 맘 먹고 쵸콜릿을 한 개 샀는데, 먼저 한 끝을 자기가 조금 떼어 먹고, 다음에 아내에게도 그것을 약간 떼어먹게 한 뒤에, 그것을 종이에 다시 얌전하게 싸서는 호주머니에다 집어 넣었다. 그리고는 아내에게 하는 말이,

"여보, 이 나머지는 앞으로 낳을 아이들을 위해서 남겨둡시다."

제3장

해변에서 즐길 수 있는 야외레크레이션

해수욕, 아이나 어른이나 매우 즐거워 하는 것 중의 하나다. 그렇지만 하루종일 바다에 들어가 있어서 나른하게 지치거나, 햇빛에 타서 등이 따끔따끔하거나, 그래도 또 해수욕에 나서는, 이와 같은 매력을 가지고 있는 것이 해수욕이다. 아이들에게 있어서도 임해(臨海)의 전야는 잠을 이룰 수 없을 만큼 흥분된 것이다.

바다에서는 적당히 놀거나 쉬거나 하는 무리없는 프로그램 만들기가 중요하다. 때로는 옷을 입고 해변으로 나가서 해변의 생물을 관찰하거나, 조개를 채집하거나, 또는 낮의 풍향, 밤의 풍향, 아침이나 저녁 한때 바다가 잔잔한 일 등을 체험하는 것도 프로그램이 된다.

해변에서의 게임은 해수욕 짬짬이 실시할 수 있는 것을 모으고 있다. 장시간 해수에 잠기는 것은 몸을 지나치게 차게 해서, 밤중에 발열하는 등의 경우가 발생하기 쉬워진다. 해변에서 실시하는 게임은 바다에서 나옴으로써 몸을 따뜻하게 하고, 가벼운 운동을 함으로써 몸을 푸는 효과가 있다. 또한 수중에서의 게임은 충분한 감시 하에 실행하도록 한다.

해변에서의 활동에는 몸에 여러 가지 장해를 주는 요소가 있다. 직사일광으로부터 피부를 지키는 상의 · 모자, 해변의 위험한 유리나 철 부스러기 등으로부터 발을 지키는 비치 샌들, 바다에서 나오면 몸의 물방울을 닦고 몸을 차게 하지 않도록 하는 바스 타올 등은 반드시 준비해 두십시오. 선생님은 휘슬을 잊지 않도록.

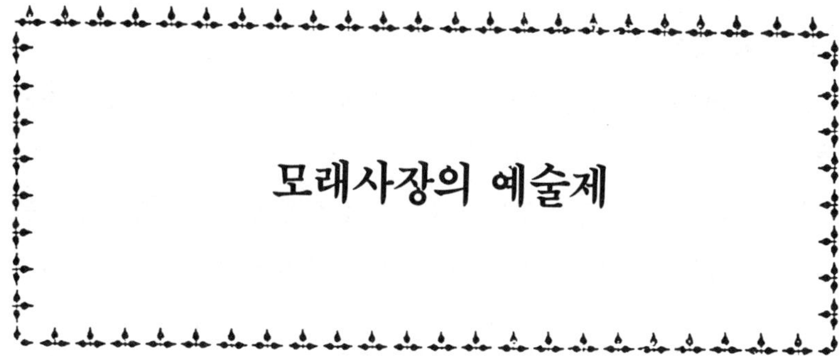

모래사장의 예술제

모래사장에서 여러 가지 것을 만든다. 그룹으로 생각해서 여러 가지 것을 만들어 본다.

□준비

있으면 스쿱, 버킷 등을 그룹수 만큼.

□진행 방법

4~6명의 그룹을 만들어서, 그룹마다 모래사장에 뿔뿔이 흩어지게 한다.

선생님의 신호로 각각 그룹에서 모래를 사용하여 예술작품을 만든다. 진행 상태를 보면서 20~30분 정도로 종료 신호를 한다. 각각의 작품을 아이들과 함께 심사하고, 우수 작품을 뽑아서 표창한다.

괜한수고

밖은 굉장한 추위였다. 한 사나이가 여관집 문을 열고는 안으로 들어서더니 문을 열어놓은 채로 자리에 앉는 것이었다. 이미 안에 들어와 있던 사람이 화가 나서 외치는데,

"여보시오, 문을 닫는 게 어떻겠소? 밖은 춥단 말이오."

나중에 들어온 손님은 일어나서 문을 닫고는 제자리로 돌아오더니 먼저 들어온 손님에게 큰 소리로,

"자, 이젠 후련하시오? 하지만 문쯤 닫아 봤자, 역시 밖은 춥단 말이오."

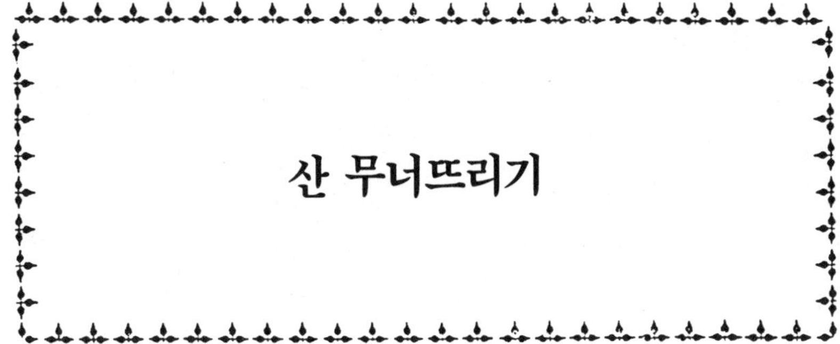

산 무너뜨리기

2인 대항으로 실시한다. 각각 교대로 산을 무너뜨리지만, 중심에 있는 막대기를 쓰러뜨린 아이가 진다.

□준비

약 20㎝의 막대기를 둘이서 1개.

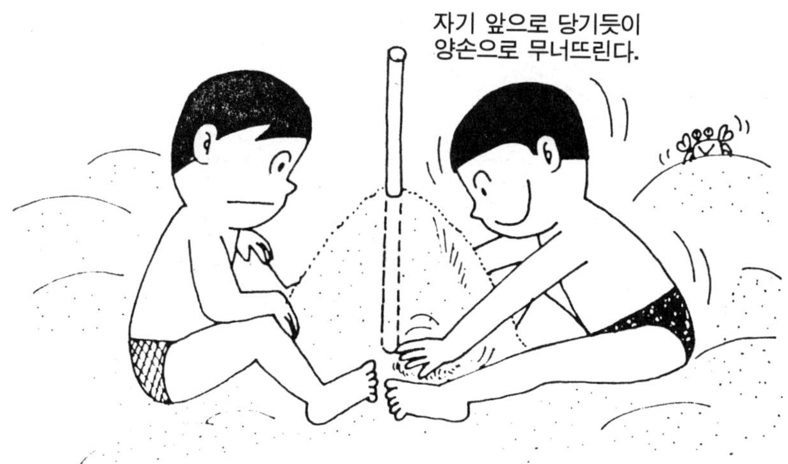

자기 앞으로 당기듯이
양손으로 무너뜨린다.

□진행 방법

2인 1조가 되어 모래 사장에 흩어진다. 둘이서 협력하여 모래로 산을 만들고, 그 중심에 막대기를 세운다.

둘이서 가위 바위 보를 해 선공·후공을 결정한다. 선공의 아이부터 양손으로 산의 양 옆에서 모래를 깎도록 하여 산을 조금 무너뜨린다. 다음에 후공의 아이가 산을 무너뜨린다. 이와 같이 해서 선공·후공 교대로 산을 조금씩 무너뜨려 간다. 그리고 산을 무너뜨렸을 때에 동시에 막대기도 쓰러뜨리면 그 때 산을 무너뜨리고 있던 아이의 패배가 된다.

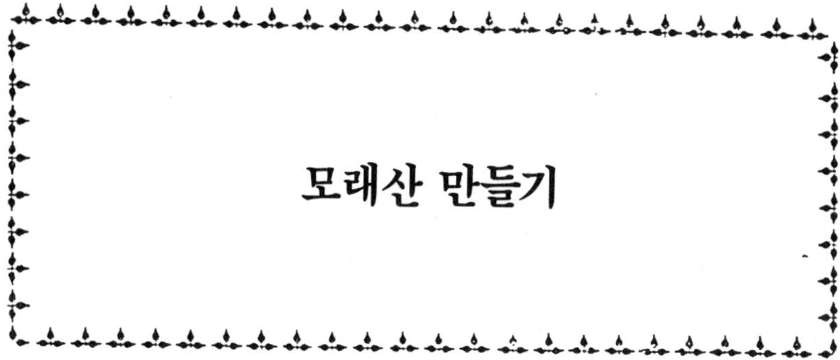

모래산 만들기

그룹이 협력해서 큰 모래산을 만든다.

□준비

각각의 그룹이 모래산을 만들 장소를 결정해 둔다.

모래산 만들기의 장소
'모래산의 홍수 무너뜨리기'로
사용할 수 있도록 물가에!
3m정도

□진행 방법

6~8명의 그룹을 만들어 각각 모래산을 만들 장소에 모인다.

선생님의 신호로 모래를 쌓아 올려 산을 만들지만, 모래는 가까운 모래를 사용하는 것도 물가의 축축한 모래를 사용하는 것도 자유로 한다. 약 10분 후에 종료 신호를 해서 모래산 만들기를 끝낸다. 이때 가장 큰 모래산을 만든 그룹을 우승으로 한다.

□응용

해변에 떨어져 있는 막대기나 판자 등을 도구로써 사용해도 좋다고 하면 큰 산을 만들 수 있다.

모래산의 홍수 무너뜨리기

'모래산 만들기'에서 만든 모래산을 사용해서 게임을 한다.

□준비

양동이(버킷)를 그룹에 2개씩.

□진행 방법

6~8명의 그룹을 만든다. 물가에서 약 3m의 지점에 있는 모래산 주위에 각각 그룹별로 모인다. 선생님의 신호로 일제히 양동이로 바닷물을 퍼서 모래산에 끼얹어 무너뜨리는데, 손을 사용하여 무너뜨려서는 안된다. 물을 푸는 방법은 양동이 릴레이든, 교대든, 각 그룹의 아이디어·팀웍에 의해 진행한다. 약 10분 후 종료 신호를 하고, 어느 산이 가장 작아졌는지로 승부를 결정한다.

□유의점

모래는 물을 함유하면 무너뜨리기 어려워지므로, 그 무너진 정도를 봐서 종료의 신호를 해 주십시요.

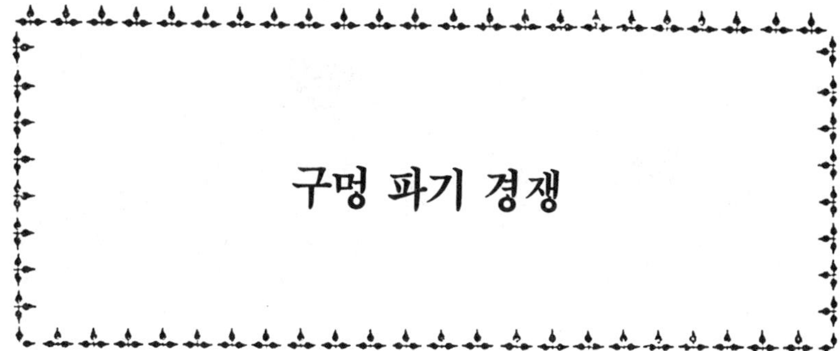

구멍 파기 경쟁

모래 사장에서 구멍을 판다. 큰 구멍을 판 아이의 승리다. 바다에서 나온 휴식을 겸한 게임이다.

□준비

없음.

□**진행 방법**

전원 모래 사장에 흩어진다.

선생님의 신호로 일제히 구멍을 파기 시작하는데, 도구는 사용하지 않고 손만으로 파도록 한다. 약 5분 후에 종료의 신호를 한다. 아이들은 구멍 파는 것을 중지하고 각각 구멍 옆에 선다. 선생님이 어느 아이의 구멍이 가장 큰가를 조사한다. 그리고 가장 큰 구멍을 판 아이를 1위로 한다.

□응용

① 구멍 파기를 시작하기 전에 해변에 있는 깡통, 막대기 등을 모으도록 해서 그것을 도구로써 사용하여 구멍 파기 경쟁을 실시한다.

② 3~4명의 그룹을 만들어서 그룹 대항으로 해도 가능하다.

③ 어린이들이 판 구멍을 사용해서 '게의 구멍 바꾸기'를 실시한다

□유의점

판 구멍은 원래대로 메꿔 두도록 해 주십시오.

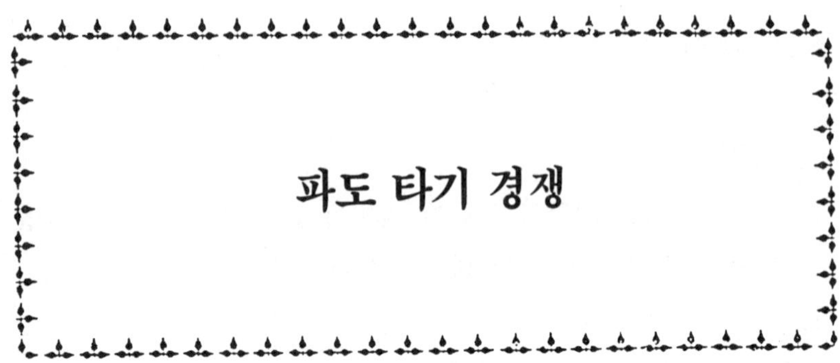

파도 타기 경쟁

큼직한 파도를 타이밍 좋게 타지 못하면 앞으로는 나아갈 수 없다. 파도 타기의 연습을 충분히 한 후 시도합시다.

□준비

파도 타기 매트 여러 장. 가능하면 스타트 라인의 안표 막대기를 2개.

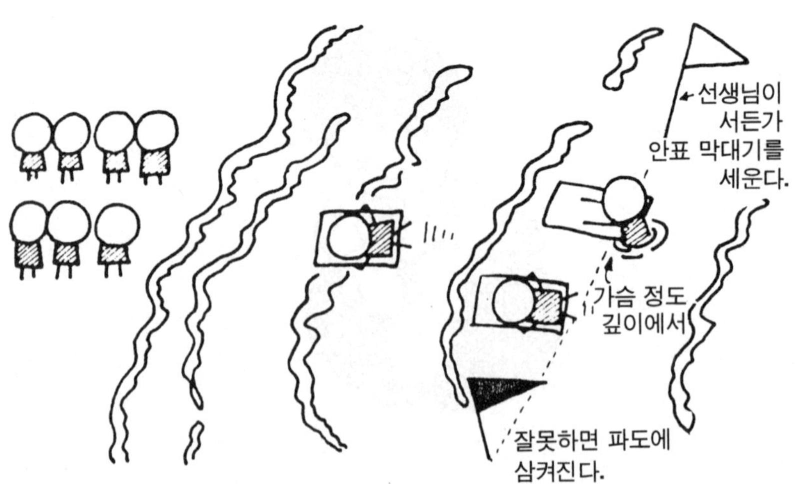
선생님이
서든가
안표 막대기를
세운다.
가슴 정도
깊이에서
잘못하면 파도에
삼켜진다.

□진행 방법

전원을 파도 타기 매트 수의 종대로 만들어, 파도 타기의 순서를 정한다. 열 선두에 있는 아이는 각각 파도 타기 매트를 들고 바다로 들어가서 스타트 라인에 선다.

큰 파도를 골라서 파도 타기를 한다. 파도를 탈 수 없다면 한 번 더 실시하는데, 두번째도 탈 수 없었을 때는 실격이 되어 다음 아이에게 파도 타기 매트를 건네 주고 열 뒤에 붙는다. 전원이 트라이해서 끝났을 때, 가장 오랫동안 파도를 타고 나아간 아이의 우승이 된다.

바닷속의 보물을 찾아라!

바닷속에 가라앉아 있는 보물을 찾아서 가능하면 많이 집어 온다.

□준비

돌에 점수를 쓴 것을 다수.

□진행 방법

8~10명의 그룹을 만든다. 모래 사장에 각각의 진지를 정하고,

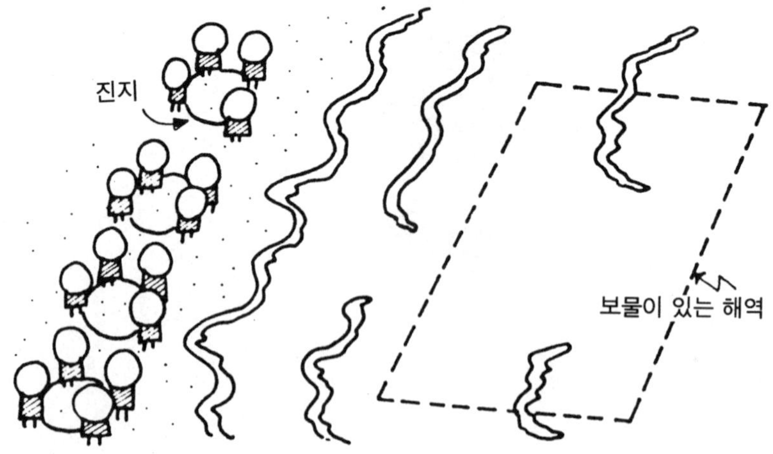

보물은 미리 아이들의 가슴 깊이 만큼의 곳에 가라앉혀 둔다.

선생님의 신호로 각 그룹은 일제히 바다로 들어가서 바다에 가라앉은 보물을 찾는다. 발견할 때마다 진지로 가지고 돌아와서 놓고는 다시 찾으러 간다. 종료 신호로 전원 바다에서 나와 각각의 진지로 되돌아간다. 보물의 점수를 합계해서 가장 점수가 많은 그룹의 승리로 한다.

꿍꿍이 속

옥타누스는 약 6개월 예정으로 아메리카로 출장을 가게 되었다. 그는 출발 직전에 아내에게 정조대를 채웠다. 그것을 전해들은 그의 친구 한 사람이 옥타누스에게 말하였다.

"자넨 바보야! 자네 마누라는 애꾸에다, 절름발이에다, 꼽추에다, 또 거기에다가 마음보까지 비뚤어졌잖아. 아무렴 자네 마누라 같은 걸 누가 건드리기나 할 줄 아나?"

그러자 옥타누스가 대답하였다.

"그런 건 자네가 말해주지 않더라도 잘 알고 있어. 사실은 내가 아메리카에서 돌아왔을 때 아내에게 열쇠를 잊어버렸다고 할 작정이야!"

튜브 빠져 나가기 릴레이

파도가 조용한 해안이나 풀 등에서 즐길 수 있다. 물에 잠수하는 연습을 겸할 수도 있다.

□준비

튜브를 그룹수 만큼.

□진행 방법

8~10명의 그룹을 만든다. 바다로 들어가서 가슴 정도의 깊이 지점에 각각 1m 정도의 간격을 두고 일렬 종대로 늘어서서 선두의 아이가 튜브를 갖는다.

선생님의 신호로 선두 아이부터 물에 떠 있는 튜브를 위에서 빠져 나가서 다음 아이에게 튜브를 릴레이한다. 차례차례 릴레이해 가서 빨리 전원이 끝난 그룹이 우승이 된다.

□응용

① 튜브를 위에서 빠져 나가는 것이 아니라 아래(물속 쪽)에서 빠져 나가도록 해도 좋을 것이다.

② 각 그룹은 모래사장에 늘어선 채 한 사람씩 바다로 들어가서 튜브 빠져 나가기를 하고, 모래사장으로 되돌아와 다음 아이에게 릴레이한다.

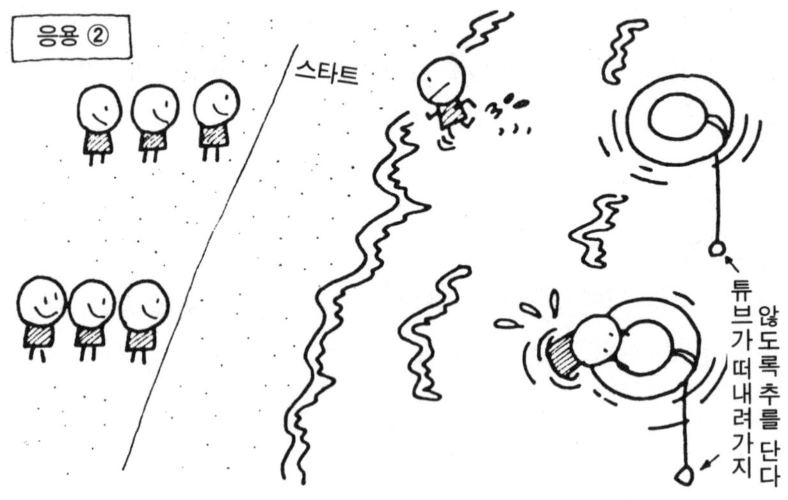

수난(水難) 구조 릴레이

□준비

튜브에 약 2m의 로프를 연결한 것과 반환점의 안표가 될 만한 것을 그룹수 만큼.

□진행 방법

8~10명의 그룹을 만든다. 바다로 들어가서 가슴 정도의 깊이에 각각 2열 종대로 선다. 스타트 위치에서 약 5m의 지점에 반환점의 안표를 한다.

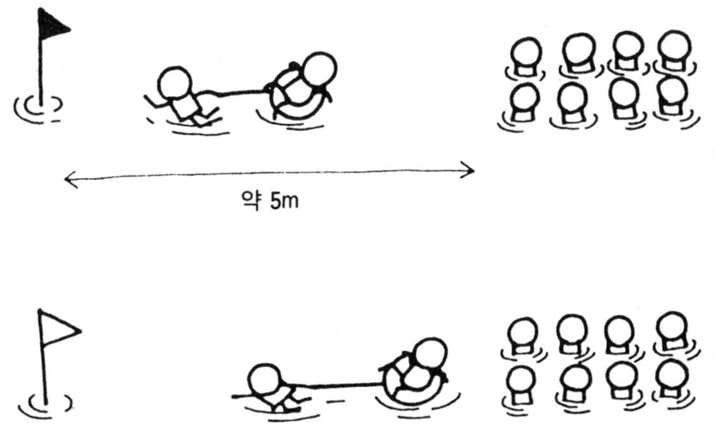

선생님의 신호로 선두의 두 사람 중 한 사람이 튜브를 타고, 또 한 사람이 튜브의 로프를 잡아 당긴다. 반환점까지 오면 튜브를 탄 아이와 로프를 끄는 아이가 교대해서 스타트 위치로 되돌아와 다음 아이들에게 릴레이하고 열 뒤에 붙는다. 차례차례 릴레이해 가서, 전원이 빨리 끝난 그룹의 우승이 된다.

시키는 것만 하랬지

건장한 총각 머슴이 주인 몰래 낮잠이나 자려고 헛간으로 들어갔다. 그런데 이건 또 뭔가, 주인 마누라가 해괴한 꼴로 짚더미에서 자고 있질 않겠나. 머슴도 사내인지라, 헛간에는 아무도 없고, 오직 여주인과 자기 뿐이었다. 주위도 어두컴컴하여 여러 가지로 안성마춤이었다. 그러나 주인 마누라가 뭐라고 할까? 만약 쫓겨나면……? 그러나 욕망은 어느덧 이성을 앞서 가고 있었다. 에라 모르겠다!

주인 마누라는 이윽고 총각의 아래에서 눈을 떴다. 그리고는 깜짝 놀라 외쳤다.

"에그머니나! 자네 이게 무슨 짓인가? 그래 자넨 도무지 부끄럽지도 않나?"

"아이구, 미안해유, 마님! 그럼 물러나겠어유."

"내가 언제 물러나라고 했나! 그저 부끄럽지 않느냐고 물어 보았지."

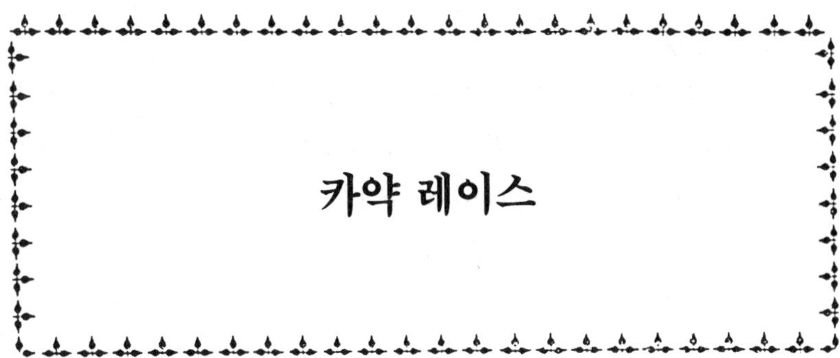

카약 레이스

튜브를 타고 손 노로 젓는다. 오른손과 왼손의 힘의 밸런스가 결정수가 된다.

*카약……카누의 일종.

□준비

튜브를 그룹수 만큼.

어느 쪽 방향으로 나아가도
상관없다.

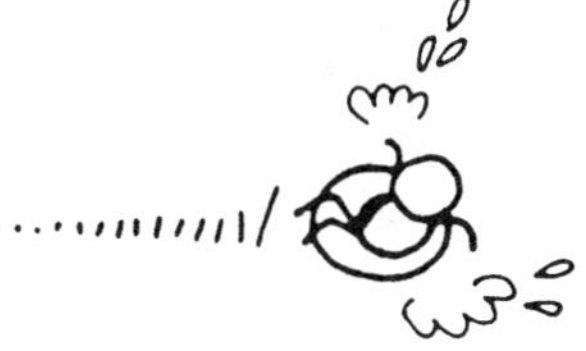

□진행 방법

8~10명의 그룹을 만든다. 바다로 들어가서 허리 정도의 깊이에 각각 2조로 나누어 약 5m의 간격을 두고 일렬 종대로 서서 마주 본다. 한 쪽의 선두 아이가 튜브를 탄다.

선생님의 신호로 튜브를 탄 선두 아이부터 손으로 물을 저어서 맞은편으로 나아가, 맞은편의 선두 아이에게 튜브를 릴레이하고 그 열 뒤에 붙는다. 차례차례 릴레이해 가서 전원이 빨리 끝난 그룹이 우승이 된다.

이상한 현미경

아름답기로 소문난 춘자 씨가 여자 친구인 영자 씨를 만나 세상돌아가는 이야기로 꽃을 피웠는데, 갑자기 춘자가,

"얘, 참 너 현미경이라는 게 뭔지 아니?"

"그럼, 알고 말고. 물건을 크게 확대하는 데 쓰는 기계지 뭐야."

"아아, 그래? 그럼 이제 알았다! 우리집 그이가 언제나 날더러 당신 손은 현미경처럼 이쁜 손이라고 했어. 이제 그 이유를 알 것만 같군."

제4장

여럿이서 함께 즐길 수 있는 야외레크레이션

항상 함께 활동하고 있는 동료와 협력해서 상대팀을 이긴다. 매우 기분 좋은 일이다. 또한, 이기든 지든 그 그룹(학급 등)에 있어서 공통의 화제를 제공해 준다. 그것이 가끔 듣는 미니 운동회의 좋은 점이다.

이 장에서 말하는 미니 운동회는 운동능력이 뛰어난 아이를 우위로 하는 경기회적 운동회가 아니라, 가위 바위 보에 의한 우연성, 팀웍에 의한 협조성, 종목의 의외성 등에 주안을 둔 작은 운동회를 가리키는 말이다. 진 그룹이라도 다음에는 이길 수 있는 자신을 갖게 할 수 있다.

미니 운동회를 실시할 때는 다소의 회장 장식 등을 하거나, 도구를 사용하는 것 같은 게임을 준비하거나 한다. 또한 응원단 등도 만들어서 응원 연습을 해 두는 것도 좋을 것이다. 또한 각 그룹에서 이것은 자신이 있다고 하는 게임을 사전에 제출하도록 해서 프로그램에 넣거나 한다. 이 미니 운동회의 운영은 경기에 구애받는 것이 아니라, 아이들의 그룹 워크로써 실시하도록 한다. 이 책 전체에 각종의 대항 게임을 모으고 있다. 어느 것이나 조금 응용해서 사용할 수 있는 것 뿐이다.

또한 실시 도중에 그룹마다의 득점차가 너무 커져 버렸을 때는 게임 이외의 요소를 득점 대상으로 한다. 예를 들면, 응원전, 팀웍, 정렬의 방법 등을 득점의 대상으로 한다.

그룹 꼬리 잡기

그룹이 협력해서 다른 그룹의 꼬리를 잡는다.

□준비

천을 그룹수 만큼.

□진행 방법

5~6명의 그룹을 만든다. 각각 일렬 종대가 되어 뒤의 아이는 앞

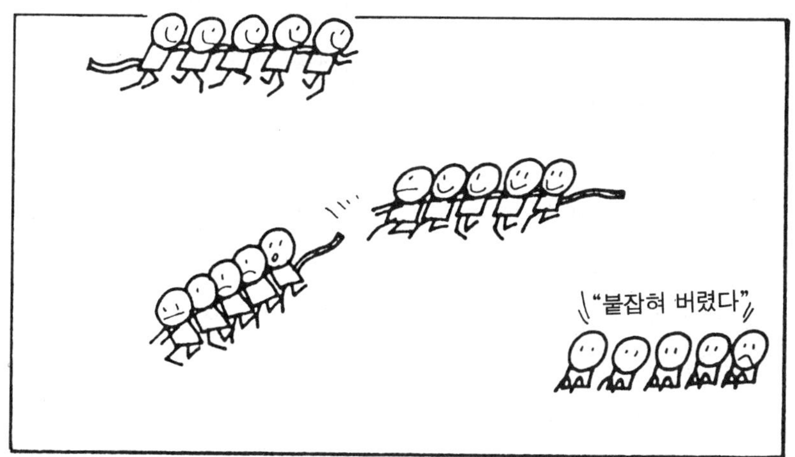

아이의 어깨에 양 손을 얹고, 마지막 꼬리의 아이 허리에 천을 매달아 꼬리라고 한다.

선생님의 신호로 다른 그룹의 꼬리를 붙잡으러 간다. 꼬리를 잡혀 버렸을 때는 꼬리를 잡을 권리가 없어져서 방해가 되지 않는 곳에 가서 앉아 기다린다. 그리고, 마지막까지 꼬리를 잡히지 않고 남은 그룹을 우승으로 한다. 또한, 꼬리를 많이 잡은 그룹을 우승으로 할 수도 있다.

이에는 이 눈에는 눈

삼영 씨는 인색하기로 소문난 짠돌이였다. 그는 출장 중에 아내의 생일을 축하하기 위하여 여행지에서 수표를 생일 선물로 보냈다. 그런데 그 수표에는 금액이 기재되어 있지 않고, 그 대신 〈당신에게 백만 번의 키스를 보낸다〉라고 적혀 있었다.

출장에서 돌아온 삼영 씨는 득의만만하게 아내의 손을 붙잡고 말하였다.

"어때, 내 아이디어가?"

"정말, 고마왔어요."

하며 생긋 웃어보인 아내가 한결 득의만만하게 환한 얼굴로 덧붙였다.

"그 수표는 이내 우유 배달과 현금으로 바꾸었어요."

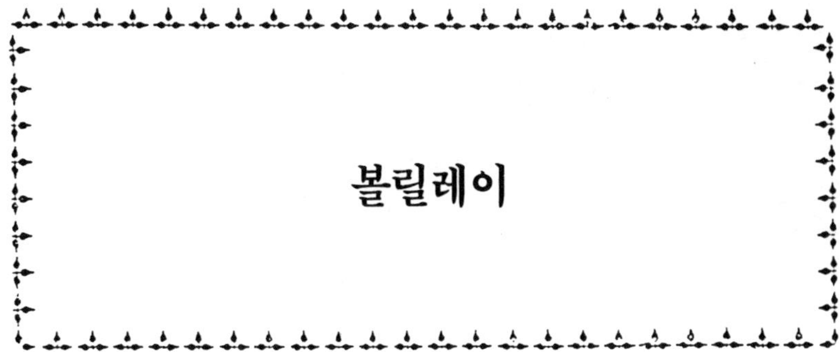

볼릴레이

4인조로 볼을 운반한다. 4명의 팀웍이 없으면 볼은 떨어져 버린다.

□준비

농구공 또는 큼직한 볼과 반환점의 안표를 그룹수 만큼. 스타트라인을 긋는다.

□진행 방법

20명 또는 24명의 그룹을 만든다. 각각 4인조를 만들어서 스타트라인에 선다. 선두조 4명은 등을 마주대고 팔을 낀 후 등에 볼을 올려놓는다.

선생님의 신호로 선두의 4인조부터 스타트하여 반환점을 돌아되돌아와서, 다음 4인조에게 볼을 릴레이하고 열 뒤에 붙는다. 차례차례 서둘러서 볼을 등에 얹고 반환점을 돌아 릴레이해 간다. 전원이 빨리 끝난 그룹의 우승으로 한다.

도중에서 볼을 떨어뜨렸을 때는 볼을 주워 와서 떨어뜨린 그 장소부터 계속한다.

□응용

볼을 사용하지 않고 스크럼 릴레이로써도 할 수 있다.

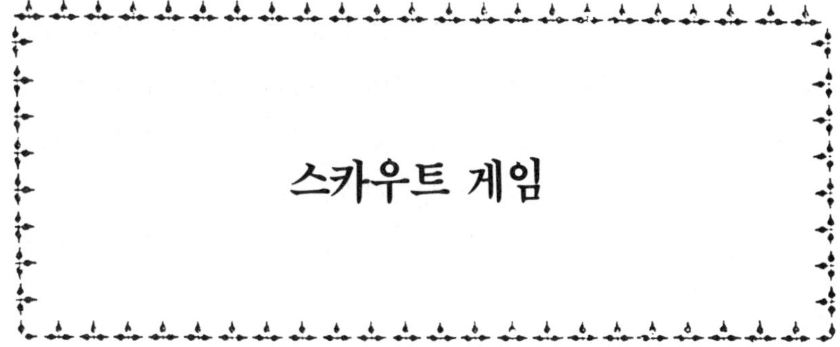

스카우트 게임

상대 그룹의 아이를 자신들의 그룹선 안으로 끌어 들인다.

□준비

그림과 같이 약 20m 간격의 선을 긋는다.

□진행 방법

전원이 2그룹으로 나뉘어 각각의 선에 늘어선다.

선생님의 신호로 스타트해서 서로 상대 그룹의 아이를 붙잡아 자신 그룹의 선까지 끌어당겨 데려온다. 상대 그룹의 선까지 끌려간 아이는 상대 그룹에 붙잡힌 셈이 되어 그 장소에서 기다린다. 종료 신호가 있을 때까지 가능한 한 많은 아이를 붙잡는다.

종료 신호로 각각 원래의 선으로 되돌아온다. 상대 그룹의 아이를 많이 붙잡은 그룹의 승리가 된다.

오로지 찬양만을

어떤 신부님이 나이 어린 조카 딸을 데리고 산책을 하고 있었다. 한참을 걷노라니까 다리가 피곤하여 근처 숲의 잔디밭에 잠시 누워서 쉬기로 하였다. 따사로운 봄날이었다. 화창한 햇볕과 살랑이는 봄바람, 꽃 내음은 더욱 향기롭게 코끝을 간지럽히고, 새는 아름다운 목소리로 우짖는다.

그런데 갑자기 조카 딸이 소리를 꽥 지르며 울기 시작하였다.

"순희야, 왜 그러니?"

"새가 내 눈에다가 똥을 갈기고 달아났어요."

그 말을 듣자 신부님은 감격한 목소리로 외쳤다.

"오오, 신의 뜻을 모름지기 찬양할 지어다! 순희야, 만약 황소에게 날개가 돋쳤더라면 어쩔 뻔 했니?"

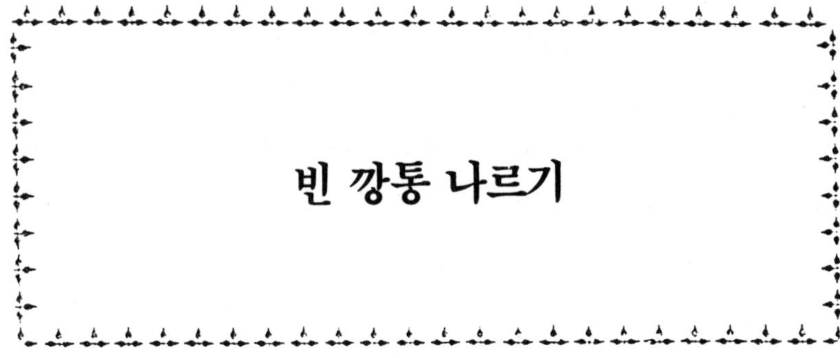

빈 깡통 나르기

□준비

빈 쥬스 깡통을 그룹에 10개씩. 반환점의 안표를 그룹수 만큼. 스타트 라인을 긋는다.

□진행 방법

8~10명의 그룹을 만든다. 각각 스타트 라인에 일렬 종대로 서고,

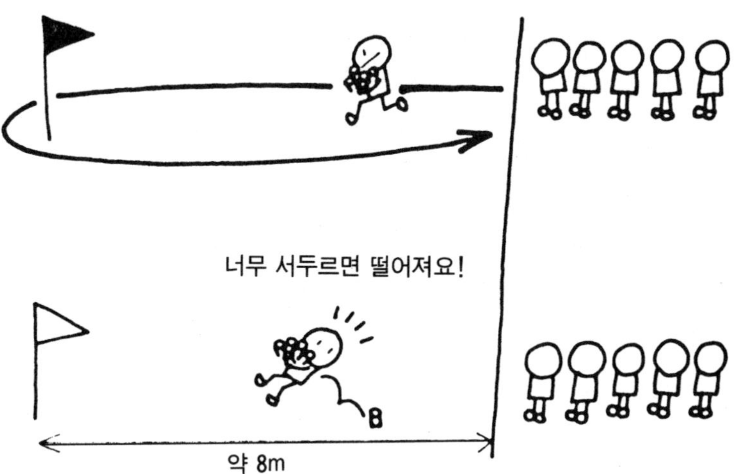

선두의 아이는 깡통을 10개 든다. 선생님의 신호로 선두의 아이부터 깡통을 든 채 달려서 반환점을 돌아 다음 아이에게 깡통을 릴레이하고, 열 뒤에 붙는다. 빈 깡통을 릴레이할 때에 떨어뜨렸을 때는 근처 아이가 도와줘도 상관없지만, 달리고 있을 때에 떨어뜨렸을 경우는 혼자서 줍는다. 차례차례 릴레이해 가서 전원이 빨리 깡통을 다 운반한 그룹의 승리가 된다.

□유의점

깡통은 의외로 들기 어려운 것이다. 아이들의 능력에 따라서 깡통의 수를 바꿔서 실시해 주십시오.

너무 조용해

서울에 살고 있는 삼영 씨가 시골에 살고 있는 친구인 태희 씨에게 초대받아 갔다. 시골에 새로 지은 아파트인지라 사방이 참으로 조용했다.

그런데 갑자기 아삭아삭 무얼 긁는 소리가 들려오기 시작하였다. 그러자 갑자기 불안해진 삼영 씨가 물었다.

"여기 쥐가 있나?"

"아니야, 저 소리는 위층에 있는 사람이 토스트를 먹는 소리라네."

깡통 차기 릴레이

□준비

빈 깡통과 반환점의 안표를 그룹수 만큼. 스타트 라인을 긋는다.

□진행 방법

8~10명의 그룹을 만든다. 각각 스타트 라인에 일렬 종대로 서고, 선두의 아이 앞에 빈 깡통을 놓아 둔다.

선생님의 신호로 선두에 아이부터 깡통을 차면서 나아가 반환점을 돌아 다음 아이에게 깡통을 릴레이하고 열 뒤에 붙는다. 이와 같이 차례차례로 릴레이해 가서 전원이 빨리 끝난 그룹의 승리가 된다.

□응용

빈 깡통을 큰 깡통, 작은 깡통으로 바꿔서 할 수 있다. 또한 깡통을 차는 것이 아니라, 1m 정도의 막대기로 굴리면서 릴레이해 갈 수도 있다.

엄마의 아들

"엄마, 오늘 선생님이 미술 시간에, 이담에 커서 무엇이 되고 싶은지 그것을 그림으로 그리라고 그러시잖아. 그런데 나는 아무것도 그리지 않았어."

"이담에 커서 무엇이 되고 싶은지 생각이 안나던?"

하고 어머님이 묻자 아들은 약간 얼굴을 제끼고는,

"으응, 그런게 아니야. 이담에 크면 나도 엄마처럼 결혼하고 싶다고 생각했지만 그것을 어떻게 그려야 할지 잘 몰라서 그리지 않은 거야."

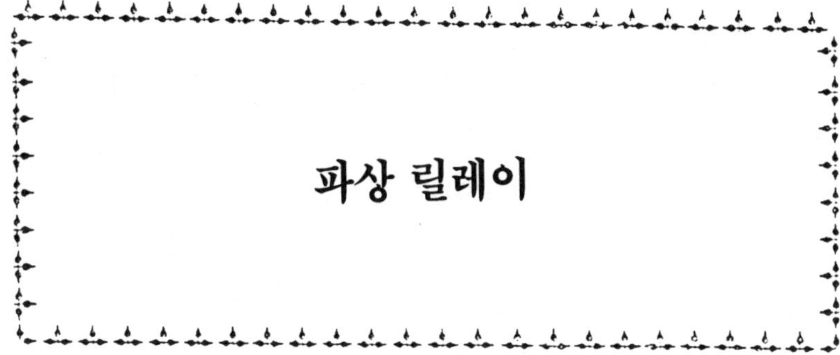

파상 릴레이

횡 일렬로 서서, 원을 돌리면서 나아간다.

□준비

약 2.5m의 막대기를 그룹수 만큼. 폴을 그룹에 4개씩, 그림과 같이 배치한다.

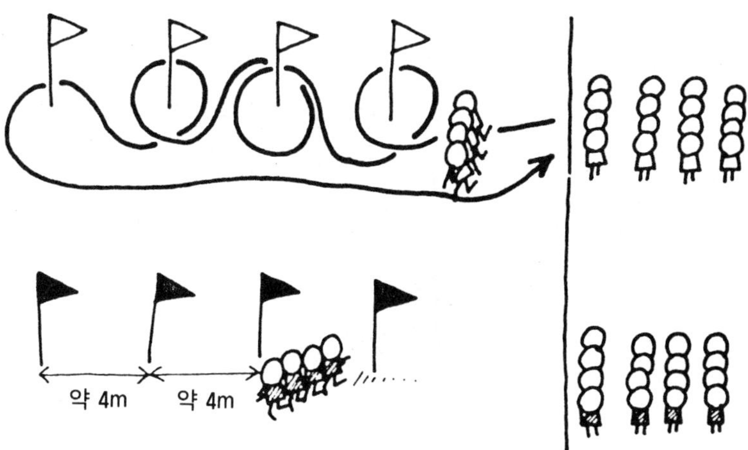

□진행 방법

30~40명의 그룹을 만든다. 각각 스타트 라인에 4열 횡대로 서고, 선두의 4명이 막대기를 갖는다.

선생님의 신호로 선두의 아이들부터 4개의 폴을 오른쪽 돌기, 왼쪽 돌기(또는 왼쪽 돌기, 오른쪽 돌기) 교대로 돌면서 달린다. 마지막 폴에서 반환하면, 그대로 곧장 되돌아와서 다음의 4인조에게 막대기를 릴레이하고 열 뒤에 붙는다. 차례차례 릴레이해 가서 전원이 빠르게 끝난 그룹의 승리라고 한다.

베니스 여행

삼영 씨가 이장 당선 기념으로 베니스로 여행을 갔다. 그리고는 신나게 돌아와서는,

"어어이, 친구들, 잘 있었나?"

"어때. 여행은 재미있었나?"

"응, 정말 재미있었어. 글쎄, 의식이란 의식은 전부 물 위에서 실시하는 거야. 더욱이 가난뱅이들의 장례식같은 건말이야, 유족들이 모두 상여 뒤를 헤엄쳐서 따라가더군 그래."

제3부

중고생을 위한 재미있는 야외레크레이션

제1장 누구나 친해질 수 있는 게임
제2장 건강만점, 여럿이서 함께 즐길 수 있는 필드게임
제3장 본격적인 야외 레크레이션 프로그램

도움말

중고생은 어른이 되고 있는 아이라고 하는 말처럼 신체적으로나 정신적으로 변화가 심한 시기에 있다. 그런 까닭에 체험하고 싶은 경험이나 지식은 산더미와 같다. 그러나 요즘 아이들은 텔레비젼이나 만화에 중독되어 있든가, 인내력이 없고 제멋대로 동정심이 없는 아이가 많다고 한다. 게임의 장에서도 '흥을 깨는 아이'가 나오거나, '이런 시시한 것을'이라고 하는 태도나 '친구가 하지 않으면 자신도 하지 않는다'고 하는 경우가 많아서 게임에 한몫 끼지 않는 경향이 강하다. 따라서 중고생을 대상으로 하는 게임 지도는 가장 어렵다고 생각된다.

중고생에 대한 게임 지도의 제1 포인트는 분위기 만들기에 있다고 생각한다. 이 때(게임)는 이런 목적을 가지고 하는 것이며, 여러분의 협력이 있어야만 즐거운 시간이 되고 유익한 시간이 된다고 하는 것 같은 도입을 중요시 하고 싶은 것이다.

특히 야외 레크레이션을 통한 신체 단련 및 협동심과 창조력의 습득은 성장에 큰 보탬이 된다고 할 수 있다.

중고생의 발달 단계에 있어서는 '자발성'이 중요하다고 한다. 바꿔 말하자면 스스로 물어 밝히고 배워 가는 자세가 아닐까?

학교라고 하는 한정된 공간 속에서 이 '자발성'을 키우는 일은 쉽지 않다. 그래서 적극적으로 야외 활동의 도입이 필요하게 된다. 야외 활동을 실시함으로써 여러 가지 체험의 장을 제공할 수 있고 학생의 '자발성'을 이끌 수 있는 기회가 많아진다.

그래서 충실한 야외 활동을 권장하기 위한 게임을 모아 보았다.

교정이나 해변, 숲 속, 광장 등의 교외 활동에서 혹은 클럽 합숙 등에서 이용할 수 있는 것을 중심으로 특히 그룹 만들기에 적합한 것이나 조금 어려운 지적인 것, 움직임이 큰 것이 중심으로 되어 있다.

여기에 예로 된 게임을 실천함으로써 자신을 발견하고 동료를 발견하고 보다 좋은 인간관계 형성이 이루어지기를 기대한다.

제1장

누구나 친해질 수 있는 게임

가위 바위 보 다리 벌리기

□준비

없음.

□진행 방법

전원 2인 1조가 되어 마주 서서 가위 바위 보를 한다. 진 아이는

우선 발뒤꿈치를 중심으로 해서 발끝을 벌린다. 다시 가위 바위 보를 해서 다음에 지면 이번에는 발끝을 축으로 해서 뒤꿈치를 벌린다.

이와 같이 질 때마다 발끝, 발 뒤꿈치……라고 하는 식으로 발을 교대로 벌려 간다. 손을 짚거나 엉덩방아를 찧거나 하면 패배가 된다.

□응용

질 때마다, 왼쪽 무릎, 오른쪽 무릎, 왼쪽 팔꿈치, 오른쪽 팔꿈치의 순서대로 지면에 짚어간다. 그 위에 왼쪽 무릎을 뒤로 내뻗고, 오른쪽 무릎을 뒤로 내뻗고, 마지막은 얼굴을 늘어 뜨린다.

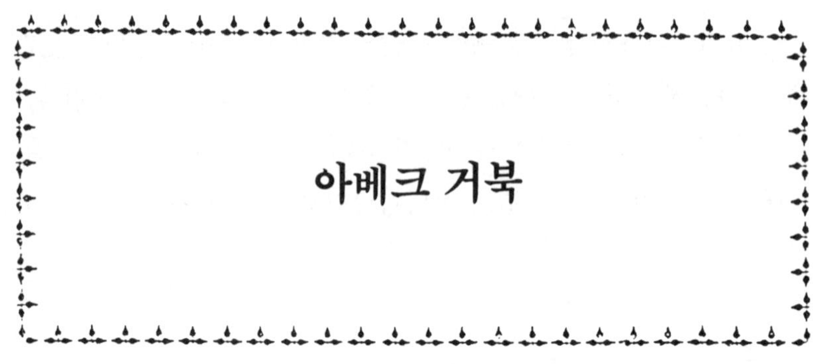

아베크 거북

□준비

없음.

□진행 방법

전원이 2인 1조가 된다. 각각 한 사람이 넙죽 엎드리는데 이 때

무릎은 지면에 대지 않도록 한다. 그 위에 또 한 사람이 밑의 아이와는 반대 방향이 되어 올라 탄다. 이 때 양손으로 밑의 아이의 발목을 쥐고 양 다리를 밑의 아이의 몸통에 휘감도록 한다.

박자를 잘 맞춰서 걸을 수 있으면 교대합시다.

□응용

인원수가 많을 때는 릴레이로 하는 것도 좋을 것이다.

어떤 실망

남편의 가장 친한 친구의 유혹에 빠진 어느 유부녀가 그만 몸을 허락하고 말았다.

그러나 기대는 너무나 어긋났다.

며칠 뒤, 두 사람은 우연히 길에서 마주쳤다. 여자는 이내 새끼 손가락을 쳐들고서,

"안녕하세요, 조그만 분!"

그러자 사나이도 질세라 얼른 손으로 모자 테를 한 바퀴 쓸더니,

"어, 안녕하십니까, 넓은 분!"

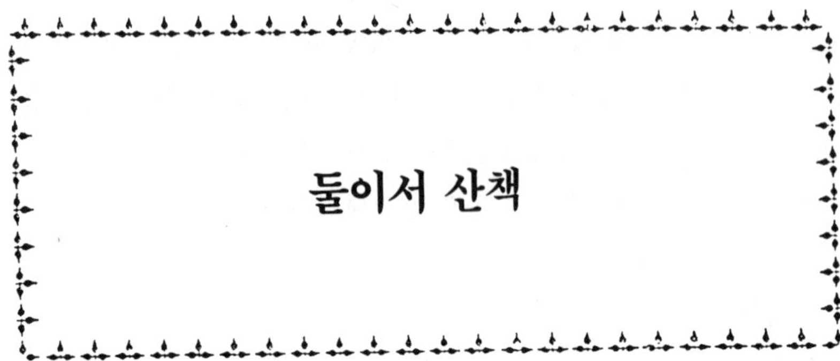

둘이서 산책

'사람을 신뢰한다', '자신을 타인에게 맡긴다'고 하는 것은 어떤 느낌일까. 그 때 자신의 마음 속에 어떤 생각이 솟는지를 배운다.

□준비

눈을 가릴 것(수건 또는 안면 마스크).

□진행 방법

전원이 2인 1조가 된다. 한 사람은 눈을 가리고 또 한 사람은 눈을 가린 아이를 데리고 말없이 산책한다. 손을 잡아도 팔을 껴도 신체를 껴안듯이 해도 좋을 것이다. 요는 말을 하지 않고 여러 가지 신호를 보내서 눈을 가린 아이가 안심하고 걸을 수 있도록 하는 것이다.

계단을 오르거나 내려가는 것을 포함시켜도 좋을 것이다. 또는 도중에서 여러 가지 사물을 만지거나 벤치에 앉아서 여러 가지 소리에 귀를 기울이는 것도 좋을 것이다.

20분 정도로 교대한다. 마지막으로 느낀 점을 서로 이야기합시다.

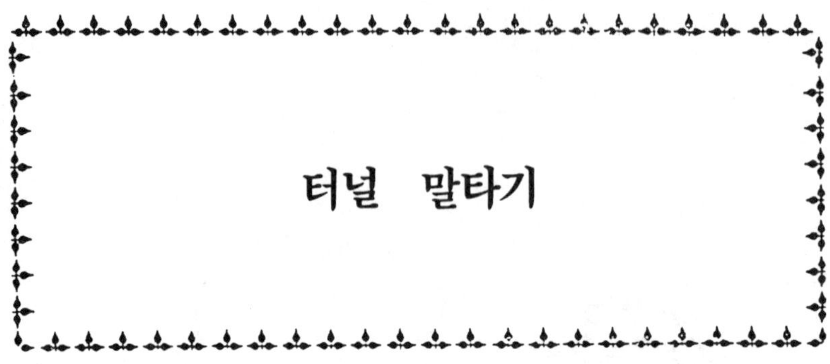

터널 말타기

□준비

없음.

□진행 방법

전원이 2인이 1조가 된다. 각각 가위바위보를 하여 진 아이는 신체를 앞으로 구부려서 양손을 바닥에 짚고 터널을 만든다. 이긴 아이가 그 터널 앞에 서면 준비 완료가 된다.

리더의 '시작' 신호로 터널을 빠져나가 반대측에 서고, 이번에는 말타기를 해서 앞 위치로 되돌아 온다. 연속 7회 반복한 후 역할을 교대해서 역시 7회 계속한다.

두 사람이 7회씩 끝나면 그 자리에 앉아서 아직 끝나지 않은 아이들 응원을 합시다.

□유의점

① 터널을 만들고 있을 때는 팔이나 무릎을 구부리거나 펴거나 하지 않도록 한다.

② 뛰어 넘는 횟수는 연령 · 성별 · 체력에 맞춰서 가감한다.

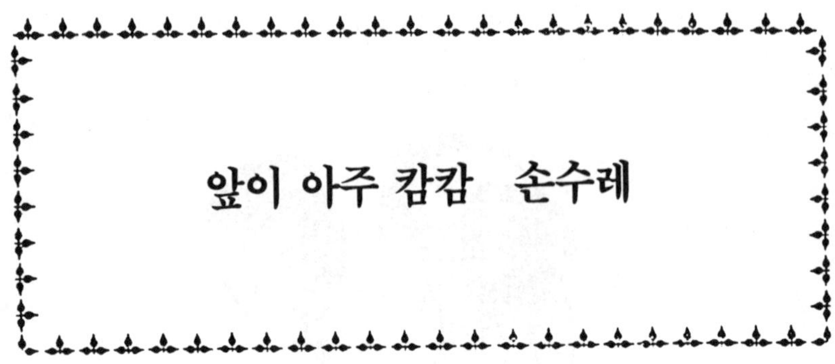

앞이 아주 캄캄 손수레

□준비

수건을 그룹에 2장. 반환점용 의자를 그룹수 만큼. 스타트 라인을 긋는다.

□진행 방법

10명 정도(짝수)로 그룹을 만들어서 각각 2인 1조가 되어 2열 종대로 늘어 선다. 처음에 팔 보행을 할 아이와 발목을 쥐고 방향을 지시할 아이로 역할을 나눈다.

선두 조는 팔 보행을 할 아이가 눈을 가리고 양손을 지면에 짚고 또 한 명이 그 양 발목을 들어 올려 스타트 라인에 선다.

리더의 '시작' 신호로 보행을 시작해서 전방에 있는 의자를 돌아서 되돌아 오는데 발목을 쥐고 있는 아이는 입으로 오른쪽, 왼쪽 방향을 가르쳐 주거나, 들고 있는 발로 컨트롤하거나 해서 최단 코오스를 택하도록 한다.

다음 조는 앞 조가 가까와지면 눈을 가리고 자세를 가다듬는다. 터치는 팔 보행자가 골라인(스타트 라인)을 막 넘어서 발을 지면에 내리고 발목을 쥐고 있던 아이가 다음 조의 팔 보행자 등을 가볍게

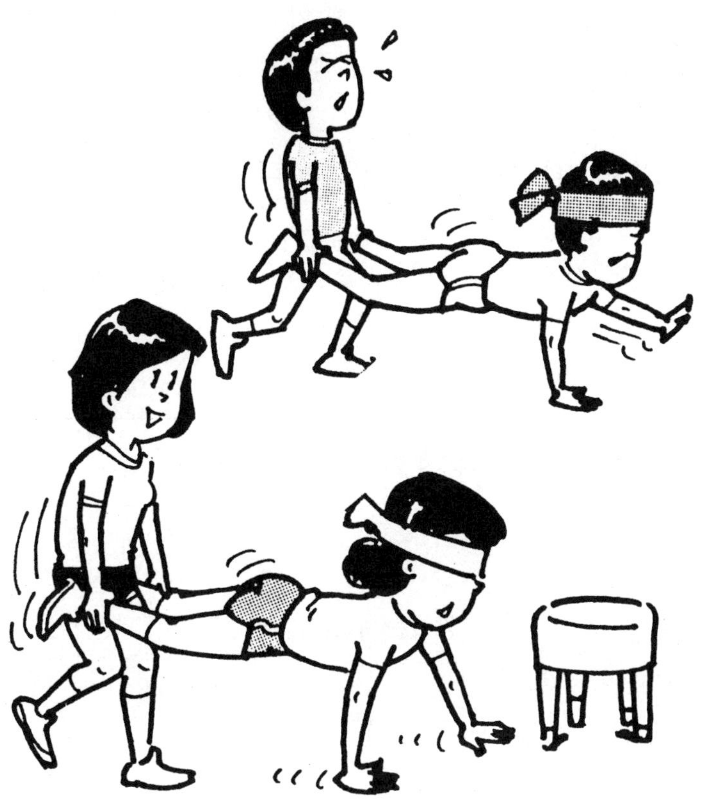

친다. 눈가리개용 수건은 3번째 조에게 건네주고, 열 맨 뒤 꼬리에 붙는다.

이와 같이 해서 한 번 돌면 서로 역할을 교대해서 다시 돌고, 2번 끝났을 때를 득점으로 한다.

□유의점

① 팔 보행자의 팔 힘에 맞춰서 보행 거리를 정해 주십시오. 지치면 그 자리에서 잠시 휴식을 취한 후 계속하도록 한다.

② 발목을 쥐고 있는 아이가 앞을 서둘러서 다리를 앞으로 너무 밀면 팔 보행자가 앞으로 무너질 위험도 있으니까 사전에 주의해 둔다.

③ 보행이 끝나서 양 다리를 내릴 때는 한 다리씩 천천히 내리도록 한다.

사냥과 여자

"선생님, 젊었을 때의 취미는 무엇이었나요?"
"사냥과 여자였죠."
"그래요? 그럼 뭘 사냥하셨죠?"
"여자요."

지명볼 게임

참가자는 벽 혹은 옥외라면 담앞에 선다.

리더는 볼을 벽 혹은 담에 던지는 것과 동시에 참가자 중의 누군가의 이름을 부른다. 지명받은 사람은 다시 튕겨나오는 공을 잡아야 한다.

성공하면 그 사람은 대신해서 전과 마찬가지로 볼을 던지고 다른 사람을 지명해서 게임을 계속해간다. 실패한 사람은 얼마간의 벌을 받도록 하면 재미있다. 사람 수가 많으면 볼의 수를 늘려 보면 좋다.

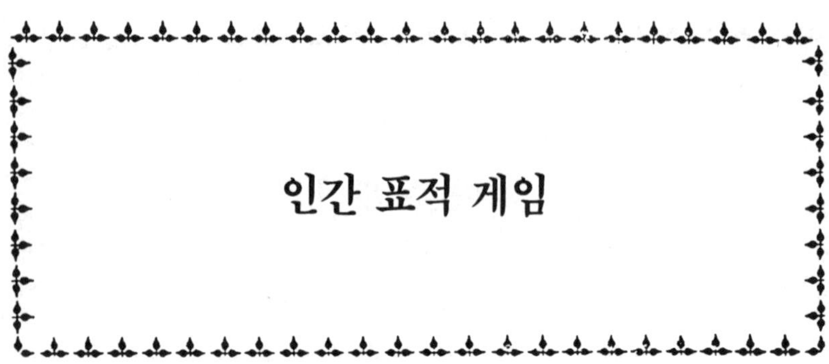

인간 표적 게임

전체를 공격조와 방어조로 나눠서 공격조에게는 각자에게 공기나 테니스 볼을 갖게 해서 2조로 나눠 일정한 장소에 세운다.

방어조가 한 사람씩 스타트선부터 달리기 시작해서 목표에 도달한 때까지의 동안에 공격조는 공기 혹은 볼을 던져 맞히고 맞은 수로 점수를 딴다.

1회마다 공의 수를 바꿔서 게임을 계속한다.

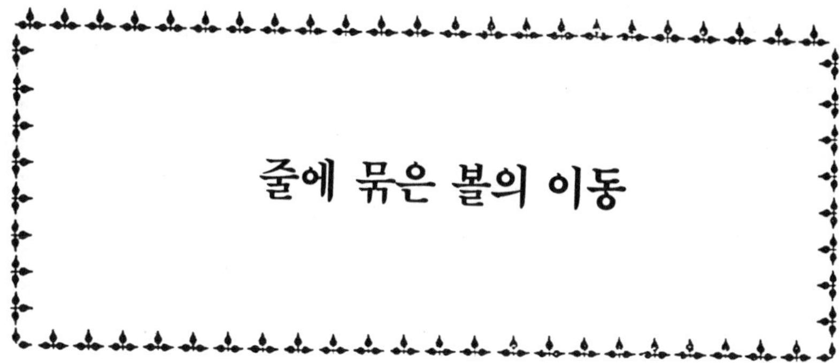

줄에 묶은 볼의 이동

전체를 2조로 나누고 각 조에게 줄을 건네주어 각각의 줄을 고리 모양으로 해서 그 한군데에 볼을 묶어 둔다.

각 조의 사람은 원의 중심을 향해 양손에 줄을 쥐고 '시작'을 신호로 줄을 손으로 조종해서 오른쪽(혹은 왼쪽)으로 보낸다.

리더의 '스톱'신호가 있으면 볼을 앞에 둔 사람은 재빨리 볼의 줄을 풀어서 상대편 원에 던져 넣지만 물론 빠른 쪽이 우승이 된다.

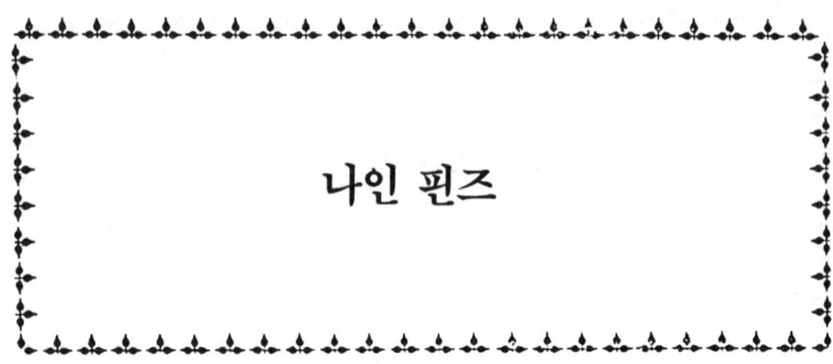

나인 핀즈

볼링 경기의 핀을 한 개 제거하고 하는 게임으로 9개의 기둥 놀이라고도 한다.

이것은 옛날 프러시아에서 10개의 핀을 이용해서 하는 게임이 금지되었을 때 10개가 안되더라도 9개라면 괜찮을 것이라고 해서 시작된 것이라고 한다.

현재 이루어지고 있는 볼링과 달리 땅바닥에 막대기를 세우고 그것을 볼을 굴려 쓰러뜨리는 매우 간단한 것이다.

염주 엮기 경주

□준비
없음.

□진행 방법
20명 정도로 그룹을 만들어서 각각 일렬 종대로 늘어 선다. 수

그룹이 동시에 할 수 있지만 2그룹 대항이 좋을 것이다.

우선 1주 50m정도의 트랙을 만든다(4구석에 의자를 놓아도 좋다). '준비'의 대형은, 아래 그림과 같이 된다.

아이들은 전원 다리를 좌우로 어깨 넓이 만큼 벌리고 가랑이 사이로 앞에서부터 오른손을 넣는다(앞으로 몸이 구부러진 자세가 된다). 그리고 왼손으로 앞 아이의 오른손과 악수를 한다.

리더의 '시작' 신호로 붙잡은 손을 놓치지 않고 트랙(혹은 의자 주위)을 일주한다. 득점은 그룹의 마지막 꼬리가 스타트 지점을 통과했을 때로 한다.

말 되는군

어떤 여자가 씩씩 거리면서 화가 잔뜩 나서 전파상으로 찾아왔다.

"대문의 벨을 고치러 사람 좀 보내달라고 부탁했잖아요? 그런데 왜 아직 아무도 보내지 않는 거냔 말예요?"

"거참, 미안하게 됐습니다."

하고는 가게 주인은 말하였다.

"사람을 보내긴 보냈습지요. 그런데 그 녀석이 그냥 돌아왔어요. 댁에 가서 아무리 벨을 눌러도 도무지 사람이 나오지 않는다고 투덜거리더군요."

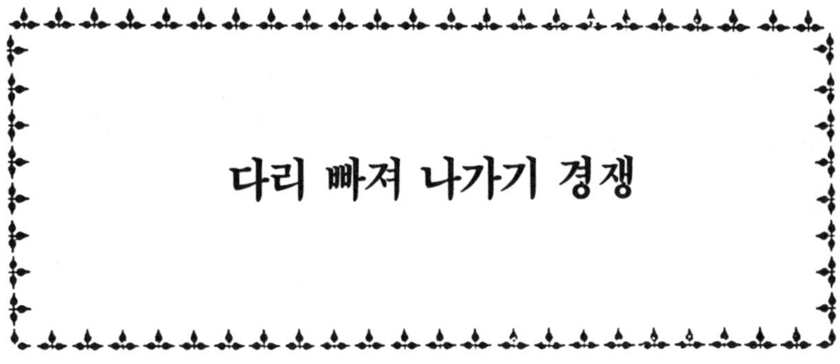

다리 빠져 나가기 경쟁

□준비

없음.

□진행 방법

8~10명의 그룹을 만들어서 각각 일렬 종대로 늘어 서서 다리를

좌우로 벌린다.

리더의 '시작' 신호로 각 그룹의 마지막 꼬리의 아이부터 넙죽 엎드려서 다리 밑을 빠져 나가면서 가장 앞 열까지 가서 일어나 다리를 벌린다.

마찬가지로 반복해서 빨리 전원이 빠져 나간 그룹의 승리다.

약속

부인의 죽음은 이제 경각에 달려 있었다. 그 임종을 지켜보고 있는 남편에게 부인은 말하였다.

"여보, 내가 죽으면 당신은 틀림없이 재혼하겠지만, 그래도 한 가지 부탁이 있어요. 저의 이 마지막 부탁 만큼은 들어 주시겠죠?"

"암, 들어주고 말고."

"아이, 감사해라!"

"도대체 무슨 일인데?"

"그 부탁이란 다름아닌……내 옷가지 말이예요, 새로 들어오는 부인에게 내 옷만은 절대로 입히지 말아주세요, 네?"

남편은 즉석에서 고개를 끄덕이며 승락의 확신을 보여 주었다. 그리고는 자신있게 말하였다.

"절대로 안입힐테니 걱정 말아요. 난 맹세하겠소. 먼저 그런 노티가 나는 건 맞지도 않을 테니까 말이오."

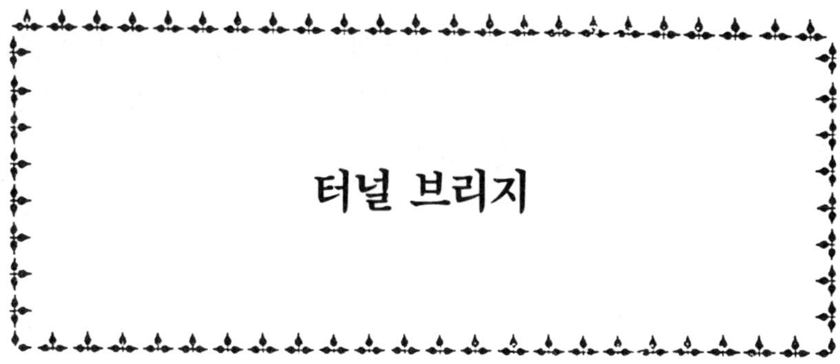

터널 브리지

□준비

없음.

진행 방법

짝수분의 그룹을 만들어서 각각 2열 종대로 늘어 선다. 한쪽 그룹은 넙죽 엎드려서 1m 이내의 간격으로 늘어선다. 또 한쪽 그룹이 그 밑을 빠져 나간다. 빨리 빠져 나간 그룹이 승리한다.

이번에는 넙죽 엎드린 그룹이 몸을 뒤로 젖혀서 양 손 양 발을 바닥에 대고 터널을 만든다. 그 밑을 또 한쪽 그룹이 빠져 나간다. 역시 빨리 빠져 나간 그룹의 승리다.

다음에 터널을 만드는 그룹을 교대해서 마찬가지로 계속한다.

□응용

남녀가 동인수라면 터널을 만드는 그룹과 빠져 나가는 그룹을 남녀로 나눠서 진행해 가면 재미있을 것이다.

□유의점

몸을 뒤로 젖혀서 터널을 만들었을 때는 낮기 때문에 빠져 나가는 쪽은 기는 듯한 체형이 된다. 신체(터널)에 닿지 않고 빠져 나가는 원칙을 미리 정해 두면 좋을 것이다.

각력 경주

□준비

반환점용 의자를 그룹수 만큼. 스타트 라인을 긋는다.

□진행 방법

10명 정도의 짝수 인원수로 그룹을 만들어서 각각 일렬 종대가 된다. 그룹 내에서 2인 1조가 되어 앞 아이는 왼쪽다리의 무릎을 구부려서 뒤로 뻗고, 뒤의 아이는 오른쪽 다리를 앞으로 뻗어서 서로 상대의 다리를 오른손, 왼손으로 쥔다(후자의 오른손은 전자의 오른쪽 어깨에 얹는다).

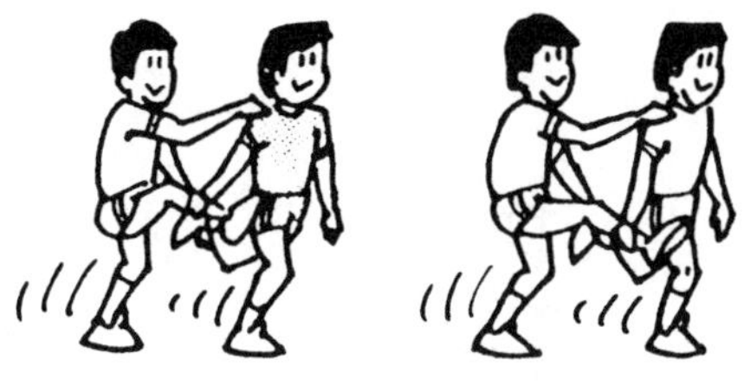

리더의 '시작' 신호로, 각각 선두의 두 사람은 박자를 맞추면서 도약을 계속하며 의자를 돌아 되돌아와서 다음 조에게 터치한다. 마찬가지로 계속해서 마지막 조가 빨리 골인한 그룹의 승리가 된다.

□유의점

① 터치가 공평하게 하기 위해서 자신의 그룹 뒤를 돌아서 스타트 라인으로 되돌아 와 다음 조에게 릴레이 하면 좋을 것이다.

② 2회하고 1승부를 끝내는 것을 원칙으로 해서 2회째는 다리를 바꾸기로(전자는 오른발을, 후자는 왼발을 올린다)하면 좋을 것이다.

여자의 말

화장을 하고 있는 아내를 보고 남편이 소리를 꽥 질렀다.

"여보, 도대체 수일 내로는 끝나는 거야 어떡하는 거야?"

"도대체 왜 그렇게 큰 소리를 지르는 거예요? 좀 조용히 해 줘요.…… 이제 일 분이면 준비 끝난다고 한 지 이제 겨우 한 시간 밖에 안되었잖아요?"

전신 가위바위보 게임

□준비

없음.

□진행 방법

5~10명의 그룹을 만든다. 2그룹씩 서로 마주보고 서서 각각 끝부

터 한명씩 토너먼트로 가위바위보 게임을 해 나간다.

대전하는 두 사람은 앞으로 나와서 마주 선다. 다음과 같은 동작으로 가위 바위보를 한다.

- 바위 : 웅크린다.
- 가위 : 다리를 앞뒤로 크게 벌리고, 양손은 허리로 가지고 간다.
- 보 : 양다리를 좌우로 크게 벌리고, 양손은 비스듬히 위로 올린다.

전신을 사용해서 큰 동작을 하면 재미있을 것이다.

□응용

그 위에 입이나 얼굴, 고개 등의 동작을 첨가한다.

습관

오늘은 한 달에 두 번씩 실시하는 검진 날이다. 홍등가의 아가씨들이 보건소에 검진 받으러 몰려왔다. 그러나 의사는 병으로 결근, 할 수 없어서 임시변통으로 근처 이비인후과 의사를 데려왔다.

익숙지 못한 광경에 머리가 이상해진 의사 선생님, 검시경을 모로 겨누면서,

"자, 아……하고 벌려 봐요! 자, 아……"

종이 테이프 2인 3각

□준비

종이 테이프, 바톤과 반환점을 표시하는 물건을 그룹수 만큼, 스타트 라인을 긋는다.

□진행 방법

10~16명 정도의 짝수 인원수로 그룹을 만든다. 각 그룹 모두 2열 종대가 되어 2인 1조가 된다. 길이 약1ｍ로 자른 종이 테이프를 각 조에 건네 준다.

선두 조는 서로의 안쪽 다리를 종이 테이프로 묶고 어깨 동무를 한다(이어지는 조도 차례차례 준비한다).

마찬가지로 해서 마지막 조까지 빨리 릴레이를 끝낸 그룹이 승리가 된다.

□유의점

① 바톤은 다음 조에 대한 릴레이 때에 부정이 없도록 하기 위해서 준비한다.

② 종이 테이프가 끊어졌을 때는 스타트 지점까지 되돌아 와서 예비 테이프를 사용하여 다시 실시한다.

페이퍼 스커트 레이스

□준비

신문지를 인원수 만큼, 셀로 테이프, 반환점용의 안표를 그룹수 만큼.

□진행 방법

8~10명의 그룹을 만들어서 각각 일렬 종대로 늘어 선다. 전원 신문지를 1장씩 받아서 스커트와 같이 허리에 두르고 셀로 테이프로 고정시킨다.

리더의 '시작' 신호로 각 그룹의 선두 아이부터 달려 나가 반환점을 돌아서 빨리 되돌아 온 그룹의 승리가 된다.

그대로 한 명씩 릴레이해서 승부를 정해도 좋지만 횡렬씩의 승패를 기록해 두고 마지막으로 합계점을 내서 그룹마다 순위를 매겨도 좋을 것이다.

□유의점

① 신문지를 허리에 둘렀을 때 셀로 테이프를 고정시키는 장소나 수를 미리 정해 두는 편이 좋을 것이다.

② 신문지가 찢어진 시점에서의 처리를 어떻게 할지를 미리 정해 둡시다. 예를 들면 처음부터 다시 할지 그대로 계속할지 등이다.

원핸드 로프

□준비

종이 테이프 또는 끈과 같은 것을 그룹수 만큼, 스타트 라인을 긋는다.

□진행 방법

16~20명의 그룹을 만들고 각각 2열 종대로 늘어서서 2인 1조가 된다.

리더의 '시작' 신호로 전방 15~20m의 지점에 위치해 있는 길이 약30cm의 종이 테이프를 주워, 오른쪽 사람은 오른손, 왼쪽 사람은 왼손만을 사용하여 둘이서 종이 테이프에 매듭을 만들어서 돌아온다. 다음 조에게 릴레이하고 빨리 마지막 조가 끝난 그룹의 승리가 된다.

□유의점

① 둘이서 한 쌍의 손을 사용하여 한 사람이 양손으로 끈을 묶도록 하는 게임이기 때문에 반대 손은 일절 사용해서는 안 된다.

② 묶은 종이 테이프는 그룹별로 모아 둔다.

□응용

① 끈이 아니라 손수건이나 수건을 사용해서 만들어도 모양이 달라서 재미있을 것이다.

② 혼자서 한 손으로만 묶기로 해서 경쟁해 봅시다.

바로 그걸 기다리던 참이예요

남편이 회사에서 돌아와 보았더니 아내는 늘 하던대로 저녁 준비를 할 생각조차 하고 있지 않았다. 남편은 도저히 참을 수가 없어서 이번에야말로 본 때를 보여주어야겠다고 생각하고는 그냥 밖으로 나가려고 다시 신발을 챙겨 신었다. 그러자 깜짝 놀란 아내 왈,

"어머나, 어딜 나가시려고요?"

"물론 고급 식당엘 가야지."

"어머, 그럼 3분만 기다려 주세요, 네!"

"3분을 기다리면 저녁 식사 준비가 다 된단 말이지?"

"어머, 아니예요. 3분만 준비하면 저도 함께 갈 수 있으니까요."

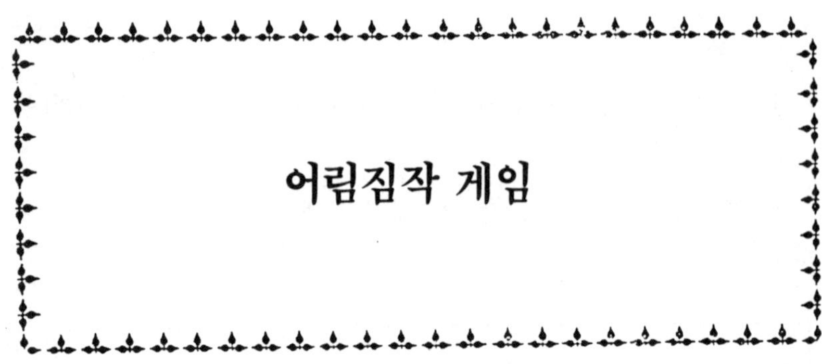

어림짐작 게임

□준비

종이 테이프(게임 출제의 답을 합계한 정확한 길이의 테이프를 1개, 약5m 길이의 테이프를 그룹수 만큼).

□진행 방법

7명 정도의 그룹을 만든다(개인 대항이라도 좋다). 각 그룹에게 종이 테이프를 1개씩 건네 준다.

리더는 예를 들면 (1) 선생님의 신장 (2) 선생님의 웨스트 (3) 배구공의 원주 (4) A군의 체중(1kg을 1cm로 한다) (5) B씨의 연령(1세를 1cm로 한다) 등의 문제를 차례대로 출제해 가고 그 때마다 각 팀은 테이프의 예측한 길이 지점에 표시를 해서 플라스해 간다. 합계의 길이로 테이프를 잘라 테이프 끝에 팀명을 쓴다.

미리 준비한 정확한 길이의 테이프를 기준으로 해서 그 길이에 가까운 테이프의 그룹부터 순위를 매겨서 표창한다.

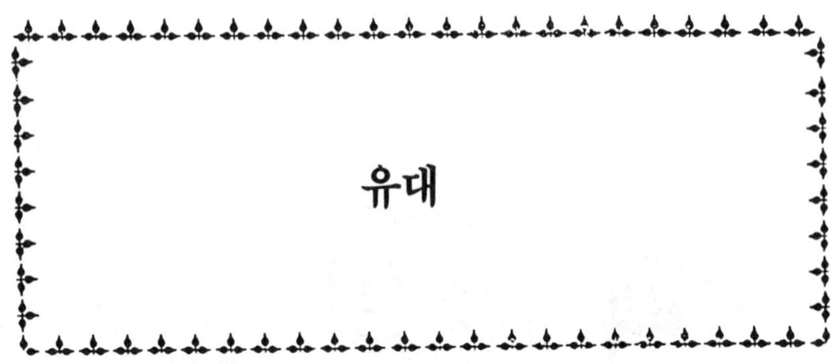

유대

□준비

눈가리개(수건 또는 안면 마스크).

□진행 방법

말뚝 쓰러뜨리기

7~10명으로 그룹을 만들어서 각각 직경 약2m의 원을 만들어 선다. 한 사람이 눈을 가리고 원 중심에 선다. 주위 아이들은 한 사람씩 눈을 가린 아이를 천천히 앞으로 쓰러뜨리거나 뒤로 쓰러뜨리거나 한다.

쓰러뜨리는 각도는 30도 정도까지로 한다. 눈을 가린 아이는 신체를 똑바로 해서 발뒤꿈치를 축으로 움직인다.

뒤로 쓰러뜨리기

2인 1조가 되어 한 사람이 눈을 가리고 한 사람은 그 뒤에 선다. 뒤의 아이가 앞 아이의 어깨를 두드리면 뒤로 쓰러진다. 뒤의 아이는 견갑골 부위에서 받치고 천천히 일으켜 준다.

처음에는 10도 정도부터 몇 번이나 반복해서 마지막은 45도 정도

까지 쓰러뜨린다. 각도가 커지면 받치기가 어려워지므로 주의합시다.

요람

10명 정도의 그룹을 만들어서 2그룹이 서로 마주보고 앞 아이와 양손을 잡는다. 한 사람이 눈을 가리고 그 열 끝의 마주 잡은 손 위에 똑바로 눕는다. 조금 던져 올리듯이 하면서 다른 한 쪽의 끝까지 보냈다가 다시 되돌아 온다.

□유의점

눈을 가린 아이는 조금 신체를 딱딱하게 힘을 주고 있는 편이 하기 쉬울 것이다.

손해볼 순 없잖아

얼마 전에 결혼한 영순이가 친구 순자를 만나 푸념을 늘어놓는다.

"난 이제 남편인가 뭣인가가 정말 지겹고 미워 죽겠어. 사람을 아주 감질만 나게 해놓고 정말 살이 빠질 지경이야."

"그럼 어서 헤어져 버리지 그러니?"

"물론 헤어질 작정이야. 하지만 내 체중이 오십 킬로로 떨어질 때까지만 참을 작정이야."

아웃 세이프

질문의 내용이 가장 중요하고, 지적이고 유머가 있는 것이 필요하다.

□준비

없음.

□진행 방법

6~10명의 그룹을 만든다.

리더가 정오로 답할 수 있는 것 같은 질문을 한다. 그것에 대해서 그룹별로 상담하여 10~20초 동안에 옳은지 그른지를 판단한다. 의견이 모아지면 전원 야구의 심판과 같이 옳다고 생각하면 양손을 벌려서 '세이프', 틀리다고 생각하면 오른손을 올려서 '아웃'이라고 제스츄어를 하면서 외친다.

그룹 내에서 아웃과 세이프의 양쪽이 동시에 나왔을 경우는 실격이 된다.

리더는 정답을 말과 제스츄어로 보인다. 몇 문제를 출제해서 정답이 많았던 그룹의 승리가 된다.

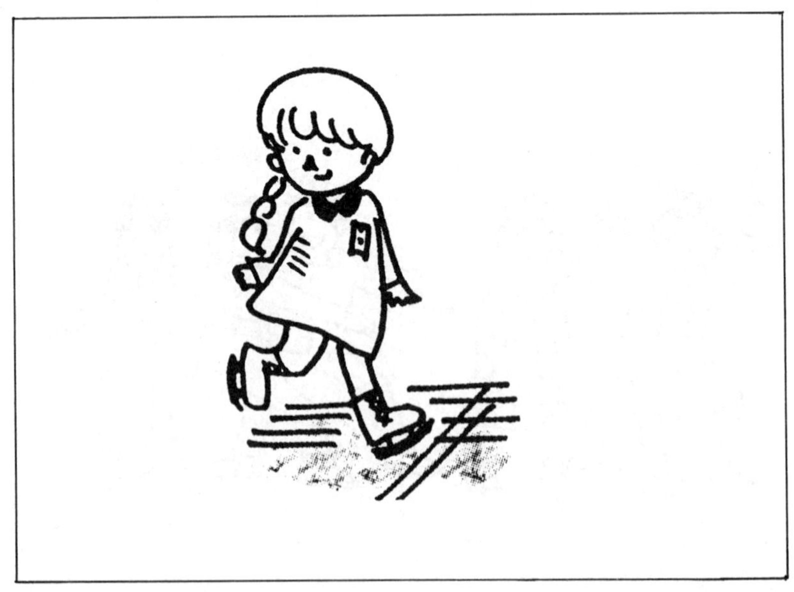

제2장

건강만점, 여럿이서 함께 즐길 수 있는 필드게임

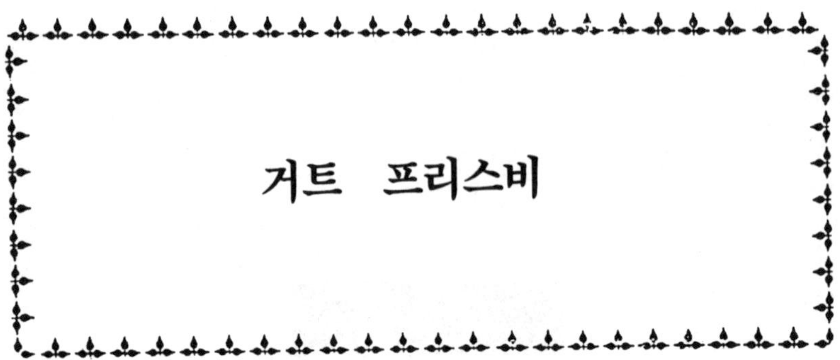

거트 프리스비

□**준비**

프리스비 1장. 14미터의 간격으로 평행한 선을 긋는다.

□**진행 방법**

5명의 그룹을 만들어서 2그룹 대항으로 실시한다. 각각 라인 바깥쪽에 일렬 횡대로 서서 상대 그룹과 마주 본다.

서브권을 가진 그룹의 한 사람이 상대 그룹에게 프리스비를 던진다. 수비 그룹은 한 손으로 캐치한다. 캐치할 수 없으면 공격측이 1점을 얻는다. 그러나 가로는 수비 그룹의 5명이 양손을 벌린 범위, 높이는 직립해서 양손을 올린 손가락 끝의 선단까지의 사이에 프리스비가 완전히 들어오지 않을 경우 또는 라인까지 미치지 못했을 경우는 수비측의 득점이 된다.

서브는 교대로 실시하고 21점제로 3세트 실시한다.

□**응용**

백핸드스로 외에 언더핸드스로, 엄지 던지기, 사이드스로 등의 투구법으로 던져도 좋을 것이다.

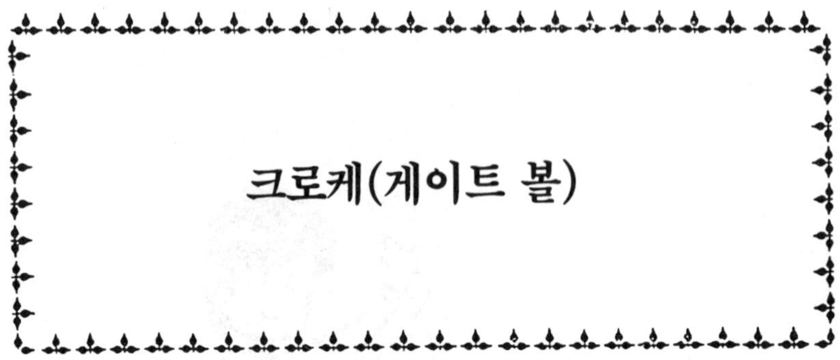

크로케(게이트 볼)

□준비

매리트(볼을 때리기 위한 나무 방망이) 6개. 볼 6개. 페구 (볼을 마지막으로 때려 맞히는 막대기) 1개. 게이트(볼을 통과시키기 위해 세운다) 6개.

□진행 방법

2~4명의 그룹을 만들어서 2그룹 대항으로 실시한다. 선공과 후공을 정해서 교대로 각자의 볼을 쳐 간다.

처음에 폴에서 70㎝(매리트의 길이) 지점에 볼을 두고 매리트로 볼을 쳐서 폴에 맞힌다. 맞으면 다시 계속해서 1타를 제1의 게이트를 향해서 때릴 수 있다. 맞지 않으면 다음 순서가 올 때까지 전진 못하고 그 자리에 볼을 두고 기다린다. 또한 다른 볼을 건드렸을 때도 다시 하게 된다.

게이트를 빠져 나갔을 때는 다시 1타 할 수 있다. 게이트를 통과시킬 때는 어느 쪽으로 통과시켜도 좋을 것이다. 제 1게이트 통과 이후는 다른 볼을 맞혀도 상관없다. 맞았을 때에는 맞힌 볼을 자신의 볼과 접촉시켜서 자신의 볼쪽을 한쪽 발로 세게 짓밟고 이것을 쳐서 다른

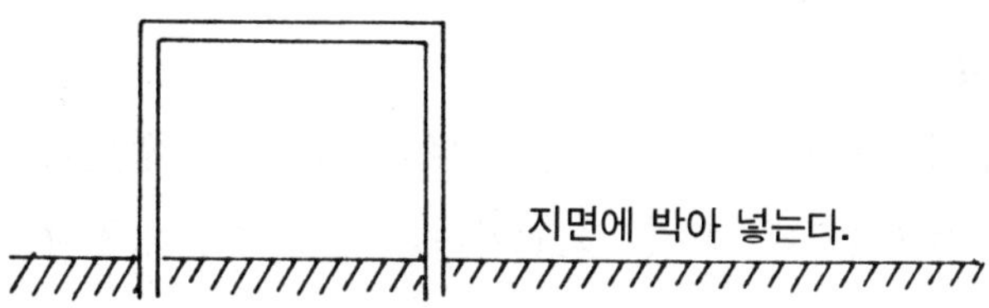

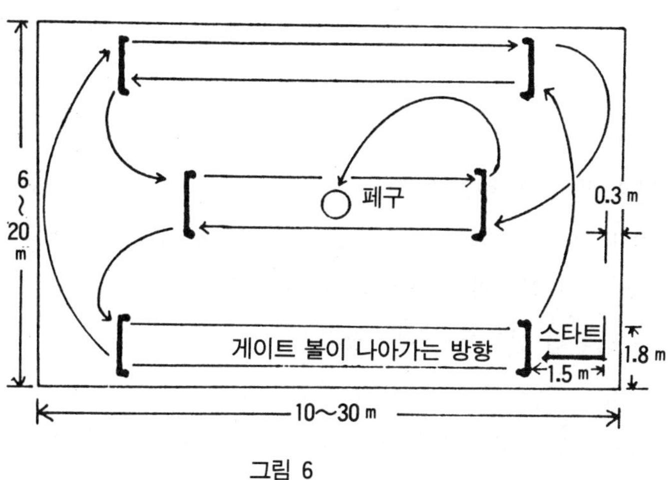

그림 6

볼을 간접적으로 날린다. 다른 볼이 상대 그룹의 볼이라면 불리한 방향으로,아군의 볼이라면 유리한 방향으로 날린다.

볼을 칠 때에는 그 멈춘 지점에서 치고 볼을 멋대로 이동시켜서는 안 된다.

정해진 게이트에 차례대로 볼을 통과시켜서 두 번 돌고 그룹 전원이 마지막 볼에 볼을 빨리 맞힌 그룹의 승리가 된다.

□유의점

게이트는 8~10m의 간격을 두고 배치하는 것이 일반적이고 이때 코오스 중에 1군데 게이트가 교차하는 곳을 설정해 둔다.

틀니

불황 속에도 삼영이는 악착같이 벌어서 아내와 함께 동남아로 여행을 떠났다. 태국의 어느 분식집에서 아침 겸 점식 식사를 하기 위하여 삼영이 부부는 만두 한 접시를 주문하였다.

"만두 한 접시와 접시만 따로 두 개."

하고 남편인 삼영이가 덧붙였다.

그리고 얼마쯤 후에 가게 주인이 그들 옆을 지나가려니까 사이좋게 반씩 나눈 만두를, 남편은 연방 게걸스럽게 먹고 있는데 부인은 접시에 손도 대지 않고 그것을 눈이 빠지게 바라보고만 있었다. 이상하게 생각한 주인이 물어보았다.

"부인, 만두가 마음에 드시지 않으십니까?"

"아니요, 그렇지 않아요. 주인이 다 먹은 후 틀니가 나기를 기다리고 있는 중이에요."

인디아카

□준비

인디아카 1개. 배드민턴 더블즈 코오트를 사용한다. 네트(높이185㎝). 지주 2개.

□진행 방법

1~6명의 그룹을 만들어서 2그룹 대항으로 실시한다. 가위 바위 보에서 이긴 팀이 엔드 라인의 우측 후방에서 언더 핸드로 서브를 때려 상대측 코오트로 인디아카를 넣는다.

인디아카는 팔꿈치에서 앞 부위로 때리는 것으로 해서 한손, 양손, 평손, 손등, 주먹 등, 어느 형태를 사용해도 좋은 것이라고 한다.

서브를 받은 그룹은 3회 이내에 네트를 넘겨 상대측 코오트로 돌려 보낸다. 그 외는 6인제 배구의 룰과 같고, 서브권을 얻을 때마다 시계 방향으로 1포지션씩 반복해 간다.

득점은 서브권을 가지고 있지 않더라도 상대 그룹이 반칙을 하면 1점 획득이 된다. 1세트 15점제로 3세트 실시한다.

□응용

인원수가 많을 때는 6대 6~9대 9로 해서 실시하면 좋을 것이다.

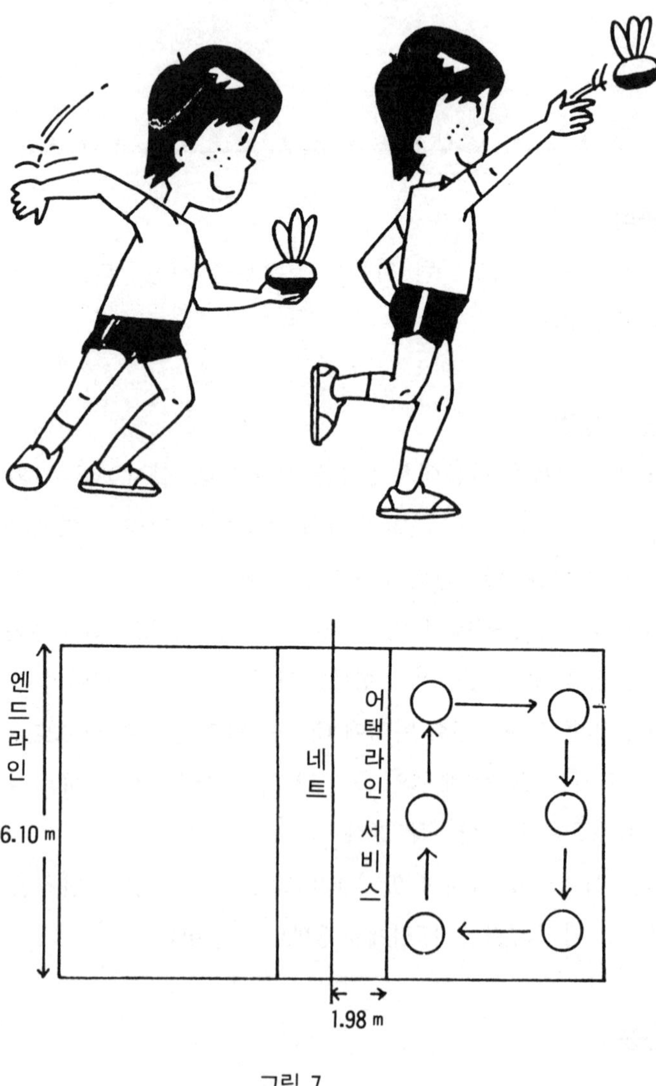

그림 7

레크소프트

레크소프트는 그 이름이 나타내듯이 소프트볼을 보다 간단히 더구나 초심자라도 즐길 수 있게 만든 것이다.

□용구

① 배트 : 정식 소프트볼 경기용 배트의 약 반 정도 길이의 것.

② 볼 : 공식 크기에 준하는 가죽제 또는 고무제 볼

□코트

별도

□인원

7~9명을 1조로 한다.

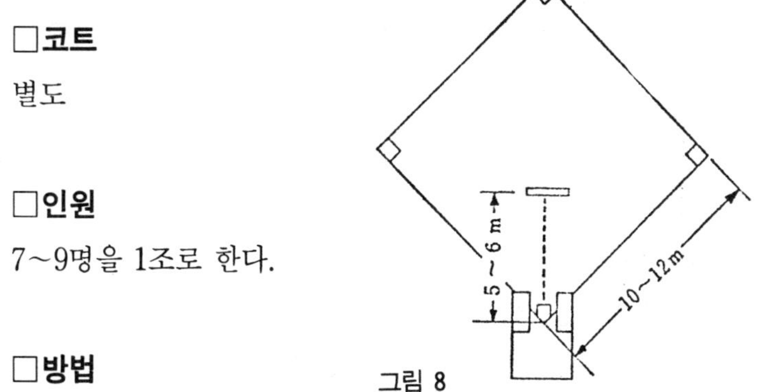

그림 8

□방법

① 배트는 반드시 양손으로 쥐고 번트의 요령으로 누르듯이 친다.

② 주자는 도루할 수 없다. 다음 타자가 치고 나서 진루한다.

③ 투수는 매회 교대하지 않으면 안된다.

단, 포수와 1, 2, 3루수는 투수가 되지 않아도 좋다.

④ 투구는 모두 언더드로우로 한다.

⑤ 게임은 5회까지이고 홈인이 많은 쪽이 우승이 된다.

그러면 그렇지

번화가의 어떤 술집에서 나온 두 사나이.

"어이, 나는 이번에 새로 온 그 지배인은 도무지 마음에 안들어."

"왜? 꽤 인상이 좋던데."

"인상이 좋다구? 흐음, 그런가. 하지만 사실 그놈은 손님을 보는 눈꼴이 안좋잖아. 나는 그것이 마음에 안들어. 지금도 그곳을 나올 때 인상을 찌푸리며 나를 노려보잖아. 마치 거져 먹고 도망가기라도 하는 것처럼, 머리 끝에서부터 발끝까지 수상쩍다는 듯이 훑어 보잖아.'

"그래 자네는 아무 말 안했나?"

"나도 녀석을 노려봤지. 뭐…… 마치…… 마치…… 마치 술값을 치른 것 같은 표정으로 말이야."

프리 테니스

협소한 장소에서도 평평한 땅바닥만 있으면 옥상에서도 콘크리트 통로에서도 선뜻 할 수 있다.

□용구

① 라켓 : 목제라켓

② 볼 : 연식 테니스 볼

③ 네트 : 높이 0.55미터를 표준으로 하고 로프라도 좋다.

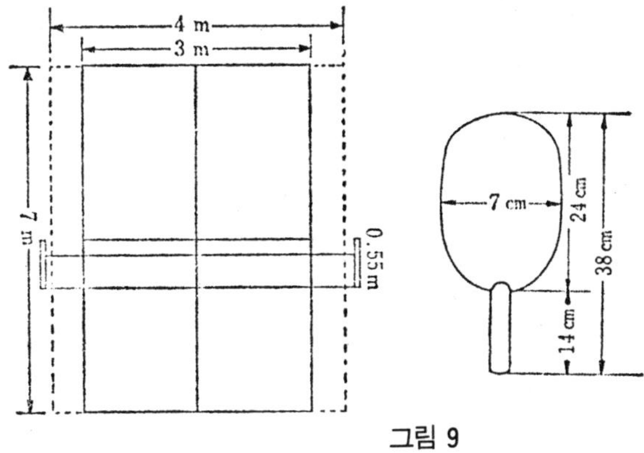

그림 9

□코트

① 싱글 코트 : 3미터×7미터

② 더블 코트 : 4미터×7미터

□방법

① 가위 바위 보로 서비스, 리시이브, 코트를 선택한다.

② 서비스는 베이스라인 후방에서 볼을 1번 땅바닥에 원바운드시키고 나서 대각선 코트로 들어가도록 친다.

③ 서비스는 맨 처음 우측부터 시작하고 이하 교대로 실시한다.

④ 1게임에 매회 서비스와 리시이브를 교대하고 홀수 게임이 끝나면 코트체인지를 한다. 더블의 경우는 4명 모두 교대로 서브한다.

⑤ 1게임의 승패는 4점의 선취로서 결정한다.

⑥ 양자의 득점이 3대 3이 되었을 때는 듀스가 되어 어느쪽인가가 2점 연속 선취해야 승패가 결정된다.

⑦ 게임은 5회로서 표준으로 하고 3회 게임 또는 7회 게임을 실시해도 상관없다.

⑧ 볼 카운트는 득점을 헤아려서 서비스 쪽부터 실시한다.

링 테니스 게임

여객선 갑판 등에서 실시한 것으로부터 덱 테니스라고 불리고 있었다. 고무제 타이어 모양의 링을 서로 던지는 것으로 손쉽고 더구나 상당한 운동량이 된다.

□용구

링, 고무제 타이어 모양의 고리(크기 29센티미터, 바깥 둘레 55센티미터, 무게 190그램)

□코트

싱글 코트 : 8미터×3미터

더블 코트 : 9미터×4미터

네트의 높이 : 2미터

□인원

2명~8명(싱글 · 구블스팀)

□방법

① 선공을 정하고 서비스는 백라인의 후방에서 언더드로우로 네트를 넘겨 상대의 코트내로 던져넣는다.

② 서비스는 1회뿐이지만 네트 인했을 경우는 다시 할 수 있다.

③ 게임은 20점(더블에서는 30점)를 선취한 쪽이 우승하게 된다.

④ 10점(더블에서는 15점)을 어느 쪽인가가 땄을 때에는 코트 체인지를 한다.

⑤ 링의 회전은 가로, 세로 어느쪽이라도 괜찮지만 불규칙한 회전으로 상대가 받기 어려운 것은 안된다.

⑥ 이 불규칙한 회전의 경우는 다시 하게 되고 실점이 된다.

⑦ 링의 받고 던지기는 한손으로 하고 동작을 중단시켜서는 안된다. 받은 손은 바꿔 들어서는 안된다.

⑧ 링을 받았을 때의 한쪽 다리는 그대로의 위치에서 되던지지 않으면 안된다.

⑨ 중요한 반칙은 다음과 같다.

a. 양손으로 링을 붙잡는다.

b. 손 이외의 몸에 링이 닿는다.

c. 링을 땅바닥에 떨어뜨린다.

d. 링을 쥐고 2보 이상 걷는다. 또는 피벗에서 회전해서 던진다.

e. 링을 바꿔 던진다.

f. 링을 어깨 높이에서 던진다 (오버드로우).

그림

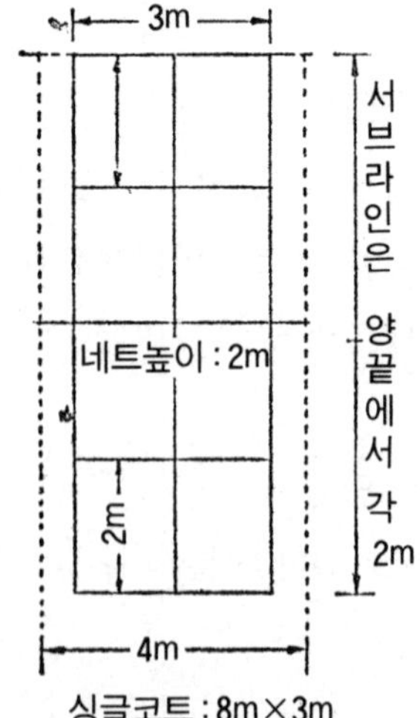

싱글코트 : 8m×3m
더블코트 : 8m×4m

그림 10

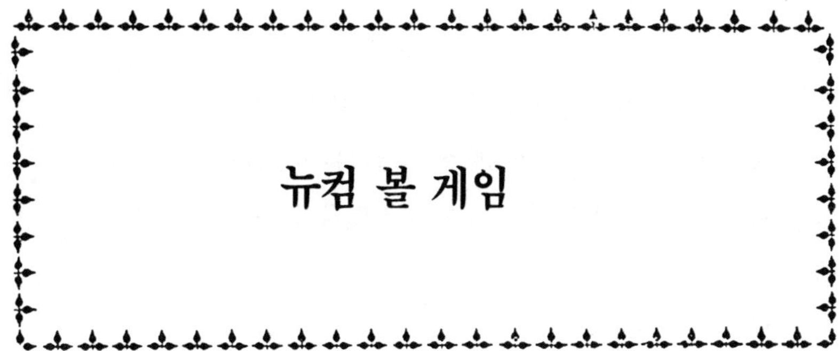

뉴컴 볼 게임

정규의 코트나 네트가 없어도 괜찮지만 게임의 시간을 제한할 것, 볼은 받아서 던질 것, 같은 팀에서 볼을 패스하지 않는다고 하는 제한이 있는 것이 특징이다.

□용구

공, 배구공, 네트, 로프, 지주

□코트

5미터×12미터, 네트의 높이 2미터

□인원

1팀 5~15명

□방법

① 선공을 정하고 서브는 엔드라인의 후방에서 배구와 마찬가지로 한다.

② 상대측에서 온 볼은 한손으로 잡고 3초 이내에 한손으로 되던진

다.

③ 볼을 잡은 지점에서 던질 것. 걸어서는 안된다.

④ 볼을 아군팀 사이에서 패스를 해서는 안된다.

⑤ 서브는 그 팀이 득점을 계속하고 있을 동안은 같은 플레이어가 해도 좋다.

⑥ 다음의 경우는 반칙이 된다.

a. 1회에 올바르게 공을 돌려줄 수 없을 때

b. 오버타임(3초 이상)일 때

c. 볼을 가지고 걸었을 때

d. 볼이 네트에 닿았을 때

e. 같은 팀의 두 사람이 계속해서 볼을 만졌을 때

f. 같은 팀 사이에서 볼을 패스했을 때

g. 볼을 상대측 코트 밖으로 던졌을 때

o. 샤워 볼

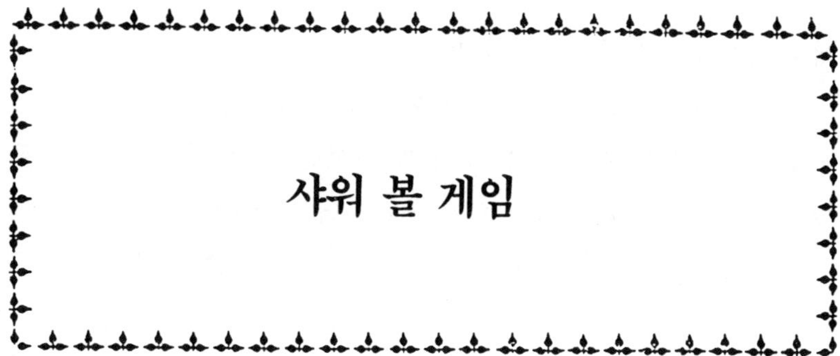

샤워 볼 게임

코트를 4등분해서 거기에 들어간 A, B, C, D 4 팀이 수개의 볼을 한번에 서로 치기 때문에 마치 샤워와 같이 볼이 차례차례로 머리 위로 내리덮쳐 오는 점 때문에 이런 이름이 붙었다.

□용구

배구공 4개

□코트

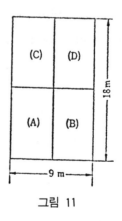

18미터×9미터로 이것을 4등분한다.

네트 높이 : 2.4미터

(C) (D)
(A) (B)
18 m
9 m

그림 11

□인원

각 팀 같은 수로 5명~7명

□방법

① 보통의 배구(9인제) 규칙에 따라서 하면 된다.

② 각 팀에서 서버를 내보내고 서버는 각각의 엔드라인에서 동시

에 서비스를 개시한다(A↔D, B↔C).

③ 자신들에게 온 볼은 어느 팀에게 돌려줘도 상관없다.

④ 볼을 땅바닥에 떨어뜨린 팀이 나오면 잠시 게임을 중지하고 그 사실을 전원에게 알리고 다시 처음부터 시작한다.

⑤ 5번 볼을 떨어뜨린 팀은 코트에서 나가지 않으면 안된다. 남은 팀은 다시 게임을 계속해서 최후까지 남은 팀을 우승으로 한다.

글짓기

선생님이 작문 제목으로 '종교 · 귀족 · 연애 · 신비'라는 것을 내어주면서 이 제목을 전개하여 글짓기를 할 것을 지시하였다. 작문 시간은 세 시간이 주어졌다. 그런데 오분도 채 안되어 삼영씨의 아들 용기가 펜을 놓고 쓰기를 중지한 채 하품까지 하며 연신 시계를 들여다 보며 시간 가기만을 기다리고 있는 것을 발견하였다.

"야, 용기! 넌 작문 안 짓니?"

"선생님, 전 벌써 다 썼는데요."

"뭐라구? 벌써 다 썼다구? 어디 이리 줘봐라!"

선생님이 받아든 종이에는 다음과 같이 씌어 있었다.

〈'오 하느님'하고 공작부인은 외쳤다. '저는 임신하였습니다. 그러나 누구의 아이인지 도무지 모르겠습니다.'〉

원터치 배구

미리 정해진 횟수(보통 2회이지만 혹은 3회, 4회라도 상관없다) 만큼 상대 코트에 되치는 배구로 초보자 대상의 게임이기도 하며 운동이 된다.

□용구

배구공, 네트, 지주

□코트

18미터×9미터, 네트 1.8미터~2미터

□인원

1팀 6명~9명

18m

9m

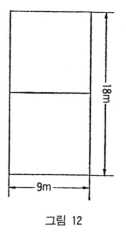

그림 12

□방법

① 1게임 15점 선취팀을 우승으로 한다.

② 상대에게 되치는 횟수를 제한하는 이외는 6인제 배구의 규칙에 준해서 이루어지지만 기준을 너무 엄격하게 하지 않는 편이 좋다.

디저 볼 게임

로프에 묶은 배구공을 마주쳐서 폴에 줄을 휘감게 하는 게임이다.

□용구

① 배구공, 줄, 로프(2미터)

② 폴(3미터)을 쓰러지지 않도록 고정시키고 밑에서부터 2미터 위치에 폭5센티미터의 제트라인을 긋는다.

□준비

직경 2미터의 원과 길이 6미터의 센터 라인을 그어 원을 2등분해서 중앙에 폴을 세우고 폴 선단에 로프를 달아 볼을 매단다.

□인원

2명(1대 1)

□방법

① 두 사람은 폴을 중심으로 마주서서 선공을 정한다.

② 선공은 볼을 손에 쥐고 서브를 하지만 잘못 쳤을 때, 친 볼이

상대측에게 미치지 못할 때는 실격이 되어 서브는 상대측에게 넘어간다.

③ 볼을 주먹으로 치면서 볼이 제트라인 상부에 볼에 묶은 로프를 전부 휘감기게 한다. 상대는 이것을 막아 반대측에 휘감기도록 한다.

④ 전 로프를 제트라인보다 위로 휘감기게 하는 쪽이 우승이 된다.

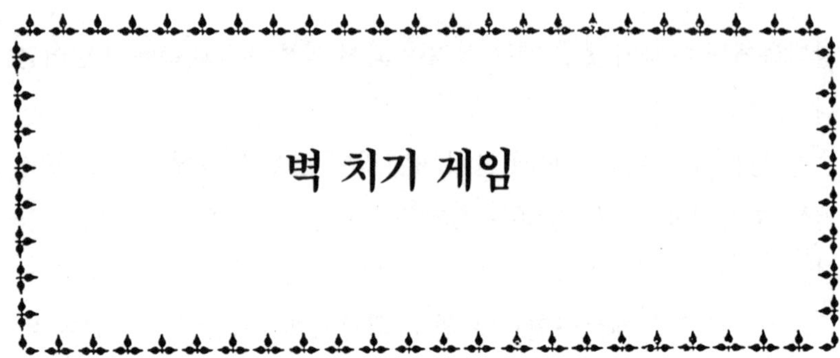

벽 치기 게임

벽이나 판자벽 등을 이용해서 하는 핸드볼로 좁은 장소에서 더구나 작은 인원으로 이용할 수 있다.

□용구

연식 테니스 볼

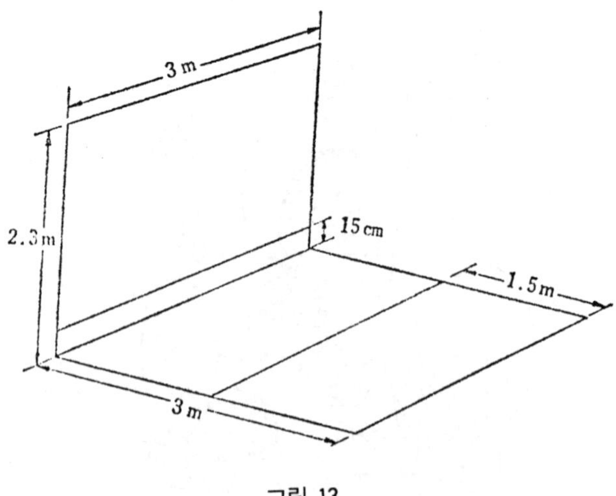

그림 13

□코트

벽을 이용해서 코트를 만든다. 벽에는 가로 3미터 세로 2·3미터, 지면에는 세로, 가로 3미터의 사각형을 그린다.

□인원

2~4명

참가자의 수에 따라 조로 나눠서 게임을 한다.

□방법

① 타순을 정해 처음의 서버는 베이스라인의 후방에서 볼을 땅바닥에 바운드시켜 15센티미터보다 위의 벽면 코트를 향해 친다.

② 튀긴 볼이 서비스 라인과 베이스라인 사이에 떨어지면 다음 사람이 친다.

③ 서브는 1회뿐이다.

④ 상대는 서비스를 할 때까지 코트 밖에 있지 않으면 안된다.

⑤ 리시이버는 반드시 원바운드한 볼을 칠 것, 서버와 리시이버는 어느 쪽인가 실패할 때까지 교대로 계속 친다.

⑥ 서비스는 그 서버가 실점이 될 때까지 계속한다.

⑦ 잘못 치거나 코트 밖으로 나갔을 경우는 상대측의 득점이 된다.

⑧ 볼을 몸에 맞히거나 고의로 타자를 방해했을 경우도 상대측의 득점이 된다.

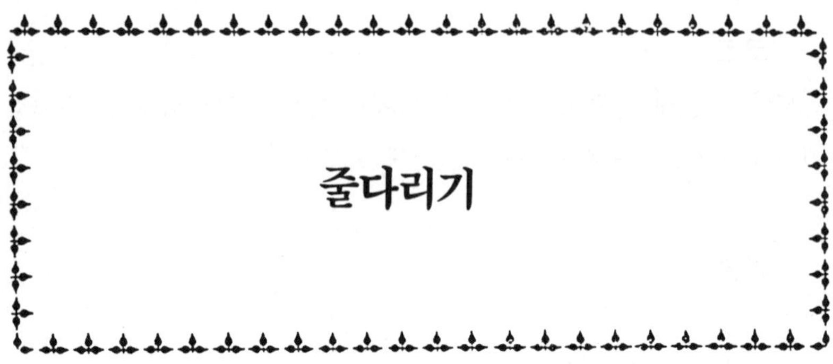

줄다리기

□인원

30명 이상, 몇 명이라도.

□대형

2팀으로 나누어 마주본다.

▲이 게임은 운동회의 줄다리기 경기를 스피드하게 변형시킨 것이다.

□준비

직경 2센티, 길이 3미터 정도의 로프 5~7개.

□방법

넓은 옥외 운동장이나 체육관에서 실시하면 재미있는 게임이다.

우선 2팀이 마주보고 있는 장소에 스타트 라인을 긋고 그 라인에서부터 등거리 장소에 로프를 등간격으로 둔다. 리더의 신호로 각각 팀의 멤버는 스타트하여 로프를 당겨 각팀 진영으로 끌어간다. 찬스가 있으면 몇 개의 로프를 잡아 당겨도 좋다.

마지막 한 개의 로프에 양팀 대부분의 멤버가 참가하여 서로 잡아 당기게 된다. 너무 길어 승부가 나지 않을 경우에는 리더의 판단으로 승부를 선언하기 바란다.

제3장

본격적인 야외레크레이션 프로그램

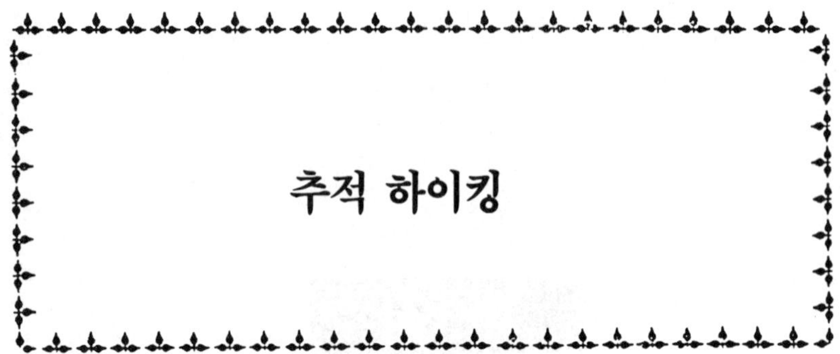

추적 하이킹

선발대(리더)가 표시한 안표를 읽으면서 선발대와 같은 코오스를 더듬어서 목적지까지 가는 하이킹을 추적 하이킹이라고 한다. 중학생 캠프, 합숙, 단체 생활의 성과를 시험하는데 최적인 하이킹이다.

□준비

중학생에게 맞춰서 제한 시간, 과제, 관문 수 등을 준비한다. 초크 · 카드 · 통신문 · 암호문 · 기록 용지 · 성적 일람표 · 시계 · 색테이프.

□안표를 하는 방법

작은 가지(마른 가지), 작은 돌, 초크나 카드 등을 이용해서, 그림과 같이 한다.

□진행 방법

우선 선발대와 관문원을 출발시킨다.

선생님은 나머지 전원을 모아서 룰 설명을 한다. 또한 그룹 편성과 출발 시각, 그룹간의 간격, 소지품 전달, 그리고 스타트 지점과 방법

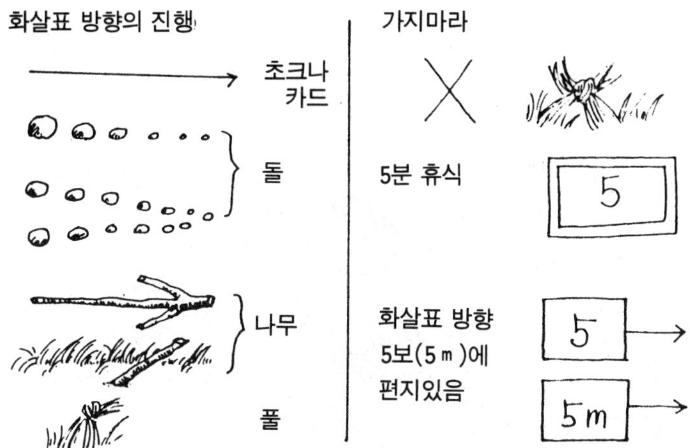

을 명시한다.

평가의 기준은 룰을 지켰는지 어떤지 팀웍과 그룹 행동은 어떤지 질문이나 과제에 대한 해답, 소요 시간 등에 두고 시간의 장단만으로 판단하지 않도록 한다.

또한 평가는 각 그룹의 반성 자료로 삼거나 학습의 필요를 강조하는 기회로 생각하고 아이들의 틀린 생각이나 착각, 체험의 회고를 살린 평가를 한다.

□유의점

① 안표는 절대로 만지거나 다시 써서는 안 된다.

② 안표가 발견되지 않을 경우는 마지막으로 발견한 안표 장소까

지 되돌아 가서 다시 찾으면서 전진합시다.

③ 다른 그룹을 만나도 코오스를 가르쳐 주거나 입에서 나오는 대로 엉터리로 말하지 않도록 한다.

④ 뒷 정리를 깨끗이 한다. 초크를 지우고 카드를 회수한다.

루울

① 코스도는 동서남북이 일정하지 않다.

② 카드에는 과제 시트가 있고 그 문제를 풀지 않으면 안 된다.

③ 골을 그룹 전원이 다 모였을 때로 한다.

[성적표례]

스타트 순번	그룹 명 리더 명		타임 득점	과제 득점	총합 득점	순위
1		골 시간 시분 스타트 시간 시분 소요시간 시분				
2						
3						
4						
5						

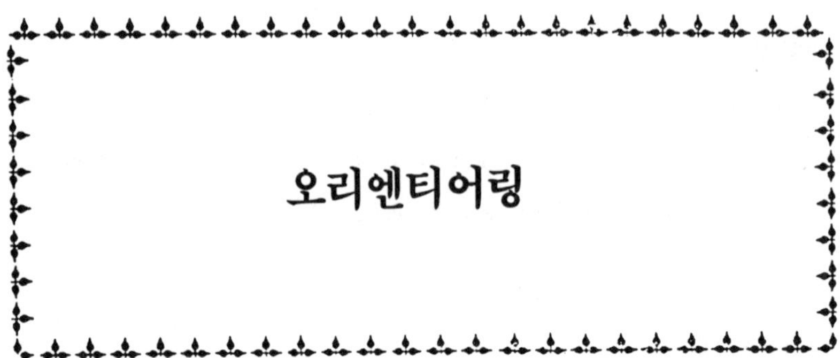

오리엔티어링(OL)은 언덕이나 계곡 등의 자연을 연습장으로 해서 전개되는 야외 활동으로 '자연과의 접촉'을 실감하는 기회를 가질 수 있는 스포츠다. 지도를 읽고 지형을 판단해서 어떤 루트를 선택하느냐가 중요하게 된다. 또한 그룹으로 실시한 때는 팀웍도 필요하기 때문에 중고생에게 적합한 프로그램이라고 말할 수 있을 것이다.

□준비

실버 컴파스, 붉은 볼펜이나 붉은 연필, 손목 시계, 목장갑, 타올, OL용 지도, 호루라기 등.

□복장

자연과 친숙한 스포츠이기 때문에 산야를 달리거나, 걸을 때 적합한 가볍고, 활동하기 편하고, 통기성이 있는 것이 바람직하다.

□OL 용어

① 포스트……반드시 통과하도록 지정된 지점을 가리키는 말로 포스트 마크로써 표시된다.

② 포스트 마크……포스트에 놓인 표식을 가리키는 말이다 (그림 참조).

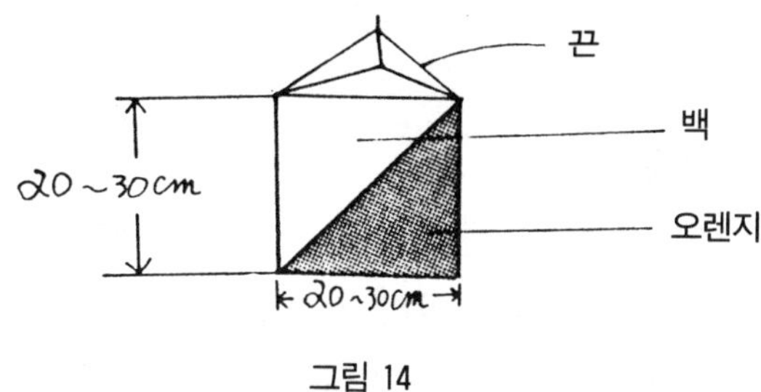

그림 14

③ 마스터 맵……포스트, 골 등의 기호를 기입한 중심 지도를 가리킨다.

△=마스터 맵(스타트 때에 포스트 위치를 인쇄한 지도를 건네줄 경우에는 스타트)의 위치. 한편 7㎜의 정삼각형.

○=포스트의 위치. 직경 5~6㎜의 원.

◎=골의 위치. 직경 7㎜와 5㎜의 동심원.

④ 체크 카드……포스트에 도착했을 때 소정의 방법으로 표시를 하는 카드를 가리킨다.

□지도 읽기

OL에 사용되는 지도는 요즘에는 OL용으로 특별히 만들어진 지도로 실시하는 경우가 많아졌다. 그러나 아직 국토지리원의 25000분의 1지형도로 실시되는 경우도 상당히 있다. 이 지도의 경우 지도상의 1㎝가 실제의 250ｍ에 해당하는 점에 주의한다.

또한 지도 기호를 아는 것과 지형상의 특징(산등성이, 저습지,

정상, 안부 등)을 정확하게 읽는 것이 중요하다. 지형을 알기 위해서는 등고선을 읽는 것이다. 지형을 읽을 수 있고, 기호를 알고 있으면, 목적지를 알기 쉬운 것이다. 단, 최근의 OL용 지도에는 卍, 文 등의 기호를 삭제하고 있는 것도 있다.

□컴파스의 사용법

지도를 읽는 것과 같은 만큼 중요한 것으로 자석의 능숙한 구사가 있다. 오늘날 흔히 사용되는 실버 컴파스에는 자석, 분도기, 정규 외에 확대경도 사용되고 있다. 이 확대경으로 지도상의 가는 등고선 등도 읽기 쉬워졌다.

목적지로의 방향을 알기 위해서는 ① 지도상의 현재지와 목적지에 컴파스의 긴 변을 맞춘다. 이 때 진행선의 방향을 목적지 방향으로 향한다. ② 링을 돌려서 링의 화살표를 지도에 기입된 자북선과 평행으로 한다. 이 때 화살표의 방향을 지도 윗쪽(북)으로 향한다. ③ 컴파스를 지도에서 떼어 신체의 전면에 놓고 링의 화살표와 자침이 겹쳐질 때까지 신체를 돌린다. 겹쳐졌을 때의 진행선이 가리키는 방향이 목적지의 방향이다.

□지도의 정치

지도의 북쪽 방위를 올바르게 북쪽으로 향하는 것을 지도의 정치라고 부른다. 이렇게 하면 지도와 지형이 같은 방향이 되어 자신의 주위 지형 등이 확인하기 쉬워진다. 정치로 하기 위해서는 지도 위에 컴파스를 놓고 자북선과 바늘이 평행이 될 때까지 지도를 돌린다.

이때 컴파스 바늘의 북쪽은 자북선의 화살표와 같은 방향이 되도록 한다.

□보측

보측이란, 보폭을 이용해서 거리를 측정하는 것이다. 보통 자기 자신의 100m 걸음수를 기본으로 해서 실시하고, 오른발부터 나가 다음에 오른발이 나올 때까지의 거리를 기준으로, 오른발을 움직인 횟수만을 센 '복보'로 계산해 본다. 달렸을 경우와 걸었을 경우가 상당히 달라지기 때문에 주의한다.

□OL 퍼머넌트 코오스

이 코오스는 고정 포스트의 상설 코오스를 말하며 우리나라에서는 오리엔티어링위원회가 정한 기준에 합격해서 등록된 것을 말한다. 문명은 각각의 지방공공단체, 각종의 사업 단체 등이 이 임무를 맡아 정비나 보급에 힘쓰고 있다.

□진행 방법(포인트 OL의 경우)

지도상에 표시된 포스트를 지정된 순서로 가능한 한 빨리 통과해서 지정된 방법으로 체크하고 골인하는 방법이다. 2인 이상으로 그룹을 만들어서 각각 의논하면서 그룹 단위로 행동하는 것이 바람직할 것이다.

순위는 우선 규정 시간 내에 전 포스트를 발견, 통과해서 골인한 그룹을 소요 시간에 따라 순위를 매긴다. 그 후 페널티가 붙은 그룹, 기준 시간을 넘어서 골인한 그룹을 순위 매긴다.

규정 시간이란, 페널티가 0인 그룹의 상위 3명(그룹)의 평균 소요

7
?
5
4
3
2

시간을 2배한 시간이다.

페널티란, '포스트를 발견할 수 없었을 때'와 '포스트 통과 순서를 틀렸을 때'에 주는 벌칙이다.

기준 시간이란 미리 설정해 둔 종료시간이다.

□유의점

① 개인 자신의 안전에 대해서 스스로 책임을 진다.

② 포스트 마크를 이동시켜서는 안 된다.

③ 골인 할 때는 스타트 때와 같은 인원수가 아니면 안 된다.

④ 수목을 상처 입히거나 자연을 훼손하는 것 같은 짓을 해서는 안 된다.

⑤ 밭이나 논, 인가의 정원에 들어가지 않도록 한다.

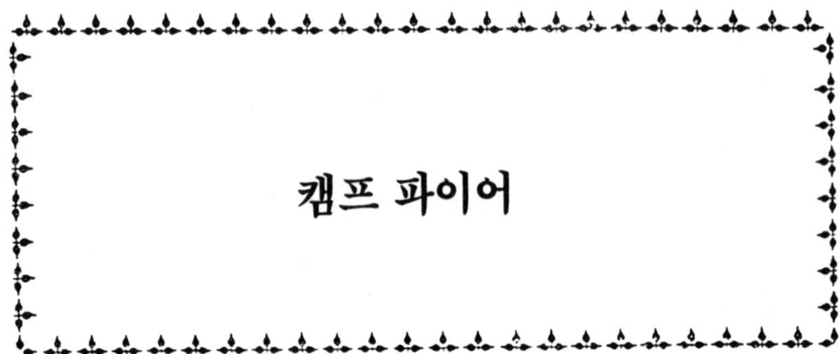

캠프 파이어

캠프장에서 최고 추억이 되는 것이 캠프 파이어다. 생활을 함께 한 모든 동료가 타오르는 불길을 바라보면서 함께 즐거운 한 때를 보내는 것으로, 캠프 생활의 모든 추억은 캠프 파이어에 집약되어 있다고 해도 과언은 아닐 것이다.

□캠프 파이어 테마

캠프에는 각각의 캠프 목적이 있다. 여기에서는 일반적으로 캠프 파이어라고 말하고 있는 참가자가 밤 동안, 불을 둘러 싸고 우정을 따뜻이 하고 친목을 깊게 하는 것, 혹은 캠프의 의식으로써 이루어지는 것에 대해서 생각한다.

□종류

① 세리머니 파이어……의식적인 형태로 실시하고 정적인 프로그램을 중심으로 전개해 간다.

② 본 파이어……친목과 교류를 위해서 즐거운 게임, 포크 댄스, 스턴트 등의 동적인 프로그램을 중심으로 전개해 간다.

③ 그룹 파이어……10명 정도의 소인수로 형식만 차리지 않고

가족적인 분위기 속에서 그룹의 단란을 즐기는 파이어다.

□파이어장의 선택법

① 주위가 숲으로 둘러싸여 있고 참가 인원수에 적합한 넓이의 평평한, 화재의 위험이 없는 장소를 선택한다.

② 캠프 사이트에서 약간 떨어진 장소를 설정한다.

③ 인가의 불빛이 보이거나 외부로부터의 소음이 들리지 않는 자신들만의 세계를 만들 수 있는 것 같은 장소를 선택한다.

□파이어장 만드는 법

파이어를 중심으로 원형으로 좌석을 만든다. 직경 6~10m의 원을 만드는데 50인 정도의 파이어라면 6m로 충분하고 100인이라도 2중원으로 하면 10m로 충분할 것이다. 좌석을 너무 넓게 벌리면 아이들의 마음이 집중하기 어려워져서 분위기를 돋구기가 어려워진다. 인원수가 많을 때는 2중, 3중으로 좌석을 만든다.

□장작 쌓는 방법

보통 '우물정'자형이라고 일컬어지고 있는 방법이 쌓기 쉬워 많이 이용되고 있다. 이 외 다이아몬드형, 인디안형, 스타형 등이 있으며, 병용하는 것도 좋을 것이다 (그림 참조).

어느 경우나 모두 불쏘시개, 작은 가지, 장작의 순서대로 안에 채워 넣고, 가능한 한 토대가 무너지지 않도록 한다.

준비하는 장작의 양은 참가자의 인원수와 소요 시간에 따라서 다르지만, 일단의 표준으로써 50~100명 정도의 인원수로 1시간 30분

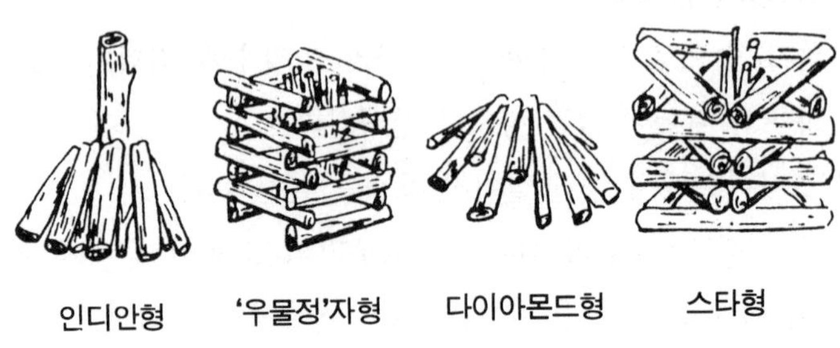

그림 15

정도의 파이어에 준비해야 할 장작의 종류와 양을 들어 보면, 다음과 같이 된다.

- 토대를 위하 통나무(직경 10~15㎝)……20개 정도
- 취사용 장작……6~8다발
- 섶나무 가지 장작……2다발

□파이어의 점화 방법

① 토치에 의한 점화.

매우 일반적으로 이루어지고 있는 대표적인 점화 방법으로, 가장 확실한 방법이다. 자연 환경과 잘 매치되는 소박하고 엄숙한 것이다. 토치(횃불)는 막대기 끝에 낡은 헝겊을 감아서 철사로 고정하고 등유를 스며 들게 해서 사용한다(그림 참조).

② 매직 점화 방식

횃불 방식과는 달리 의외성을 중시한 것이다. 공중 낙하, 불꽃,

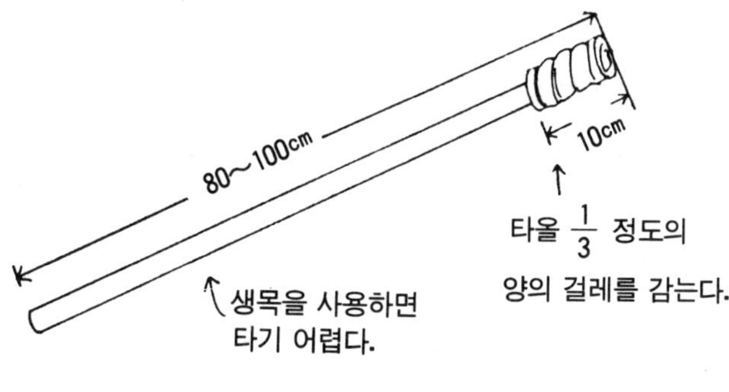

그림 16

약품, 전기 등을 이용해서 점화한다. 어느 방법이나 기술적으로 어렵고 위험성도 있다. 충분한 연습과 실패 대책을 세워 주십시오.

□캠프 파이어의 연출

캠프 파이어에는 일정한 형식은 없다. 참가자의 구성이나 목적, 사회자의 연출방법에 따라서 내용이 결정된다. 예를 들면 세리머니 파이어는 조용한 노래와 캠퍼 대표에 의한 헌사, 영화장의 불 이야기 등 매우 의식적인 내용으로 구성된다. 또한 본 파이어에 있어서는 그 위에 스턴트나 게임, 노래, 춤 등의 조합을 생각해서 진행한다.

□캠프 파이어의 흐름

다음과 같이 된다.

• 기(도입) : 참가자의 마음을 끌어 당긴다. 점화 의식. 조용하게 시작하는 경우가 많다.

• 승(전개) : 노래나 게임, 그룹별 장기 자랑 등, 변화 풍부하고 동적.

• 전(테마) : 클라이막스. 참가자의 마음을 하나로 만든다.

• 결(피날레) : 여운을 남기고, 조용히 끝낸다.

□스턴트

• 조건……① 전원이 협력하고, 전원이 연출. ② 한 그룹의 연출 시간은 5분 정도. ③ 밝고 유머 넘치는 내용. ④ 의상이나 소도구는 주변에 가까운 것을 사용한다.

• 세가지 중요한 요소……① 즉흥성 ② 협조성 ③ 창조성

• 소재……① 명작이나 명장면을 사용한다. ② 노래 등 음악을 사용한다. ③ 댄스를 사용한다. ④ 게임적인 것을 사용한다. ⑤ 주변에 가까운 과제를 사용한다.

□캠프 파이어의 담당자

① 영화장(파이어 치프)……캠프 파이어 전체의 책임자로서 캠프장(임간 학교장)이 이것을 맡는다. 처음이나 마지막에 조용한 분위기 속에서 캠퍼의 마음에 남는 감명 깊은 말을 서술한다.

② 사회(엘 마스터)……노래나 게임의 리더로 성격적으로도 유머가 풍부한 밝은 아이가 바람직할 것이다. 사전에 장기 자랑에 대해서 각 그룹의 대표와 상의해서 전체의 분위기를 높이면서 척척 프로그램을 진행한다.

③ 영화 담당자(파이어 키퍼)……불을 태우는 담당자로 사회자와 협력해서 프로그램 진행에 맞춰 불의 세기를 조절하여 파이어를 돋군다고 하는 중요한 역할을 담당하고 있다.

④ 실기 리더……게임이나 노래, 춤 등의 리드를 하는 담당자다. 사회자와의 호흡이 맞는 콤비네이션이 필요하다.

전개	프로그램	내 용
제1부	집 합	라이트 사이트에 집합해서, 오리엔테이션을 받는다.
	입 장	파이어장까지 조용히 이동한다. 일렬로 서서 그룹별로 입장하여, 말없이 서 있는다. 영화장은 처음에 입장한다.
세리	서 곡	조용히 「캠프의 밤」 멜로디를 흘려보낸다.
머니	영화입장	노래를 부른다. 노래에 맞추면서 영화 입장. 영화장은 서클을 일주하고, 영화장과 마주 선다.
파이어	점 화	영화장의 「점화」 신호와 함께 점화한다.
(정)	영화장 인사	파이어가 타올라 간다. 잠시 바라보고, 영화장의 인사(2~3분의 이야기를 한다).
	노 래	노래 합창. 점점 기운차고, 빠르게. 1부가 끝나고 전원 자리에 앉는다.
	시작 노래	기운찬 노래를 부른다.
제2부	스턴트	각 그룹에 의해 장기가 이루어진다.
	게 임	스턴트 짬짬이, 그 자리의 분위기에 맞는 게임을 집어 넣어 간다.
본파이어	댄 스	레크 댄스 등을 모두 추어, 분위기를 점점 돋군다.
(동)	조용한 노래	마지막에 가까와졌을 즈음에 조용한 곡을 몇 곡 부른다. 이 동안 토치가 전원에게 나눠진다.
제3부	영화장 채화	영화장은 남은 불에서, 토치에 채화한다.
	맹세의 말	미리 정해 둔 불의 맹세의 대표자는 토치를 가지고 영화장으로부터 불을 옮겨 받아, 큰 소리로 캠프의 감상이나 내일에 대한 결의 등을 서술한다.
토치	전원에게 분화	수 명의 대표자를 통해서 전원에게 분화한다.
서비스	마지막 인사	영화장이 추억을 가슴에 남길 만한 인사를 한다.
(정)	퇴장・노래	「마지막 노래」를 허밍하면서 퇴장

영화 담당자
영화장

담력 테스트

임간 학교 등에서 아이들이 즐거움으로 삼고 있는 밤의 프로그램은 뭐니뭐니해도 캠프 파이어와 이 '담력 테스트'일 것이다. 아이들에게 있어서 담력 테스트는 해 보고 싶기도 하고, 두렵기도 한 것 같다. 강한 체하는 아이나 꽁무니를 빼는 아이가 흔히 있는 법이다. 담력 테스트는 꽁무니를 빼는 것 같은 아이에게는 억지로 시키지 않는 것이 중요하다. 홈 쇼크를 일으키는 원인이 되는 경우도 있으니 신중히 실시해 주십시오.

□장소의 선정

담력 테스트를 실시하는 장소로써 옛날부터 묘지, 숲 속, 절간 등이 흔히 사용된다. 임간 학교 등에 그와 같은 장소가 있으면 좋겠지만, 좀체로 있는 곳이 드물다. 이와 같은 때 주변의 불빛이 보이지 않는 것 같은 숲 속의 길 등에서 실시한다. 달빛도 새지 않는 것 같은 곳이라면 한층 더 효과적이다. 시간이 있으면 밤중에 1번 걸어 두면 좋을 것이다. 낮에는 깨닫지 못했던 가로등 등이 있거나 하는 경우가 종종 있다. 또한 달빛이 매우 밝은 것도 알 수 있다. 또한 발 밑이 좋은 길인 곳을 선택하도록 한다.

□담력 테스트의 도구

① 소리에 의한 것

ⓐ 골판지를 막대기로 두드린다……어쩐지 기분 나쁜 소리가 난다.

ⓑ 풍선을 분다……슈, 슈 하는 소리가 의외로 기분 나쁘다.

ⓒ 테이프 레코더에 비명 등을 녹음해 두고 풀 숲에 숨긴다.

ⓓ 트랜시버를 두세 군데에 매달고 떨어진 곳에서 이야기를 건다.

ⓔ 빈 쥬스 깡통으로 '울림통'을 만든다.

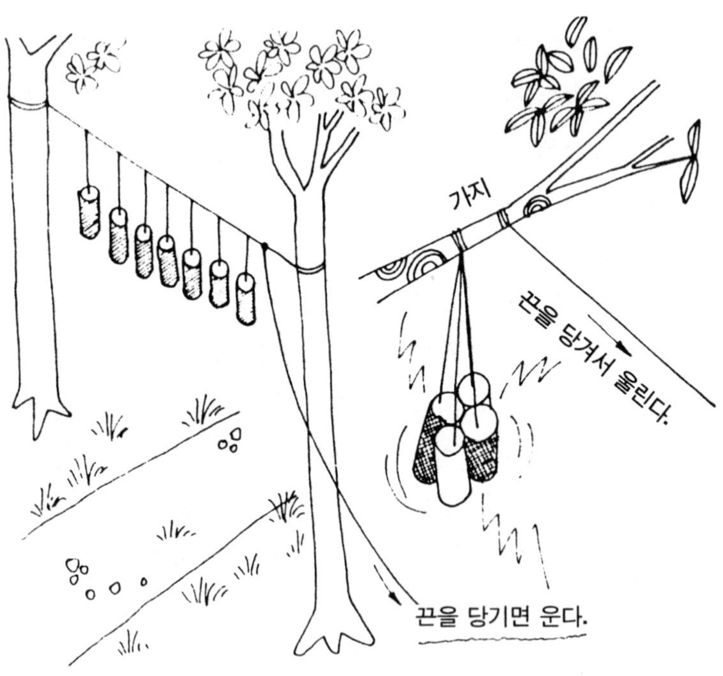

ⓕ 석유 깡통을 두드린다……갑자기 큰 소리가 나면 놀란다.

② 촉각에 의한 것

ⓐ 물총……그늘에서 얼굴을 노리고 쏜다.

ⓑ 젖은 수건……막대기 끝에 달아서 아이들을 건드린다.

ⓒ 실국수처럼 썬 곤약……나무 위에서 떨어뜨린다.

ⓓ 발 밑을 건드린다……풀 숲에 숨어서 아이들의 발을 건드린다.

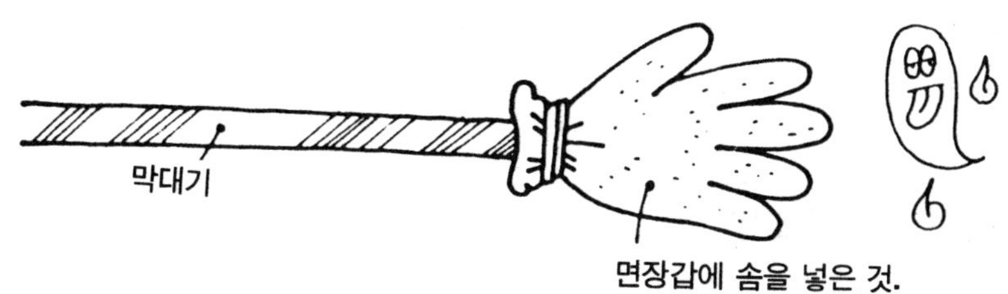

그림 17

*피부가 나와 있는 부분을 건드리면 효과적!

③ 시각에 의한 것

ⓐ 큰 종이 인형……나무 그늘에 매달아 둔다.

ⓑ 묘지……골판지로 묘지를 만들어 길에서 조금 떨어진 곳에 두고 양초를 세운다.

ⓒ 유령……흰 것을 입고 선다. 또는 형광등, 손전등에 자색의 셀로판을 붙여서 빛을 비추면 흰색만이 떠올라 보인다.

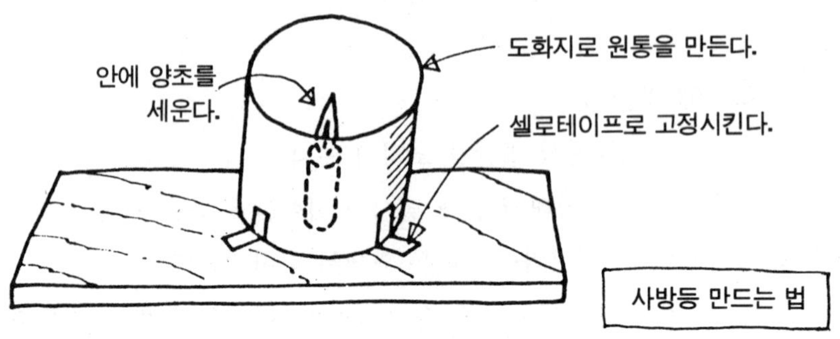
안에 양초를
세운다.
도화지로 원통을 만든다.
셀로테이프로 고정시킨다.
사방등 만드는 법

그림 18

ⓓ 사방등……그림과 같은 사방등을 만들어서 길 군데군데에 놓아 둔다.

□코스의 유도법

① 흰 테이프로 코스를 가르쳐 준다.

걷는 코스에 흰 테이프를 붙여서, 그것을 따라 나아가게 한다.

② 사방등을 늘어 놓는다.

길이 비교적 직선일 때에 군데군데에 사방등을 두어, 그것을 안표로 삼아 나아가게 한다.

③ 양초를 가지고 간다.

코스가 짧을 때에 사용한다. 가지고 있는 양초를 꺼뜨리지 않기 위해 신경을 빼앗긴다. 또한 양손의 불을 보기 때문에 눈이 침침해져서 주변이 잘 보이지 않게 된다.

④ 로프를 잡아당긴다.

길이 없는 숲 속 등에서 실시할 때는 이 방법이 좋을 것이다.

□진행 방법

담력 테스트 때는 조금 무서운 이야기를 한 후 출발시키는 것도 연출로써 흔히 이루어진다. 이야기를 들은 것만으로 가고 싶지 않다고 말하는 아이도 있기 때문에, 그와 같은 아이에게는 그 자리에서 기다리고 있도록 한다.

3~6명의 그룹을 만들어서 3~5분 간격으로 출발시킨다. 코스 도중에서 무서워져서 움직일 수 없게 되는 아이도 생기기 때문에, 선생님이 안내를 하는 것 같은 일도 가능하도록 해 둔다. 또한 골인한 아이는 코스로 되돌아가서 장난을 치고 싶어한다. 결승점에는 선생님이 없지만 조용히 기다리도록 한다(담력 테스트라고 흥분하고 있기 때문에 큰 일이지만).

워크랠리

교차점이나 분기점만을 표시한 독자 코오스도를 이용해서 출제된 몇 가지의 과제를 풀면서 미지의 코오스를 일정 시간에 답파하는 것으로 협력의 정신이 키워지고 커뮤니케이션 형성에 도움이 된다.

□준비

워크랠리 코오스도와 체크 카드를 인원수 만큼. 성적표. 스톱 워치

코오스도 작성

● ---진행자 자신의 위치		---철망
↑ ---진행방향	---사찰	---정류소
---인가	---사당	---낭떠러지
P ---주차장	---다리	---공지
---수목	火 ---화재감시대	---조금 높은 곳
cp ---체크 포인트	---미러	S ---신호
---계단	---강	---횡단보도

교차점이나 분기점만을 표시한 지도에 그림과 같은 기호나 안표를 기입한 코스도를 만든다.

중고생에게 맞춰서 기호나 안표를 많이 만들어 알기 쉽게 하거나 반대로 어렵게 하거나 한다. 누구나 알 수 있을 것 같은 기호로 합시다.

코오스 설정

거리는 3~6㎞ 정도가 적당하다. 다른 그룹에게 보이지 않도록 가능한 한 직선 코오스를 피하는 편이 좋을 것이다.

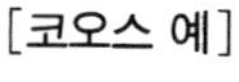

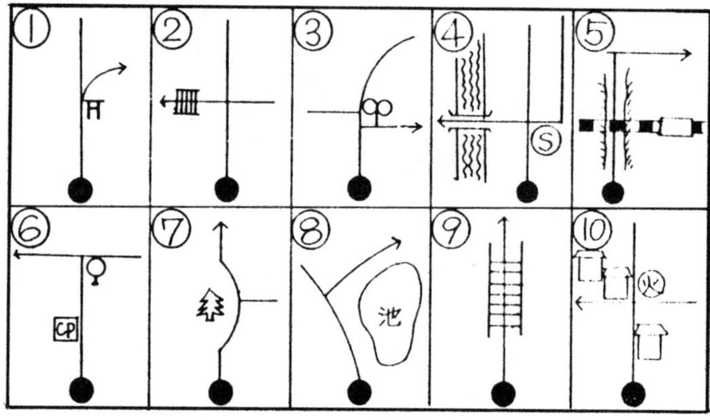

과제

과제는 코오스 중에 3~5군데 설정한다. 그 지점은 참가자가 통과했는지 어떤지를 확인하는 장소임과 동시에 과제를 주는 장소다.

코오스를 진행하는 도중에 해결할 수 있는 문제일 것을 원칙으로 한다.

□**진행 방법**

4~6명의 그룹을 만든다.

각 그룹에게 코오스도를 배부하고 코오스 읽는 방법과 기호에 대해서 충분히 설명한다. 스타트순을 정해서 스타트 순서대로 그룹명을 성적표에 기입한다.

각 그룹의 간격은 3~5분간으로 잡읍시다. 골인하면 곧 소요 타임을 계산해서 성적표에 기입한다.

나이트 하이킹

도회지의 중고생은 불빛없이 걷는다고 하는 체험은 가지고 있지 않다. 그래서 밤의 암흑을 체험시켜 완보함으로써 '체력의 증명', '젊음의 증명'이 되게 한다.

□준비

방한복, 우비, 손전등, 타올, 목장갑, 물통, 갈아 입을 속옷, 모자, 쓰레기통 등.

□진행 방법

밤, 하이킹을 한다. 8~10명의 그룹으로 나눠서 행동하고 절대로 혼자가 되지 않도록 주의한다. 또한 정해진 코스를 벗어나지 않도록 합시다.

□응용

그밤의 자연을 살린 방법을 연구해 보면 좋을 것이다.

제4부

언제 어디서나 즐길 수 있는 야외레크레이션

제1장 여럿이서 함께 즐길 수 있는 원 게임
제2장 그룹 대형으로 할 수 있는 재미있는 게임
제3장 여럿이서 함께 모여 즐길 수 있는 스포티게임

도움말

게임은 즐거운 것이다.

그러나 게임을 즐겁게 만들기는 상당히 어렵다.

게임 그 자체에는 여러 가지 요소나 인자가 있어서 여기에 조금이라도 관계해보면 흔히 생선회 따위에 곁들이는 야채나 해초(실제는 이 야채나 해초 역시 뭐라 말할 수 없는 묘미가 있지만)적 존재일 뿐만 아니라 그 속에는 추측할 수 없는 유머와 가열된 경쟁이 있고, 온화하게 마음과 마음을 연결하는 커뮤니케이션이 있고 현대 감각을 살린 필링이 있다. 바로 즐거움 그 자체로 누구나 그 즐거움을 만끽할 수 있을 테지만 그런데 자기 자신이 리더로서 서보면 생각하고 있는 거의 몇 분의 1밖에 발휘할 수 없고 의외로 어려운 것임을 깨달을 것이다.

게다가 같은 게임을 같은 조건 속에서 전개시켜 보아도 리더가 다르면, 아니 동일 인물일지라도 그 풍기는 인상이나 받는 평가는 반드시 동일하지 않다는 사실을 알아야 하며 바로 그러한 게임의 다양성, 변환성, 유통성, 탄력성 때문에 재미있기도 하고 또한 어렵기도 한 것이다.

게임을 몰두한 결과 ① 즐거웠다 ② 많은 친구가 생겼다 뿐만 아니라 ③ 체력이 향상되었다 ④ 운동(스포츠)의 기초능력이 향상했다. 이 두 가지가 플라스되면 게임의 가치는 더욱 높아질 수 있게 된다.

즐겁게 게임을 하면서 근력을 높이고 내구력을 기르며 운동신경을 높이려고 하는 지도자의 자세가 필요하다. 이 이론을 멤버에게 이해시킴으로써 활동에 대해 의욕을 높이는 것이 아니라, 즐겁게 땀을 흘렸다, 즐겁지만 조금 피로했다 등의 감상이 많은 멤버로부터 들리는 것 같은 게임 지도이기를 바란다.

특히 아이에 대해서는 이 의식을 지도자가 가짐으로써 아이가 즐기면서 무의식 중에 스포츠에 끌리고 더욱이 스포츠를 좋아하는 인간으로 이어지는 결과가 생기기를 기대하고 싶은 것이다.

이 장에서는 주로 활동적인 게임을 모아 보았다. 즉 운동량이 적당하여 건강이나 체력 증강에 도움이 되는 것 또는 스포츠의 초보적인 스킬, 경쟁심, 성공감 등을 만족시킬 수 있는 것에 역점을 두었다.

참가자의 대상, 장소, 용구 등의 조건에 맞춰서 실시하도록 해 봅시다.

제1장

여럿이서 함께 즐길 수 있는 원게임

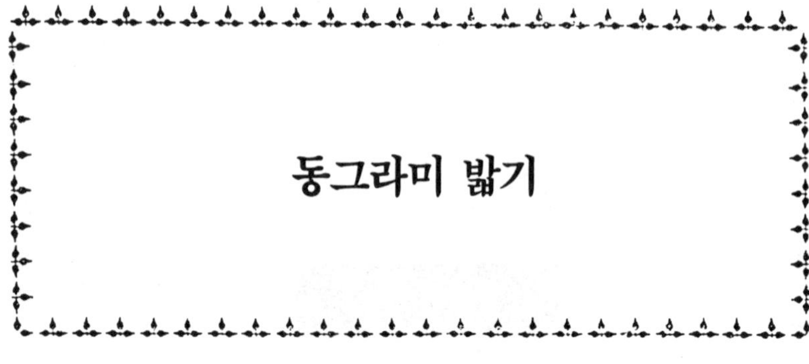

동그라미 밟기

□인원

10~100명.

□대형

하나의 원. 전원이 중심을 향해서.

□방법

원심에 직경 1미터 정도의 동그라미를 그려둔다. 리더도 함께 참가하여 게임을 실시한다. 우선 리더는 '20대인 사람'이라고 외친다. 20대인 사람은 중앙 동그라미를 밟은 뒤 서둘러 자신의 위치로 되돌아온다. 가장 늦게 돌아온 사람은 감점이 된다.

리더는 '흰 운동화를 신은 사람' 또는 '현금을 1만원 이상 갖고 있는 사람', '얼굴에 자신이 있는 사람' 등으로 변화를 주어 외친다. 때로는 리더도 동그라미를 밟아 참가자들을 이끌어 낸다. 무엇보다도 리더의 기민한 동작이 게임을 재미있게 만든다.

양 손에 든 떡

"어휴, 고민되네. 나 지금 양쪽 다 돈 많고 핸섬한 두 총각에게서 사랑을 받고 있는데, 그 분들이 동시에 내게 결혼 신청을 해와서 난처해 죽겠어. 어느 쪽하고 먼저 결혼해야 하나 하고 말이야!"

파파파

□인원

10~100명.

□대형

원, 전원 원심을 향한다.

□방법

이 게임은 누군가 한 명이 술래가 되고 술래가 된 사람은 원 중앙에 위치한다. 술래는 멤버 중 누군가 한 사람을 손가락으로 가리키며 '파 파 파'라고 3번 외친다. 술래에게 지명된 사람은 술래가 3번 외치는 동안 한 번만 '파'라고 큰 소리로 대답하면 세이프. 대답하지 못하거나 두 번 외쳤을 때는 아웃이 되어 원 안에 있는 술래의 포로가 된다.

술래가 된 사람은 손가락이 가리킬 때 갑자기 상대를 바꾸거나 가리키고도 곧 '파 파 파'라고 하지 않는 등 여러 가지 연구를 하면 재미있어진다. 또 술래가 된 사람은 아웃 된 사람과 교대해도 좋을 것이다.

어떤 법칙

"애야, 이 세상에는 돈보다도 훨씬 가치가 있는 것이 있다는 것을 알아야 한다."

하고 아버지가 아들에게 말하였다. 그러자 아들은,

"잘 알고 있어요, 아버지. 하지만 그것을 손에 넣으려면 역시 돈이 들잖아요."

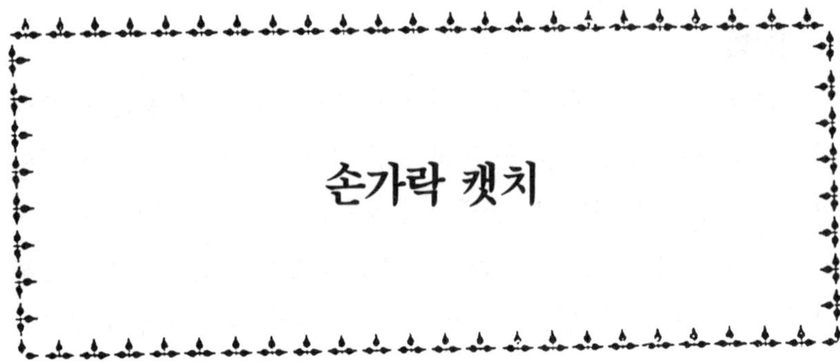

손가락 캣치

□인원

10~100명.

□대형

원, 전원 중심을 향한다.

▲게임을 즐기면서 사랑을 싹 티울 수도 있다.

□**방법**

이 게임은 운동신경의 기민함을 겨루는 재미있는 게임이다. 우선 전원은 왼손 엄지와 인지로 고리를 만들어 그 고리가 바닥과 평행이 되도록 앞으로 내민다. 동시에 오른손 인지를 똑바로 펴서 자신의 오른쪽 옆 사람의 고리 안으로 넣는다.

리더는 원 중앙에 위치하고 전원이 준비가 된 것을 확인한 다음 '휙'하고 휘슬을 분다. 그것을 신호로 전원 옆 사람의 손가락을 잡고 동시에 자신의 오른손 손가락을 빼야 한다. 즉, 두 동작을 동시에 실시하는 것이다.

이상한 이야기

"아빠, 어제 정원에 있는 의자에 칠한 페인트가 아직 마르지 않았죠?"

"응, 그래. 그런데 그게 어쨌다는 거냐?"

"어쩐지……삼영씨하고 그 의자에 앉았었는데, 삼영씨의 바지가 엉망이 됐지 뭐예요."

"네 스커트는 괜찮니?"

"아, 네, 아무렇지도 않았어요!"

원 패스 게임

□**인원**

1팀 5명 이상(홀수로), 여러 팀이 실시한다.

□**대형**

각 팀 모두 하나의 원.

□준비

바스켓볼을 팀 수만큼.

□방법

각 팀 모두 홀수로 원을 만든다. 그때 미리 캡틴을 정해 두고 리더(심판)는 각 팀의 캡틴에게 볼을 건네준다.

리더의 신호로 캡틴으로부터 일제히 볼을 오른쪽으로 한 명씩 걸러 패스한다. 1명이 5회의 패스를 받아 다음 사람에게 볼을 패스한 다음 제자리에 앉는다. 그리고 빨리 패스를 끝내고 전원이 앉은 팀이 승리.

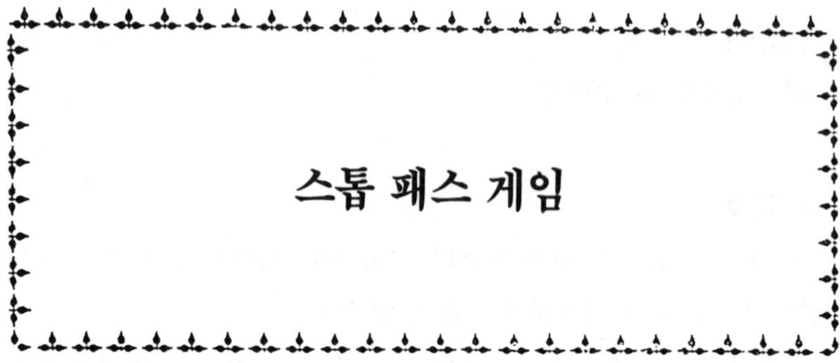

스톱 패스 게임

□인원

1팀 6~10명, 여러 팀이 실시한다.

□대형

각 팀 모두 원을 만든다.

□준비

바스켓볼을 팀 수만큼, 득점판, 백묵.

□방법

각 회마다 각각 팀의 득점을 써넣을 득점판을 준비해 둔다. 우선 각 팀 모두 캡틴을 정하고 리더의 신호로 캡틴에서부터 오른쪽으로 돌아 각 팀 일제히 패스를 시작, 전원 큰소리로 패스의 횟수를 세면서 게임을 계속한다. 단, 같은 사람이 2회 계속해서 패스를 받거나 볼을 바닥에 떨어트렸을 경우에는 다시 처음부터 한다. 리더의 '스톱'이라는 신호에 따라 패스를 중단하고 볼을 캡틴에게 돌려준다. 캡틴은 볼을 갖고 득점판으로 달려가 그 회의 패스 횟수를 써넣고 다시 원까지 돌아와 또 패스를 시작한다. 이상과 같은 요령으로 5회전을 계속하여 패스 득점으로 순위를 정한다.

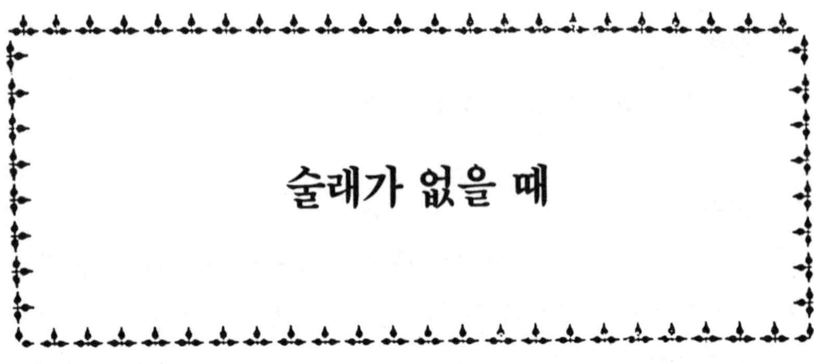

술래가 없을 때

□인원

10～50명.

□대형

하나의 원. 전원 중심을 향한다.

□준비

볼 1개.

□방법

게임을 실시하기 전에 미리 술래 한 명을 정하고 술래는 원 중앙에 위치한다. 리더의 신호로 원의 사람들은 볼을 오른쪽 또는 왼쪽으로 패스한다. 그때 술래는 볼을 잡으려고 뛰어다니는 것이다. 단, 술래 가까이까지 패스된 볼은 반대로 보내져도 좋다.

술래가 볼을 잡을 때까지 게임을 계속하고, 패스한 볼을 술래에게 잡힌 사람이 대신 술래가 된다.

제2장

그룹 대형으로 할 수 있는 재미있는 게임

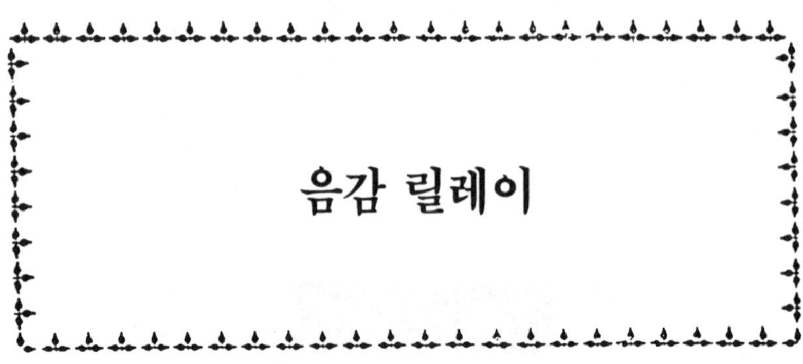

음감 릴레이

□인원

팀 5~20명, 2팀으로 나눠서 실시한다.

□대형

각 팀 모두 세로로 2열.

□준비

악기(2종류), 손수건.

□방법

각 팀 모두 2인 1조가 되어 선두의 2사람 중 1사람은 악기를 들고 또 1사람은 눈가리개를 하고 스타트 라인에 선다. 우선 심판(리더)의 신호로 각 팀의 선두 조부터 1사람이 악기를 울려 눈가리개를 한 상대를 리드해서 전진하며 표식을 돈 후 돌아와서 다음 조에 릴레이한다. 이하 마찬가지로 계속해서 악기와 눈가리개를 바톤 대신에 릴레이해 가서 가장 빨리 끝난 팀이 우승이 된다.

더욱이 인원수가 많은 경우는 여러 팀으로 나눠도 좋을 것이다. 그 경우는 각각 다른 악기를 팀의 수만큼 준비한다.

이젠 걱정 안해도 된다

천하의 바람둥이가 드디어 세상을 떠났다. 지체없이 친구들이 모여들어 남편의 죽음을 슬퍼하고 있는 미망인에게 여러 가지로 위로의 말을 건네었다. 그러자 미망인도 슬픔의 눈물을 거두며,

"네, 그래요. 당신들 말씀이 모두 옳아요. 그이가 죽어서 슬프지만, 그래도 이제부터는 적어도 그이가 밤에 어디 있다는 것은 알 수 있으니까요."

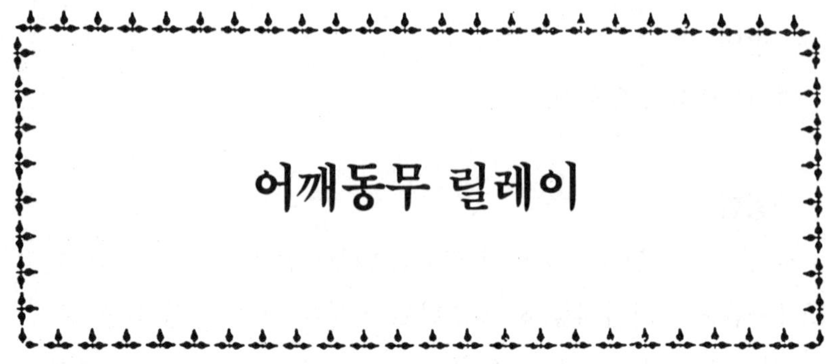

어깨동무 릴레이

□인원

1팀 10명 이상, 여러 팀으로 나눠서 실시한다.

□대형

각 팀 모두 세로로 2열.

□준비

종이 테이프.

□방법

이것도 인원수에 따라 여러 팀으로 나눌 수 있다. 2인 1조가 되어 안쪽 발을 종이 테이프로 묶는다. '준비, 땅'하면 각 팀 선두 조부터 스타트하여 목표를 돌아온다. 계속해서 릴레이하여 일찍 끝난 팀의 승리. 발을 묶고 있는 테이프는 끊어지기 쉬우므로 신중하게 움직이도록 한다.

만일 중간에 테이프가 끊어졌을 경우에는 다시 스타트 라인으로 돌아가 새 테이프로 묶고 게임을 계속한다.

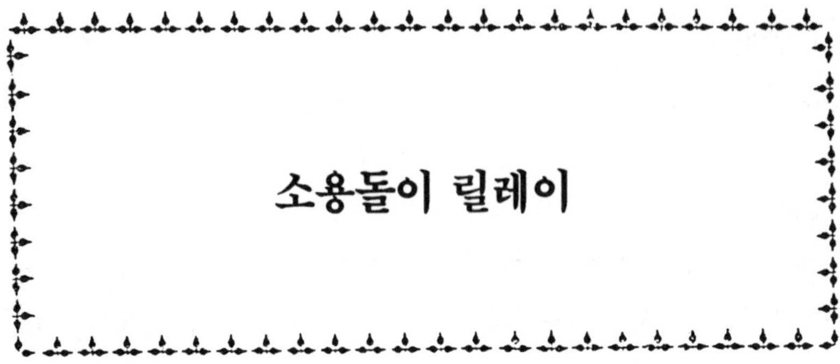

소용돌이 릴레이

□인원

1팀 30명 정도, 2팀이 실시한다.

□대형

각 팀 모두 종으로 3열.

▲서둘지 말고 장해 지점을 천천히 돌자.

□준비

2m 정도 길이의 나무 2개.

□방법

표시까지 약 20m. 그 사이 3개 장해물을 만든다. 우선 선두 조부터 3인 1조로 나무를 잡고 리더의 신호에 따라 스타트하여 3개의 장해물을 지나 표시를 돌아 다음 조에게 나무를 릴레이하는 게임이다. 나무가 바톤 대신이다. 그리고 끝까지 제일 일찍 달린 팀이 승리이다.

사람수에 따라서는 여러 팀으로 나누어도 좋을 것이다. 팀과 팀의 간격을 충분히 잡아 부딪치지 않도록 주의한다.

가짜

"아내는 자동차를 원했지만, 대신 다이아몬드 목걸이를 사주기로 했지."

하고 한 신사가 말하였다.

"그렇지만, 그게 오히려 비싸게 먹히잖나?"

"물론 그렇겠지. 하지만 자동차는 가짜라는 게 없는 걸 어떡하나?"

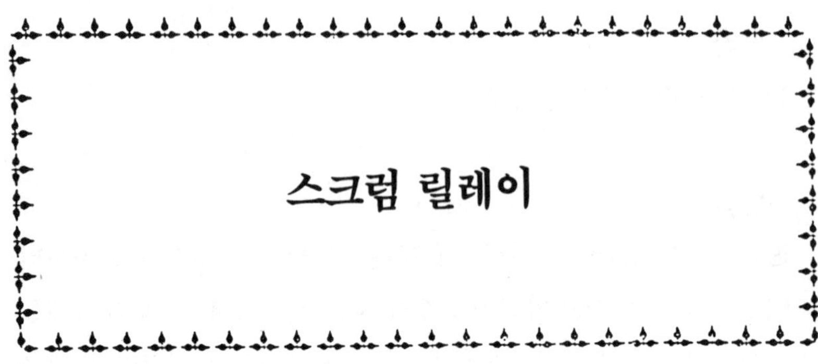

스크럼 릴레이

□인원

1팀 20~100명, 여러 팀이 실시한다.

□대형

각 팀 모두 4인 1조가 되어 등으로 스크럼을 짠다.

□방법

참가 인원에 따라 여러 팀이 할 수 있다. 우선 스타트 라인 10~15m 정도 전방에 반환점을 잡는다. 각 팀 선두 조부터 스타트하여 4명 중 2명이 뒤로 돈 자세로 반환 지점으로 서둘러 간다. 그리고 반환점을 돌아 스타트 라인으로 돌아와 다음 조와 릴레이한다. 순서대로 이것을 반복한다. 단 스크럼이 도중에 흩어졌을 경우에는 스타트 라인까지 돌아가 다시 스크럼을 짜 게임을 계속한다. 스크럼이 흐트러지지 않고 빨리 끝난 팀이 승리하게 된다.

핑퐁 레이스

□인원

1팀 10명 정도, 여러 팀이 실시한다.

□대형

각 팀 모두 종으로 1열로 선다.

□준비

탁구공, 부채를 팀 수만큼.

□방법

10명 정도를 1팀으로 해서 참가자를 여러 팀으로 나누어 릴레이로 실시한다. 우선 스타트 라인을 정하고 적당한 거리의 장소에 반환점 의자 등을 두고 탁구공을 부채로 부치면서 반환점을 돌아온다.

빨리 끝낸 팀이 승리이다. 또 부채로 부치면서 공을 전진시키는 것이므로 부채를 직접 공에 대는 것은 실격이다.

평생에 한 번?

삼영 군이 결혼식 전날 밤에 공중목욕탕으로 목욕을 하러 갔다. 입구의 계산대에 앉은 여자 아이가,

"한 십 분 쯤 기다려 주세요, 지금 만원이니까요."

"아이구, 나하고 같은 날에 결혼하는 놈들이 이렇게 많을 줄은 몰랐는 걸!"

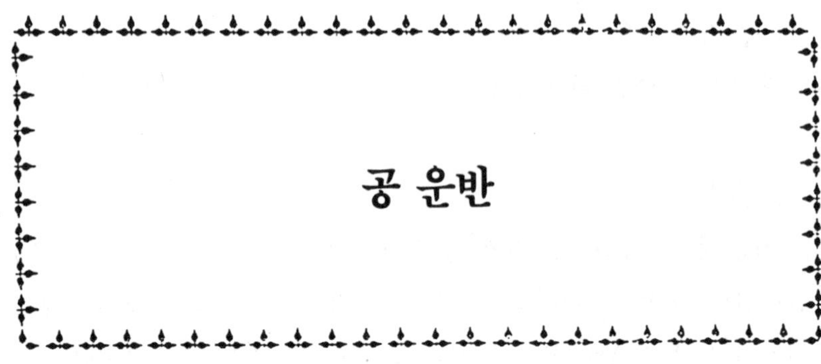

공 운반

□인원

1팀 10~50명, 여러 팀이 실시한다.

▲로프를 볼에서 떼어서는 안된다.

□**대형**

각 팀 모두 종으로 2열.

□**준비**

공 1개, 2m 정도의 로프를 팀 수만큼.

□**방법**

2인 1조로 각각 로프 양끝을 잡는다. 그리고 볼을 로프로 당기듯 운반하여 반환점을 돌아 스타트 라인으로 돌아가 다음 조와 릴레이한다.

일찍 끝난 팀이 승리. 또 로프가 너무 가늘면 운반이 잘 되지 않으므로 조금 굵은 것을 준비한다.

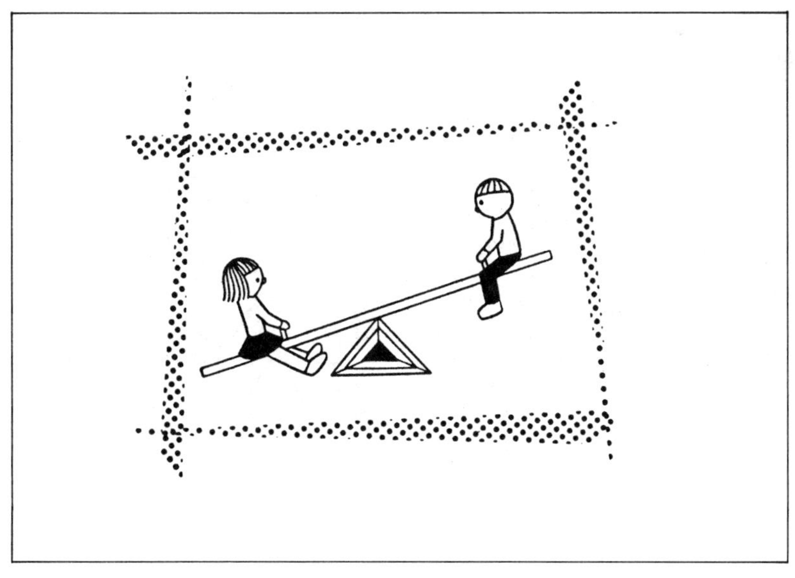

신중하게 주전자 릴레이

□인원

1팀 20~100명, 여러 팀이 실시한다.

□대형

각 팀 모두 종으로 4열로 선다.

□준비

신문지, 주전자를 팀 수만큼.

□방법

이 게임도 여러 사람이 여러 팀으로 나누어 실시한다. 우선 각 팀마다 4인 1조로 선두 조부터 스타트 라인에 서서 4명이서 신문지 네 귀퉁이를 잡고 그 위에 주전자를 얹고 달린다. 그리고 전방 반환점을 돌아 스타트 라인으로 돌아와 다음 조와 릴레이한다. 순서대로 이것을 실시하여 빨리 끝낸 팀이 승리이다.

4명이 호흡을 맞추지 않으면 신문지가 찢어지거나 주전자가 떨어져 버린다. 신문지가 찢어지면 그 팀은 실격으로 간주하고 주전자를 떨어뜨린 조는 그 자리에서 스타트 라인으로 되돌아가 다시 게임을 계속한다.

발 들고 릴레이

□인원

1팀 20명, 2팀이 실시한다.

□대형

각 팀 모두 종으로 2열, 릴레이 형식으로 늘어선다.

□방법

각 팀 모두 2인 1조로 경쟁한다. 우선 미리 스타트 라인과 전방 10m 정도 되는 곳에 반환점을 정한다.

각 팀 선두 2명이 종으로 나란히 스타트 라인에 서 앞 사람은 왼발을 뒤로 내민다. 뒷 사람은 오른발을 앞으로 내밀어 서로 상대의 발을 손으로 잡는다. 리더의 '준비, 땅'하는 신호에 맞추어 레이스가 시작되는데 방식은 그 자세로 반환점을 돌아 다음 조와 손으로 터치하여 릴레이한다.

빨리 마지막 조까지 끝낸 팀이 승리이다. 또 한쪽 발로 뛰어 전진해 무척 피로하므로 반환점에서 앞뒤를 바꾸도록 해도 좋을 것이다.

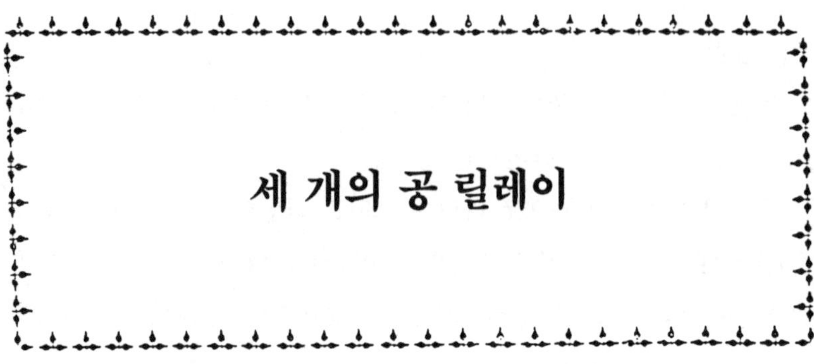

세 개의 공 릴레이

□인원

1팀 20~50명, 여러 팀이 실시한다.

□대형

각 팀 모두 종으로 2열로 선다.

▲너무 신중해도 볼을 옮길 수 없다.

□준비

각 팀에 공 3개씩.

□방법

각 팀 모두 2인 1조로 선두부터 각각 두 손을 사용하여 3개의 공을 옆으로 들고 '준비, 땅'하는 신호에 따라 일제히 앞으로 전진한다. 볼을 도중에 떨어트렸을 경우에는 볼을 주워 다시 그 자리에서 출발한다.

큰 볼 2개와 작은 볼 1개(예를 들면 발리볼과 소프트볼)로 실시하면 게임은 더욱 재미있어진다. 또 변형으로 1조가 반환점에 볼을 두고 그대로 돌아와 다음 조가 그 볼을 갖고 돌아오도록 하면 게임의 스피드감을 살릴 수 있다.

작은 차이

"어떠신가요, 부인, 신혼 초의 감상은? 결혼 전과 결혼 후의 소감을 좀 말씀해 주시죠. 뭐 특별히 다른 점이라도 있나요?"

"네, 별로 대단한 차이는 아닙니다만, 작은 차이가 있지요. 다만 결혼 전에는 그이가 한밤 중이 되어도 돌아갈 생각을 않고 꾸물거리고 있어서 아주 지리했는데, 이젠 오밤중이 되어도 집으로 돌아오지 않아서 지리할 뿐이예요."

순발력 테스트

□인원

몇 사람이라도 좋다.

□대형

자유.

□방법

이것은 게임이라기 보다 혼자서 할 수 있는 트레이닝이다. 이 테스트를 실시하기 전에 충분히 다리나 허리의 유연 체조를 하도록 한다.

우선 경기자는 각각의 위치에서 정좌를 하고 자세를 바르게 한다. 리더의 호령으로 전원 일제히 발의 탄력을 이용하여 단숨에 전신을 튀어 오르게 하고 두 발로 착지하도록 한다.

이상을 10회 정도 반복한다. 끝난 뒤에도 발목, 허리 등의 근육을 잘 풀어 주도록 하자. 이 트레이닝은 유연체조 뒤 서키트 트레이닝으로써 실시해도 좋을 것이다.

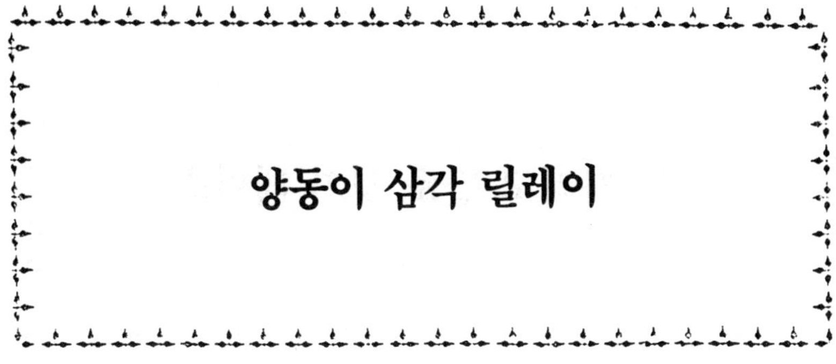

양동이 삼각 릴레이

□인원

1팀 10~20명, 여러 팀으로 실시한다.

□대형

각 팀 모두 2열 종대로 선다.

□준비

양동이를 팀 수만큼.

□방법

각 팀 모두 2인 1조로 양동이 속에 발을 한쪽씩 넣고 심판의 '준비, 땅'하는 신호에 맞추어 일제히 앞으로 전진한다. 그 뒤는 보통 2인 3각과 같다.

물론 양동이를 쓰러트리거나 망가트리지 않도록 주의하여 양동이를 릴레이시켜 마지막 조가 일찍 골인한 팀이 승리하게 된다.

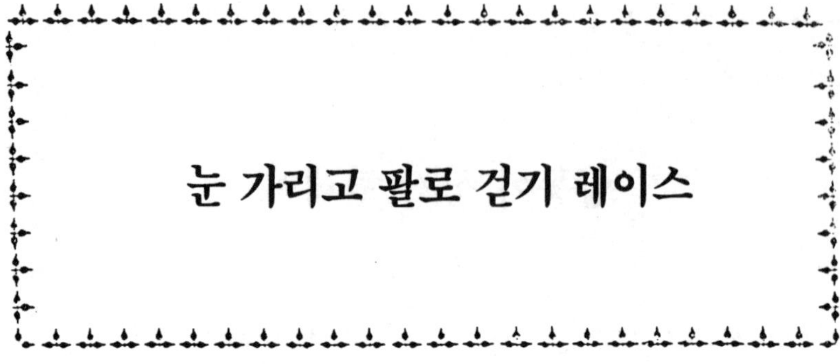

눈 가리고 팔로 걷기 레이스

□인원

1팀 20명, 여러 팀이 실시한다.

□대형

각 팀 모두 2열 종대로 선다.

□**준비**

각 팀에 수건.

□**방법**

각 팀 모두 2인 1조로 경쟁하는 게임이다. 각 팀의 선두부터 1명은 수건으로 눈을 가리고 두 손을 바닥에 댄다. 다른 1명은 눈을 가린 사람의 두 발을 잡는다. 준비가 되었으면 스타트 라인에 위치한다. '준비, 땅' 신호에 맞추어 각조 일제히 스타트, 전방 반환점을 돌아온다. 그리고 다음 조와 터치하고 수건을 릴레이하고 순서대로 이것을 반복한다.

마지막 조가 빨리 골인한 팀이 승리. 또 발을 잡고 있는 사람이 너무 서둘면 팔로 걷는 사람이 매우 위험하다. 그러므로 반환점까지의 거리는 조금 멀게 하고 천천히 전진하도록 한다.

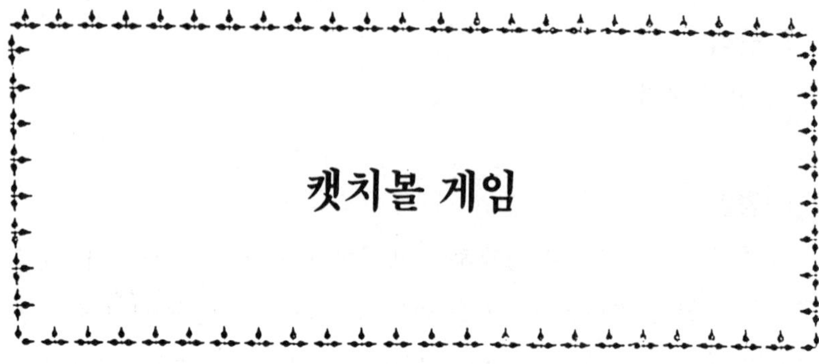

캣치볼 게임

□인원

1팀 10명 정도, 여러 팀이 실시한다.

□대형

각 팀 모두 종으로 1열로 선다.

□준비

소프트볼을 각 팀 수만큼.

□방법

인원이 많을 경우에는 여러 팀으로 나눈다. 각 팀의 선수는 '준비, 땅'하는 신호로 5~10m 정도 전방에 놓여 있는 볼 위치까지 달려가 자신 팀과 마주본다.

이 사람이 투수가 되어 각 팀 다른 멤버와 캣치볼을 실시한다. 우선 첫 번째 사람에게 볼을 던지고 그것을 받은 첫 번째 사람은 곧 투수에게 다시 던지고 제자리에 앉는다. 투수는 다음에 두 번째 사람에게 던지고 두 번째 사람은 다시 되던진 뒤 곧 앉는다. 캣치볼을 계속하여 빨리 끝낸 팀이 승리.

코에 걸면 코걸이

"만약 당신이 화장하는데 그렇게 시간을 들이지 않았더라면 이번 기차를 놓치지 않았을텐데."

"그렇군요. 하지만 당신이 그렇게 서두르지 않았더라면 다음 기차를 이렇게나 기다리지 않아도 되었을텐데요."

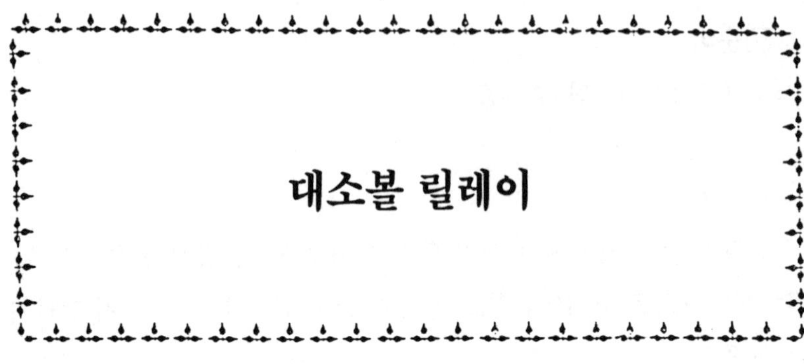

대소볼 릴레이

□인원

1팀 7~8명, 여러 팀이 실시한다.

□대형

각 팀 모두 종으로 1열로 선다.

□준비

농구공과 테니스공, 빈깡통, 의자를 팀 수만큼.

□방법

각 팀의 스타트 라인 전방 10m 정도되는 위치에 의자 위에 빈깡통을 얹어 반환점으로 삼는다. '준비, 땅'하는 신호에 따라 각 팀의 선두는 테니스공을 왼손에 들고 농구공으로 드리블하면서 전진, 빈 깡통 위에 테니스공을 얹고 돌아온다. 그리고 다음 사람에게 볼을 릴레이한다. 두 번째 주자는 마찬가지로 드리블 전진하여 빈 깡통 위에 있는 테니스공을 갖고 온다.

순서대로 반복하여 마지막 사람까지 빨리 끝낸 팀이 승리. 또 좁은 장소일 때는 각 팀의 열 뒤를 돌아 볼을 다음 사람에게 릴레이하도록 한다.

병 굴리기 릴레이

□인원

1팀 10명 정도, 여러 팀이 실시한다.

□대형

각 팀 모두 종으로 1열로 선다.

□준비

빈 맥주병, 1m 정도 되는 막대를 팀 수만큼.

□방법

참가자가 많을 경우에는 팀을 여럿으로 나누어 실시한다.

우선 각 팀의 전방 10m 정도 지점에 반환점을 둔다. 스타트 라인에 각 팀 선두가 서서 발목에 병을 뉘워 놓는다. 리더의 신호로 선두는 막대로 병을 굴려 반환점을 돌아와 다음 사람에게 릴레이한다.

순서대로 이것을 반복한다. 마지막 사람까지 빨리 끝낸 팀이 승리. 이 게임은 쉬운 것 같지만 실제로 해 보면 의외로 어렵다.

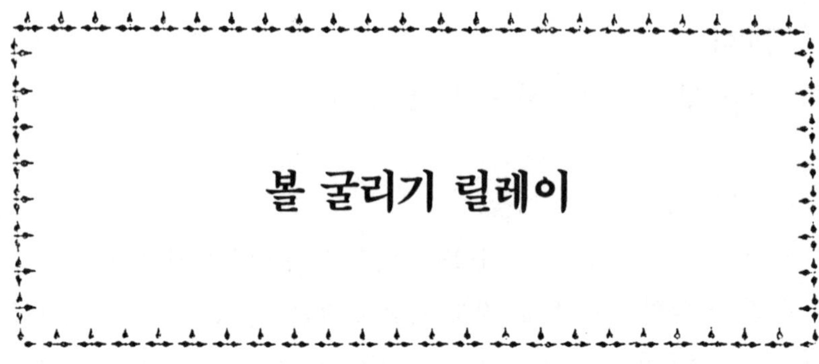

볼 굴리기 릴레이

□인원

1팀 7, 8명. 여러 팀이 실시한다.

□대형

각 팀 종으로 1열, 릴레이 형식으로 늘어선다.

□준비

발리볼, 젓가락을 팀 수만큼.

□방법

우선 스타트 라인과 반환점을 정하고 각 팀 첫 번째 주자는 각각 스타트 라인에 볼을 놓고 젓가락을 좌우에 하나씩 든다. 리더의 신호에 따라 레이스를 시작하는데, 방식은 젓가락 2개로 볼을 굴려 전방 반환점을 돌아 다음 사람에게 릴레이해 간다. 마지막 사람까지 빨리 끝낸 팀이 승리.

규칙으로써는 젓가락만으로 볼을 굴려야 하며 손을 사용해서는 안된다는 것. 볼은 굴러가기 쉬워 미스가 계속됨으로 재미있게 놀 수 있다.

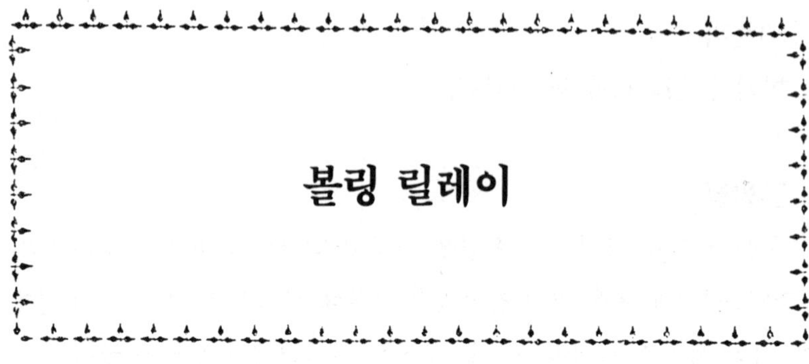

볼링 릴레이

□인원

1팀 7명 정도, 2팀 이상일 때 실시한다.

□대형

각 팀 모두 종으로 1열, 릴레이 대형으로 선다.

□준비

발리볼, 빈 깡통을 팀 수만큼.

□방법

우선 각 팀의 전방 10~15m 정도 되는 곳에 빈 깡통을 세워 놓고 파울 라인을 긋는다. 리더의 신호에 따라 각 팀의 첫 번째 선수는 한 손 또는 두 손으로 볼을 들고 전방 빈 깡통을 겨냥하여 볼을 굴린다. 선수가 1구로 깡통을 쓰러트리지 못했을 때는 볼을 주워 파울 라인 위치에 놓고 다시 굴린다.

2구에서 쓰러뜨렸을 때는 쓰러진 빈 깡통을 바로 세우고 볼을 갖고 돌아와 다음 선수에게 릴레이한다. 이것을 반복하여 전원이 빨리 끝낸 팀이 승리.

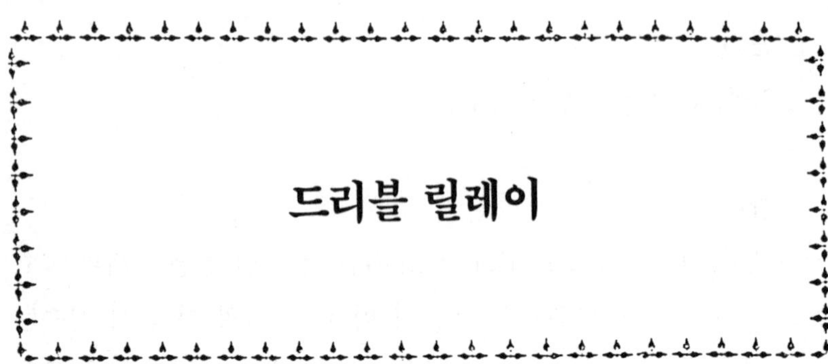

드리블 릴레이

이 게임은 참가자의 리듬감과 운동신경 향상을 목적으로 한 게임이므로 승패에는 너무 얽매이지 않는 편이 좋을 것이다. 이하 볼을 이용하는 드리블 게임을 몇 가지 들어보겠다.

▶ 스킵 드리블

□인원

몇 사람이라도 좋다.

□대형

각 팀 모두 종으로 1열, 릴레이 형식으로 선다.

□준비

농구공을 팀 수만큼.

□방법

각 팀 모두 반환점까지 약 10m. 선두는 스타트 라인에서 드리블을 하면서 스킵으로 앞으로 전진, 반환점을 돌아 다른 사람에게 볼을 릴레이한다. 이것을 계속해서 실시. 오른발 스킵일 때는 왼손으로 볼을 드리블한다.

▶무릎에서의 드리블

□인원

몇 사람이라도 좋다.

□대형

각 팀 모두 종으로 1열, 릴레이 형식으로 선다.

□준비

농구공을 팀 수만큼.

□**방법**

인원에 따라 여러 팀으로 나눈다. 이 게임도 마찬가지로 전방 10 m 정도 떨어진 곳에 반환점을 세우고 그 반환점을 돌아 볼을 릴레이한다. 그 방식은 우선 볼을 손으로 드리블하면서 앞으로 전진, 두 번째 드리블을 조금 강하게 하여 볼을 높이 올리고 세 번째에 떨어지는 볼을 무릎에서 위로 쳐올리고 다음에 손으로 드리블을 2회 실시한다. 이 동작을 반복하여 앞으로 전진한다. 단, 볼을 도중에 놓치거나 먼곳으로 굴러 가면 다시 그곳에서부터 스타트한다.

▶두 발 뛰기 드리블

□**인원**

몇 사람이라도 좋다.

□**대형**

각 팀 모두 종으로 1열, 릴레이 형식으로 선다.

□**준비**

농구공.

□**방법**

마찬가지로 게임 준비를 하고 방식도 거의 비슷하다. 단, 동작은 드리블을 계속하면서 두 발로 동시에 점프하여 앞으로 전진한다. 또 몸을 좌우로 움직이면서 앞으로 전진하면 게임은 더욱 어려워지면서도 재미있다.

어떤 도둑

한 농부가 밤이 이슥한데 마을로 돌아가기 위하여 산길을 지나가려는데 갑자기 도둑이 나타나서 권총을 들이대었다. 농부는 체념을 하고는 순순히 돈지갑을 내어주고는 그 도둑에게 사정하였다.

"이봐요, 강도 양반! 사실 이 돈은 회사의 공금인데 만약 내가 이대로 돌아간다면 모두들 내가 길거리에서 술이나 퍼마시고 공금을 다 써버린 줄 알터이니, 미안하지만 댁의 그 권총으로 내 외투를 좀 쏴줄 수는 없겠소? 외투에 총알구멍이 나 있으면 모두들 내가 강도를 만난 줄 알고 나를 용서해 줄 거요."

농부는 이렇게 말하면서 외투를 벗어서 강도에게 건네어 주었다. 강도는 그거야 쉬운 일이라는 듯이 외투를 받아들고는 권총을 겨누고 연달아 서너방을 쏘아대었다.

"한 방 더요."

"아냐, 이젠 총알이 없어."

그 말을 듣자 농부는 들도 있던 지팡이로 강도를 때려 눕혔다. 그리고는 돈지갑을 찾아들고 유유히 돌아갔다.

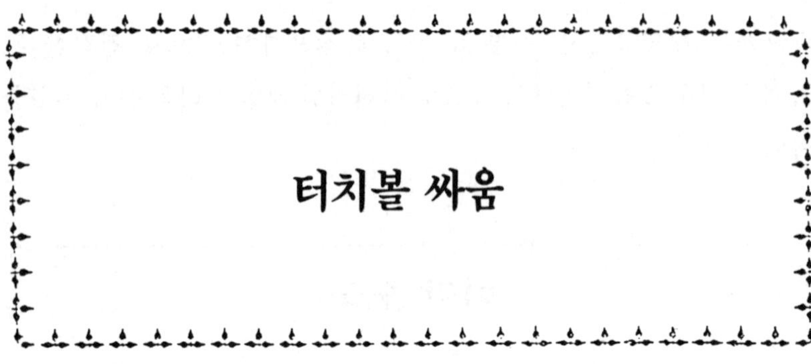

터치볼 싸움

□인원

1팀 10~20명. 2팀이 실시.

□대형

각 팀 모두 옆으로 1열, 약 10m 간격을 두고 마주본다.

□준비

볼 1개.

□방법

양 팀 스타트 라인 사이 중앙에 직경 30㎝ 정도의 작은 원을 그리고 볼을 둔다. 그리고 각 팀 모두 오른쪽 끝에 있는 사람부터 번호를 붙인다. 게임은 리더가 번호를 불러 그것을 신호로 삼는다. 불리워진 사람은 달려가 중앙에 있는 볼을 집어 자신(팀)으로 가지고 온다. 볼을 놓친 사람은 그 뒤를 쫓아가 볼을 잡은 사람을 터치한다. 득점으로써는 볼을 갖고 돌아온 팀에게 2점. 그 몸을 터치한 사람에게는 볼을 잡지 못했어도 1점을 준다. 여러 번 하여 득점이 많은 팀이 승리.

테이프 열차 경쟁

□인원

2팀으로 나눈다. 참가자는 많을수록 좋을 것이다.

□대형

각 팀 모두 종대로 선다.

□준비

종이 테이프, 테이프.

□방법

우선 전원을 2팀으로 나눈다. 가능하면 청백으로 나눈다. 각 팀 모두 종이 테이프로 원을 만들어(그 속에 팀 멤버 전원이 들어갈 수 있도록) 양끝을 테이프로 붙인다. 이렇게 해서 종이 테이프 열차가 만들어지면 스타트 라인에 서서 리더의 신호를 기다린다.

'준비, 땅' 하는 신호에 따라 출발하고 전방 반환점을 돌아온다. 빨리 돌아온 팀이 승리이다. 단, 테이프를 손으로 들고 있으면 안된다. 또 테이프가 끊어졌을 경우에는 그 자리에서 수리한 뒤 다시 전진하도록 한다. 이 게임도 팀의 호흡이 잘 맞지 않으면 이길 수 없다. 테이프가 없을 경우에는 묶도록 한다.

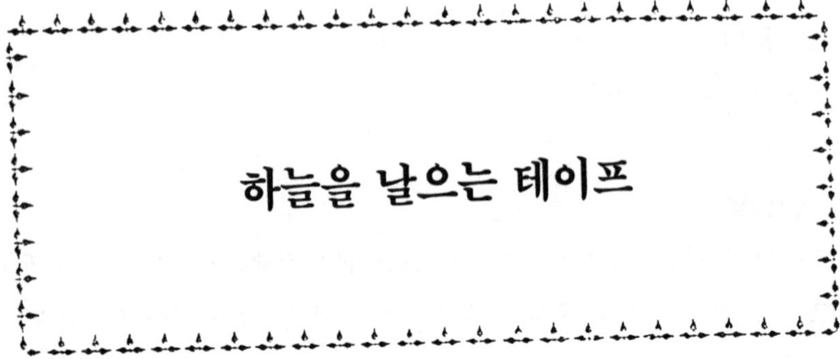

하늘을 날으는 테이프

□인원

몇 사람이라도 좋다.

□대형

자유.

□준비

테이프, 고무줄.

□방법

이 게임은 달리는 것을 특기로 하는 사람에게 특히 좋은 놀이이다. 스타트 라인과 골 라인을 긋고 그 사이는 10~20m로 한다(게임을 하는 대상에 따라 거리를 줄이거나 늘린다). 참가자 중 대표 선수를 몇 사람 뽑아 각각 같은 길이의 테이프를 머리에 고무줄로 고정시킨다. 선수는 스타트 라인에 서서 '준비, 땅'하는 신호에 맞추어 뛰어나가고 골에 들어오기까지 테이프가 지면에 닿지 않아야 성공. 점점 긴 테이프에 도전한다.

정확한 대가

첩살이하는 젊은 여자 둘이 만나서 신세타령을 하였다.

"그래, 어때, 이번 영감쟁인?"

"그게 글쎄 아주 미워 죽겠다니까. 지난 달에는 아무리 애걸복걸해도 반달치 밖엔 돈을 안주잖아. 내가 보름 가량 앓았더니 말야."

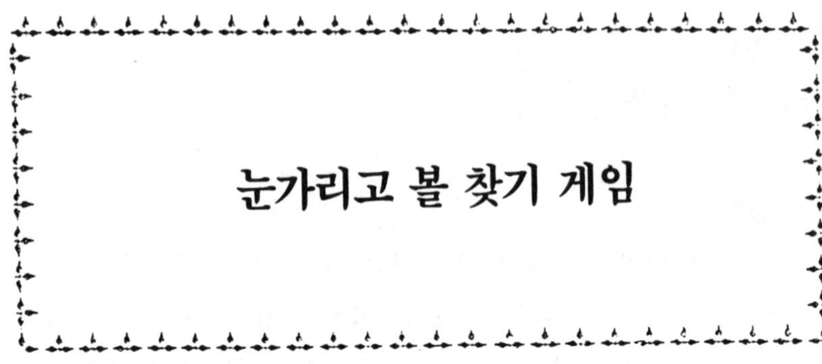

눈가리고 볼 찾기 게임

□인원

20~30명. 2팀이 실시한다.

□대형

2명의 대표 이외에는 2팀이 하나의 원을 만들고 앉는다. 넓은 장소에서 실시할 경우에는 자유.

▲넓은 잔디 위에서 펼쳐지는 '볼 찾기 게임'

□준비

발리볼 1개, 타올 2개.

□방법

직경 7~10미터 정도의 원을 2팀으로 조를 짜 중앙에 발리볼을 놓는다. 양팀의 대표 2명은 눈 가리개를 하고 원 안에 위치하고 각각의 팀 멤버의 지시(목소리만)에 따라 상대 팀 대표보다 빨리 볼을 잡은 쪽이 승리하게 된다. 게임은 리더의 '시작'이라는 신호로 스타트 한다.

스타트 때 눈가리개를 하고 그 자리에서 2~3회 돈 뒤 실시한다.

볼은 대표 두 명이 손을 더듬어 찾는데 볼을 찾으면 중앙으로 되돌려 놓는다. 또 이 게임은 원 뿐만이 아니라 1조씩 몇 회전 실시하며 2팀 대항 대형도 가능하다.

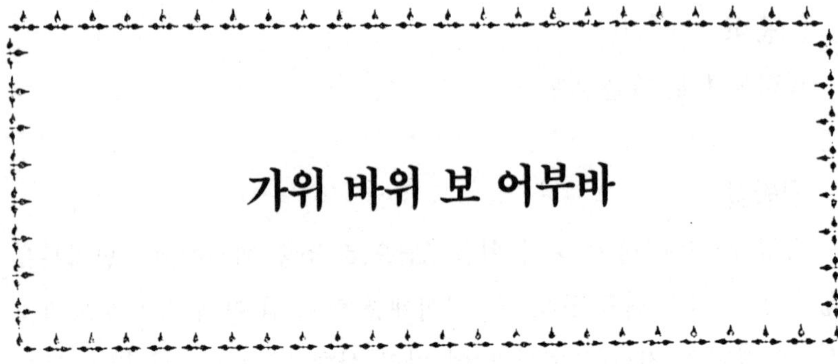

가위 바위 보 어부바

□인원

몇 명이라도.

□대형

2인 1조로 서로 마주본다.

□방법

2인 1조로 서로 마주 보고 가위 바위 보를 한다. 그리고 진 사람이 이긴 사람을 업고 걷는다. 미리 '가위'로 이기면 20보, '바위'로 이기면 '10보', 보로 이기면 '5보'라는 식으로 룰을 정한다. 그럼 리더의 신호로 시작하기 바란다.

참가자의 연령, 성별, 회장 등을 배려하여 적절한 룰을 이용하면 좋을 것이다. 또 목표 지점을 정해놓고 전진하는 방법도 있다.

제3장

여럿이서 함께 모여 즐길 수 있는 스포티게임

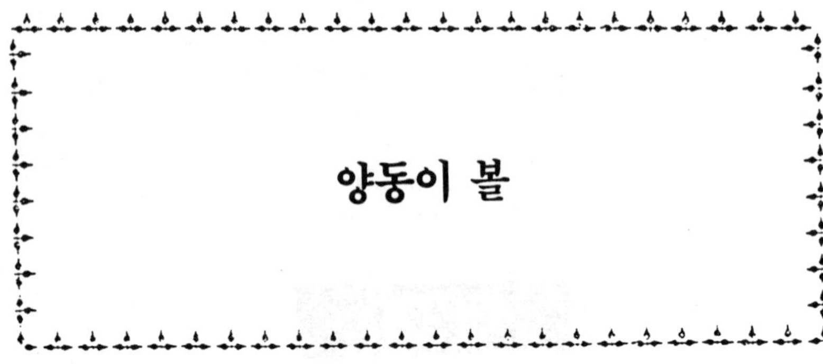

양동이 볼

□인원

1팀 6명. 2팀이 실시한다.

□준비

큰 양동이 2개, 농구공 1개.

□방법

농구용 코트를 사용하고 규칙도 농구 요령과 같은 것을 따른다. 단, 골은 자신편 중 한 사람이 들고 있는 양동이로 한다.

그때 양동이를 들고 있는 사람은 두 발은 움직일 수 없으나 자기편 숏을 잡기 위해 양동이를 자유로이 움직일 수 있다. 또 게임 시간은 참가자의 체력에 따라 다르지만 25분간 실시하고 7분쉬는 식으로 전후반을 치루면 될 것이다.

□참고

참가자의 연령이나 기술에 따라 규칙을 바꿔도 좋다. 예를 들면 드리블 없이 볼을 갖고 있으면 발은 움직이지 못하고 그 자리에서 패스한다 라는 식으로.

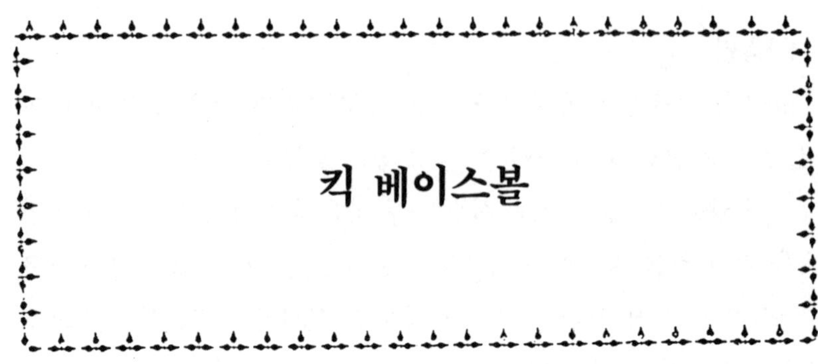

킥 베이스볼

□인원

1팀 7~13명, 2팀이 실시한다.

□준비

농구공(또는 축구공) 1개.

□방법

농구 코트를 사용한다. 없을 때는 15×26m의 코트를 준비하여 엔드 라인 양끝에 각각 홈베이스와 1루 베이스를 만든다.

우선 캡틴 게리 토스로 선공, 후공을 정하고 후공팀 멤버는 코트 안에 수비 자세를 갖춘다. 그때 골대 밑에 반드시 슈터 1명을 둔다.

공격하는 사람은 홈베이스 위치에서 볼을 킥(또는 스로우잉)하고 1루 베이스 사이를 왕복한다. 수비측은 그 볼을 잡아 골대 밑에 있는 슈터에게 패스한다. 골 밑에 있는 사람은 패스를 받아 골에 슛한다. 슛이 골인될 때까지 반복한다.

그리고 공격측 킥커가 홈베이스로 돌아올 때까지 슛이 골인되지 않으면 득점이 된다. 슈터는 킥커가 바뀔 때마다 교대한다. 게임은

킥커 및 슈터가 일순되면 공수를 교대한다.

승부는 공수가 다 끝났을 때 득점이 많은 팀의 승리가 되는데 1회전으로 끝내지 말고 2, 3회전 해도 좋을 것이다.

□참고

게임 초기에 미리 홈베이스를 끼고 2열로 서서 인사를 하고 서로 자신 앞에 위치하고 있는 상대와 악수한다. 그리고 악수한 상대가 킥할 때 슈터가 된다.

연령이나 능력에 따라 수비측 사람은 공을 잡은 위치에서 움직이지 말고 볼을 굴려 패스하거나 스로우잉을 해도 좋을 것이다.

베이스 간격도 참가자의 연령이나 능력에 따라 정하기 바란다.

떳떳한 양심

"난 담배도 안피우고, 술도 안 마시고, 주인 어른도 배신한 적이 없어요."

"거참 훌륭하시군. 나쁜 짓은 전무(全無)로군요."

"네, 하지만 전 거짓말을 조금 해요."

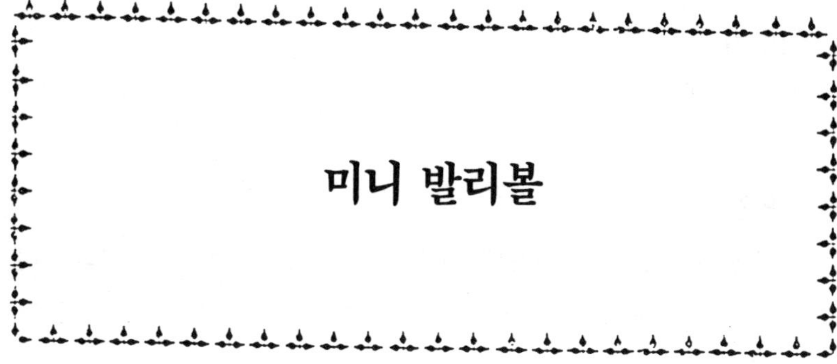

미니 발리볼

□인원

2명 이상, 몇 명이라도.

□대형

2인 경기자는 각각 코트에 들어가 마주선다.

□준비

발리볼, 네트, 볼.

□방법

발리볼 코트를 사용하는데 코트 안에 네트를 끼우고 9㎡의 작은 코트를 2개 만든다. 2명의 경기자는 각각 코트에 들어가 볼을 네트로 넘겨 패스한다.

서브는 1개 교대제로 하고 두 손으로 허리 위치보다 낮은 곳에서 상대 코트로 넣는다. 상대 코트에 서브가 들어가면 그 볼을 1회의 패스로 상대 코트로 넘긴다. 빨리 11점(몇 점으로 해도 좋다)의 득점을 올리는 사람이 승리.

또 규칙은 발리볼에 준하지만 연령이나 능력에 따라 더 간단하게 해도 좋다.

3인 슛 경기

□인원

1팀 3명, 2팀이 실시한다.

□대형

각 팀 모두 각각의 바스켓을 향해 반원으로 선다.

□준비

각 팀에게 바스켓볼.

□방법

양 팀 모두 각각 링 밑에 3명이 위치하고 1명이 볼을 잡는다. 리더의 '시작'이라는 신호로 일제히 슛을 반복해 서로 협력하여 일정 시간 내에 가능한 많은 득점을 하려는 게임이다. 단, 슛은 3명이 순서대로 해야 한다. 원골은 2점으로 하고, 서로 번갈아 하지 않았을 경우에는 득점으로 간주하지 않는다. 1회의 시간을 2, 3분으로 하고 규정 횟수를 실시하여 득점이 많은 팀이 승리.

각 팀마다 심판, 시간 보는 사람, 득점 기록하는 사람이 필요하다.

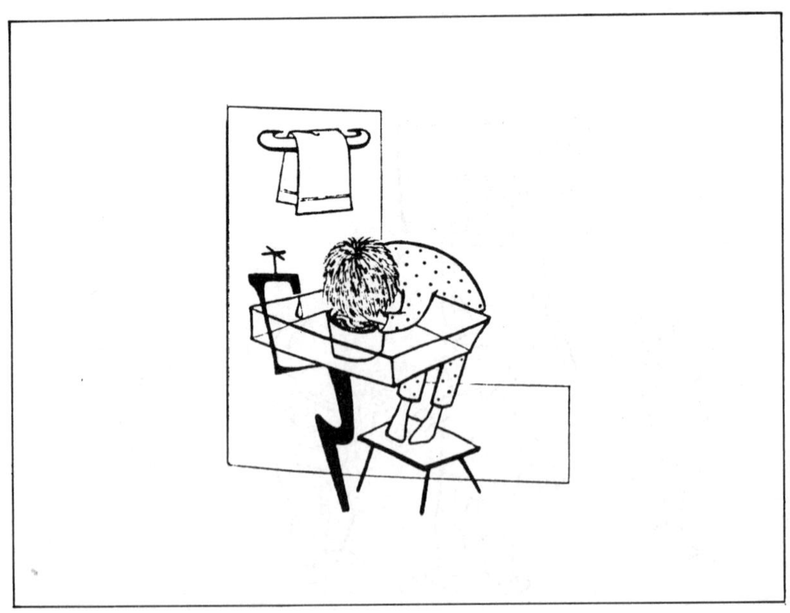

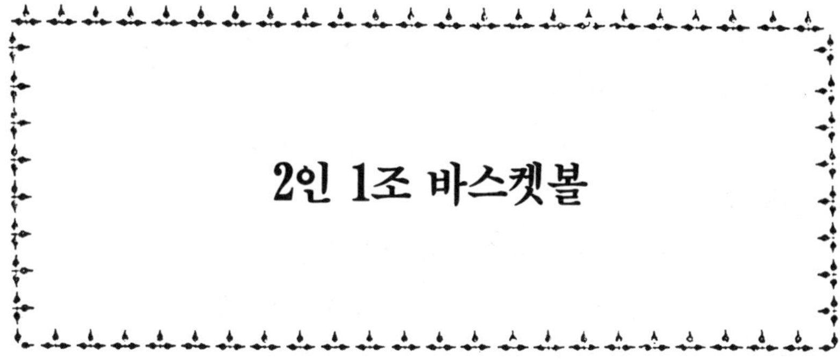

2인 1조 바스켓볼

□인원

2인 1조, 2팀이 실시한다.

□대형

양 팀 모두 한 명씩 각각 바스켓 밑에 위치한다.

□준비

각 팀에 바스켓볼.

□방법

이 게임은 바스켓볼을 사용하여 실시한다.

양 팀 경기자는 2명씩 조를 지어 좌우 코트 바스켓 밑에 1명씩 위치한다. 양 팀 모두 1명이 볼을 갖고 있다.

리더의 신호로 볼을 갖고 있는 사람이 슛을 골인할 때까지 반복한다. 슛이 들어가면 그 볼을 상대쪽 코트에 있는 팀 메이트에게 던지거나 굴려 패스한다. 패스를 받은 사람도 마찬가지로 골인될 때까지 슛을 반복한다. 3분간에 2인이 넣은 것을 합해 득점(1골 2점)이 많은 팀이 승리.

줄 지어 달리기

□인원

2팀으로 나눈다. 많을수록 좋다.

□대형

각 팀은 1열로 서서 마주본다.

□준비

의자 4개(없으면 표시가 될 만한 것이라면 무엇이라도 좋다).

□방법

1주 50m 정도의 코트를 만들어 네 귀퉁이에 의자를 놓는다. 각 팀은 스타트 라인을 정하고 양 팀 멤버는 전원 다리를 벌려 자신의 가랑이 사이로 손을 넣는다(앞으로 구부러진 자세가 된다). 그리고 왼손으로 자신 앞 사람의 오른손과 악수한다.

리더의 신호에 따라 스타트하여 일정 거리를 줄을 끊어뜨리지 않고 빨리 달려갔다 오는 팀이 승리하게 된다. 1주 또는 2주하여 맨 끝에 있는 사람이 스타트 라인에 빨리 들어오는 팀을 승리로 간주해도 좋을 것이다. 열을 만들고 있는 경기자는 서로 호흡을 맞추어 실시하도록 한다.

다리의 근육은 강한가

□인원

2명 이상, 짝수라면 제한 없음.

□대형

자유.

□**방법**

전원 2인 1조로 서로 마주보고 각각 두 손을 잡는다. 서로 자신의 왼발을 상대방에게 닿지 않도록 앞으로 내밀고, 다음에 왼발이 바닥에 닿지 않도록 자세를 유지하면서 오른쪽 무릎을 구부린다. 1, 2, 3, 4하는 리더의 구령에 맞추면서 천천히 구부려 엉덩이가 오른발에 닿을 정도까지 구부려간다.

충분히 구부렸으면 이번에는 왼발을 바닥에 닿지 않도록 하여 오른쪽 무릎을 펴면서 일어난다. 같은 동작을 몇 번인가 반복하여 실시하도록 한다. 어느 조가 가장 많이 했는가?

이 트레이닝은 상당히 힘이 드므로 10분 정도 쉰 뒤 이번에는 왼쪽, 오른쪽 다리를 바꾸어 마찬가지로 트레이닝하도록 한다.

그럼, 다리 근육을 충분히 단련하기 바란다.

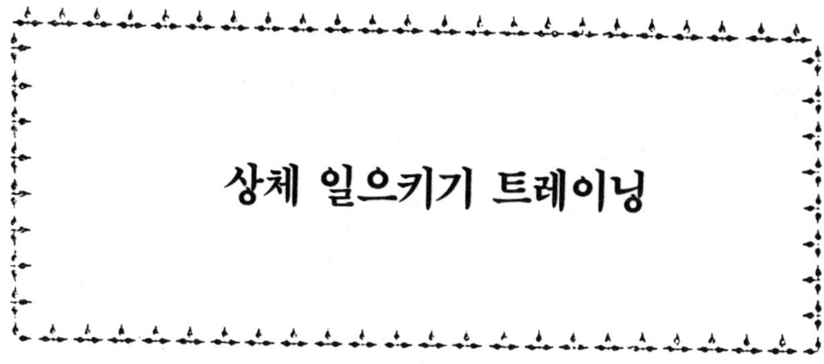

상체 일으키기 트레이닝

□인원

2명 이상, 짝수라면 몇 사람이라도 실시할 수 있다.

□대형

자유.

□**방법**

2인 1조로 그 중 1명은 누워 손가락을 깍지 껴 후두부 밑에 넣고, 두 다리는 무릎이 직각이 되도록 세운다.

파트너는 세운 무릎 앞에 정좌하고 두 손으로 누워 있는 사람의 발목을 잡는다. 리더의 구령으로 누워 있던 사람은 상체를 일으켜 두 팔꿈치를 자신의 무릎에 댄다.

이 동작을 2초 동안에 1회 정도의 스피드로 반복한다. 5분 정도 한 다음 발목을 잡고 있는 사람과 교대한다. 동작은 같은 리듬으로 실시하도록 하며 빨라지거나 늦어지지 않도록. 이 트레이닝은 복근 단련과 체력 향상에 도움이 된다.

신세타령도 때에 따라

길거리에서 한 부인이 거지에게 말하고 있었다.

"하지만 당신의 신세타령은, 어제 나에게 이야기한 것과는 전혀 딴판이군요?"

"물론 입죠, 마님. 마님은 어제 이야기같은 걸 정말이라고 믿진 않으시죠?"

발목 잡고 보행

□인원

몇 사람이라도.

□대형

자유이지만 경주 형식으로 실시할 수도 있다.

□방법

각각의 위치에서 무릎을 편 채 상체를 앞으로 구부리고 오른손으로 오른쪽 발목을, 왼손으로 왼쪽 발목을 잡는다. 그 자세로 전진한다. 트레이닝의 경우는 유연체조의 하나로 받아 들여 실시해도 좋을 것이다.

또 경주 형식으로 실시할 경우에는 경쟁자를 몇 조로 나누어 미리 출발점과 결승점을 정해 놓고 속도를 겨뤄도 좋을 것이다. 물론 릴레이 경주로 할 수도 있다.

5단 뛰기 경기

□인원

1팀 5명, 여러 팀으로 실시한다.

□대형

각 팀의 간격을 충분히 잡고 종대로 선다.

□준비

백묵 2, 3개, 자.

□방법

각 팀의 선두자는 라인에 한 줄로 서서 리더의 신호에 따라 각자 제자리에서 두 발 넓이 뛰기를 한다. 마찬가지로 다섯 번째 사람까지 실시한다. 그리고 5명이 뛴 거리의 합계로 순위를 정한다.

각 팀에 심판이 필요하다. 심판은 뛰기가 끝나면 거리를 명확히 재고 다음 경기자가 정확하게 발을 위치시키는지 체크한다.

뛰어넘기 트레이닝

□인원

2명 이상, 짝수라면 인원에 제한 없음.

□대형

자유.

□방법

전원 2인 1조로 마주본다. 조가 만들어졌으면 각조 간격을 충분히 잡고 그 위치에서 각조 모두 1명이 웅크린다. 다른 1명은 그 바로 옆에 서서 리더의 구령에 맞추어 파트너를 계속해서 뛰어 넘는다.

뛰어넘는 사람이 지쳐 점프가 작아져 웅크리고 있는 사람 몸에 닿게 되면 동작을 중지하고 뛰어넘기를 교대한다. 웅크리고 있는 사람이 뛰어넘는 수를 세도록 한다.

이 운동은 줄넘기와 같이 운동량이 적당하고 체력 및 지구력 증강에 도움이 되는 트레이닝이다.

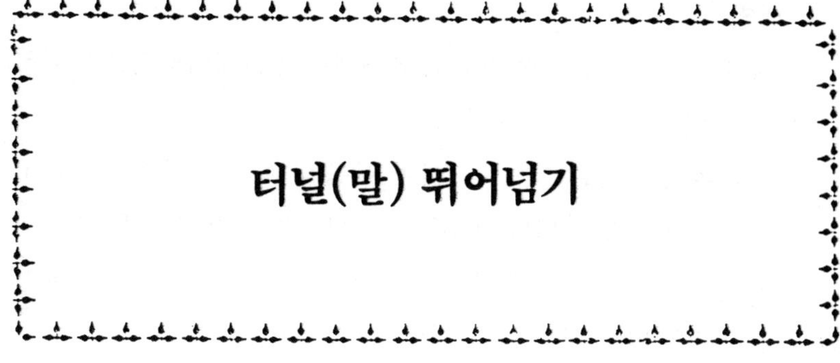

터널(말) 뛰어넘기

□인원

2인 1조, 몇 조라도 좋다.

□대형

2명이 마주본다.

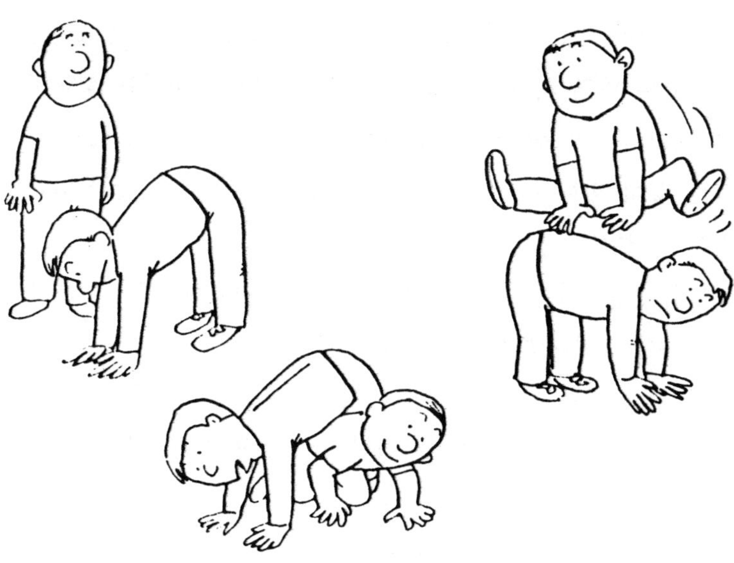

□방법

이 게임은 적당한 운동량이 있고 유연체조나 트레이닝으로써 실시하면 좋을 것이다.

우선 마주보고 있는 2명 중 1명이 무릎을 펴고 허리를 구부리고 두 손을 바닥에 대고 터널(말)을 만든다. 다른 한 사람은 리더의 신호를 기다린다. '준비, 땅'하는 신호로 서 있는 사람이 그 터널을 빠져나가 말을 뛰어 넘는다.

이 동작을 5회 정도 반복한 다음 교대한다. 마찬가지로 5회 실시하고 나서 2명 모두 제자리에 앉는다.

보면 모르냐?

안내양이 일층의 특등석으로 손님을 안내하고 있었다. 그런데 거기에는 다른 사람이 버티고 앉아 있었다. 저고리는 찢어지고, 넥타이는 비뚤어지고, 머리는 뒤헝클어지고, 아무리 훑어보아도 꼴이 말이 아닌 사람이 특등석에 턱 버티고 앉아 있는 것이 아닌가?

"저, 손님! 죄송합니다만 표를 좀 보여 주십시오."

사나이는 안내양에게 표를 보여 주었다.

"손님 좌석은 이곳이 아니고 3층인데요."

그 3층에서 지금 내가 떨어졌다는 걸 보면 모른단 말야!"

제5부

전문적인 야외레크레이션

제1장 캠핑
제2장 오리엔티어링
제3장 설상(雪上)에서의 레크레이션
제4장 사이클링
제5장 캠프 파이어
제6장 추적 하이킹
제7장 산 · 바다 · 하늘의 레크레이션
제8장 호스테링

도움말

야외 레크레이션은 그 종류가 무한하다. 자연을 벗삼아 그동안 느껴보지 못했던 야외에서의 공기를 마음껏 마시고 신체를 마음껏 움직여 봄으로써 신체에 활력을 주는 등의 놀이와 스포티 게임이 있는가 하면 전문적인 야외 레크레이션 프로그램이 있다.

여기서는 전문적이고 본격적인 야외 레크레이션을 몇 가지 소개한다. 앞서 제3부 제3장「본격적인 야외 레크레이션」에서 간단히 언급한 것도 있으나 중고생을 위한 기초적인 내용이므로 여기서 보다 상세히 기술한다.

우리가 흔히 캠핑, 사이클링 등은 알고 있으나 방법면이나 기술면에서 잘 모르는 경우가 많으므로 본서가 도움이 되기를 바란다. 아울러 아직 보편화 되어 있지는 않지만 오리엔티어링, 워크랠리, 추적하이킹 등도 다루고 있는 데, 요즘 여름학교 및 산간학교 등 사회단체 등에서 프로그램으로 채택하고 있는 경향이다. 이러한 프로그램들은 신체 단련 뿐 아니라 사회성, 전문적 기술 습득 및 지식적 측면에 있어서도 많은 도움을 준다.

또한, 이런 프로그램을 마치고 나면 해냈다는 자부심과 아울러 모든 일을 다 잘 해낼 수 있으리라는 자신감도 갖게 되어 매우 유익하다. 여럿이 단체적으로 하는 프로그램들이므로 사회성·협동성을 필요로 하는 만큼 대인관계·인간관계 형성에도 유익하리라 본다.

따라서, 본서에 수록된 프로그램을 조금씩 가감하여 한 번 시도해 보길 바란다.

그럼으로써 단편적인 게임이나 놀이에서 얻을 수 없는 더 큰 성취감을 맛보게 될 것이다.

제1장

캠핑

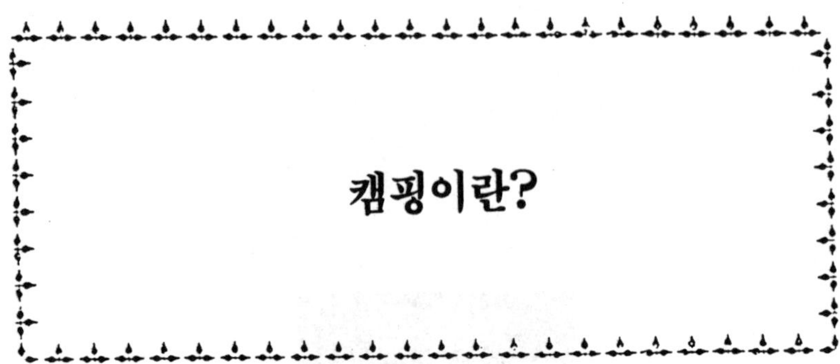

캠핑이란?

캠핑(일반적으로 캠프)이라고 하는 말은 많은 사람의 머리 속에서 각각의 이미지가 형성되고 있는 것 같이 보인다. 우선 캠프라고 하면 산이나 해변에서의 텐트 생활이 떠오르지만 주둔군 캠프, 프로 야구의 캠프 등은 반드시 텐트 생활을 하고 있는 것은 아니다. 캠프를 넓은 의미에서 받아들이면, '합숙'이라고 하는 편이 좋을 것이다. 일상생활에서 떠난 장소에서 특정 또는 불특정의 사람들이 모여 공동생활을 영위하는 장이라고도 말할 수 있다. 따라서 반드시 숙박하지 않으면 안 된다고 하는 것은 아니다.

그러나 여기에서는 일반적으로 이해되고 있는 좁은 의미에서의 캠프를 살펴보려고 생각한다.

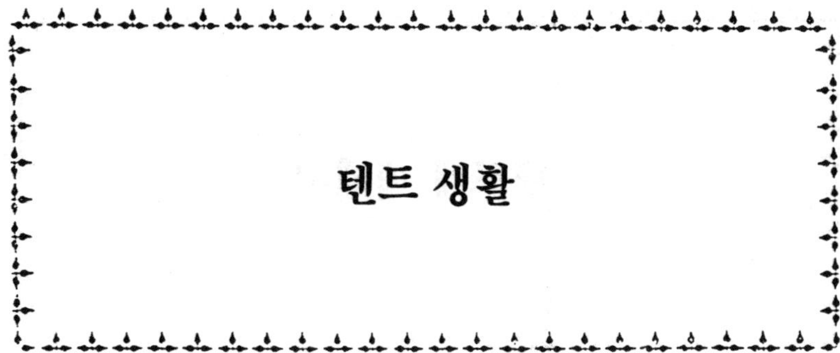

텐트 생활

텐트 생활의 기술은 캠프에 있어서 중요한 것 중의 하나이지만, 캠프란 텐트 생활을 하는 것이라고 특별히 구애될 필요는 없다. 방갈로, 산막, 유스호스텔, 국민 숙사 등을 이용해도 가능하고, 또는 당일치기로 실시되는 캠프도 있다. 숙박하는 방법이 다를 뿐, 캠프의 생활이나 프로그램은 똑같이 할 수 있다. 그 중에서도 방갈로를 이용할 때는 텐트 생활에 가까운 체험을 할 수가 있다. 있기에 쾌적하고, 비가 내려도 안심할 수 있다. 텐트로 하느냐 어떠냐는 이용하는 사람들의 연령, 경험 그 밖의 조건으로 결정된다.

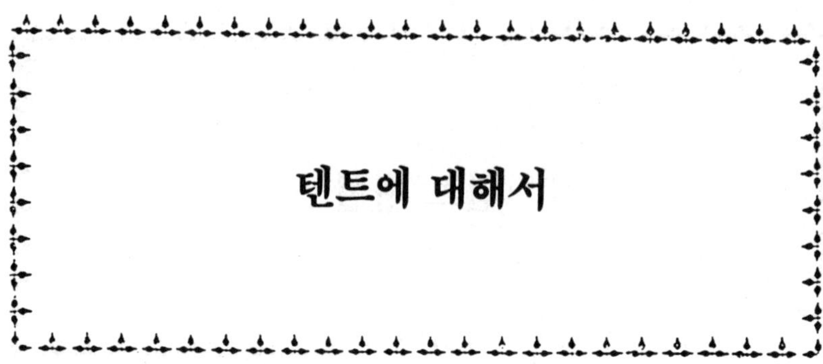

텐트에 대해서

□텐트의 형과 종류

가형, 지붕형, 알펜형, 코니칼형, 돔형, 변형 돔형, 원피형, 마나스루형, 체르트색 그 밖에 변형 개량형 등이 있다.

□텐트의 선택 방법

어떤 텐트를 선택하느냐는 캠프의 목적이나 형식에 따라서 또한 참가하는 대상에 따라서도 달라진다.

요즘에는 도로망의 발달로 인해 차를 이용해서 캠프를 실시하는 오토 · 캠프도 각지에서 이루어지게 되었다. 또한, 한군데에 텐트를 치고 그곳을 중심으로 활동하는 고정 캠프, 산등성이 걷기나 산록 걷기 등 텐트를 짊어지고 가는 이동 캠프 등도 수 없이 이루어지고 있다.

고정 캠프 때

우선 첫째로 사는 기분을 중심으로 생각해서 다소 무거워도 부피가 커져도 천정이 높고, 방수성도 있고, 바람에도 강한 것이 바람직하다. 여기에서 사용하는 텐트는 가형이나 변형 개량형으로 지주가

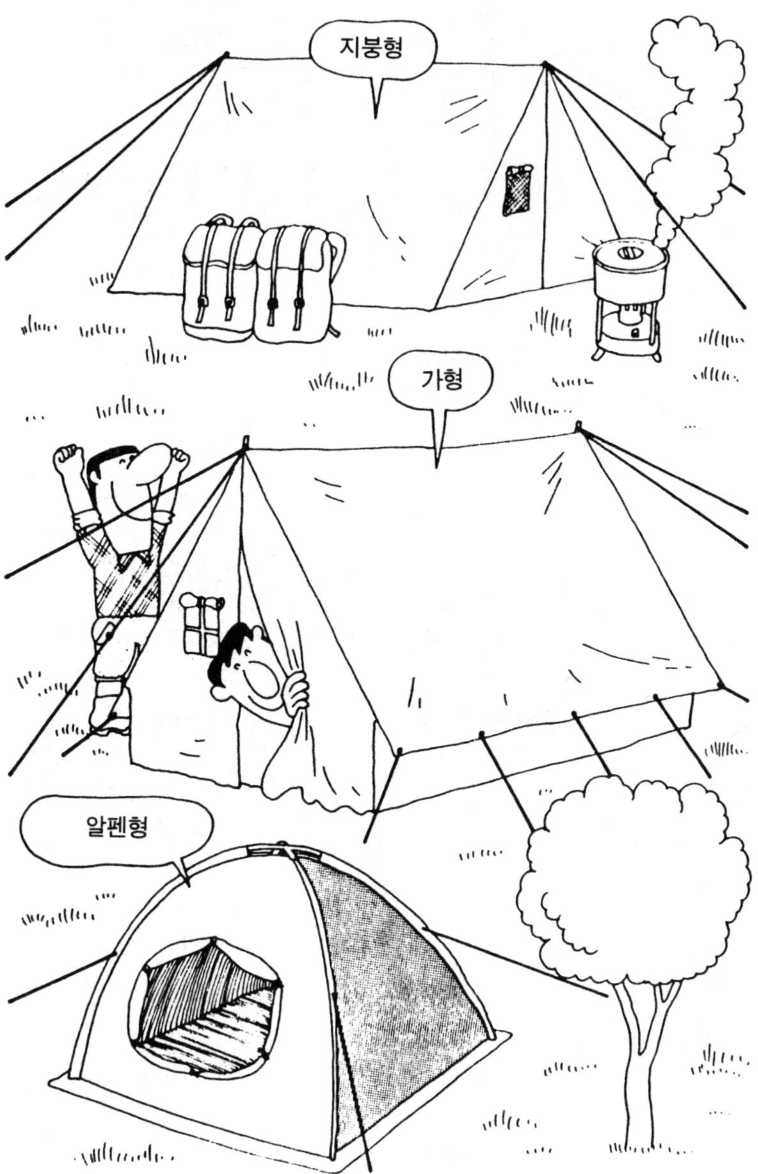
지붕형
가형
알펜형

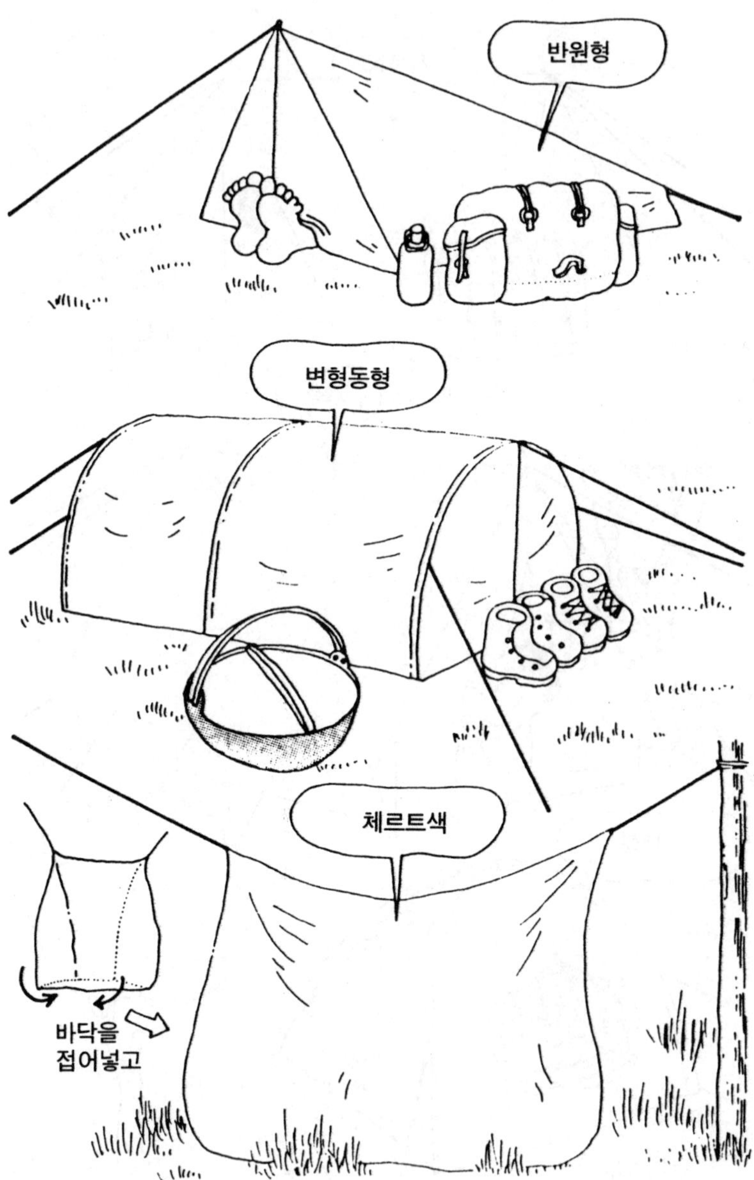
반원형
변형동형
체르트색
바닥을
접어넣고

튼튼한 원추형이나 조립식 가형 등이 적합하다. 각각의 텐트에는 플라이 시트를 사용하고 내풍삭을 설치해 둔다.

이동 캠프 때

여기에서 이용되는 텐트의 대부분은 우선 가볍고 부피가 크지 않아 설영이나 철수가 손쉬운 점 등이 제1 조건이 된다. 여기에서 주로 이용되는 텐트는 지붕형, 알펜형, 프레임으로 만든 변형 돔형이 적합하다. 그러나 태풍을 만나거나 며칠이나 비에 갇힌다고 하는 처지가 되면 여기에서는 플라이 시트나 내풍삭을 이용하면 쾌적한 생활을 보낼 수 있다.

오토 캠프 때

요즘 여러 가지 텐트가 개발되어 오토 캠프용의 텐트로써 이용되고 있다. 그 중에서도 프레임(틀)이 들어간 폴리스박스와 같은 형을 한, 쾌적한 텐트도 시판되고 있다. 수용 인원이나 이용도에 따라서 사용한다.

□텐트의 재질

목연, 비닐론, 나일론, 나일론의 리트론, 방수지, 테트론 등의 재질로 각각 되어 있다.

텐트의 재질은 운반면을 생각하면 나일론, 테트론, 리트론이 우수하다. 방수성만을 생각하면 나일론도 비닐코팅을 하면 되지만, 통기성이 없어져서 내부에서 무더워 땀을 흘리게 된다. 최근에는 고아텍스라고 하는 우수한 소재가 개발되었지만 고가인 것과 기름에 약한 것이 결점이다. 지금 단계에서는 여름 야외 생활에는 비닐론지의 텐트를 이용하는 것이 최고다. 나일론지보다 1~2할 무겁지만 운반면에서는 목면보다도 가벼워서 장소가 높은 우리나라에서는 최적이라고 말할 수 있다.

□텐트를 구입할 때에

텐트는 가능한 한 특별 주문에 의해 전문점에서 구입하는 편이 여러가지로 편리하다. 일반적인 것은 비닐론제의 가형으로 좌우로 갈라져서 열리는 문으로 그랜드 시트는 꿰매어져 있다. 입구는 안쪽에 망사를 달아서 2중으로 한다. 폴(지주)은 수직형보다 합장형으로 하는 편이 바람에도 강하고 지내기에도 마음 편하다. 텐트의 크기는 보통 단체용은 8~10인용, 소인 수용으로는 5~6인용이 많이 이용되고 있다.

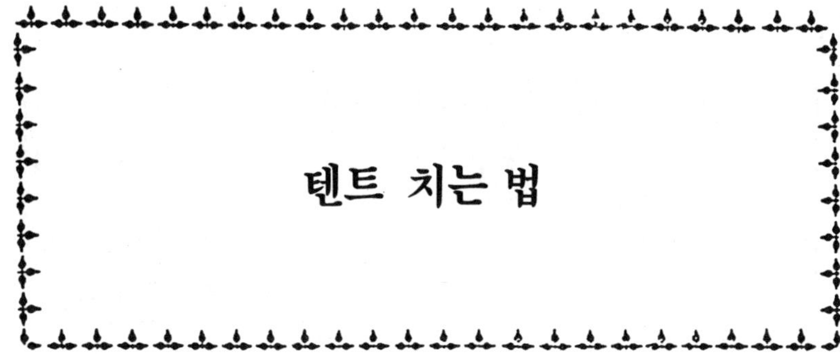

텐트 치는 법

텐트의 치는 법도 장소의 조건이나 텐트의 종류에 따라서 여러가지 연구가 필요하지만 일반적인 가형 텐트를 예로 들어 설명해 봅시다.

① 텐트를 치는 장소를 정하면, 텐트의 방향(출입구 등)을 생각해서 정지한다. 경사진 곳은 산쪽을 깎아서 평평하게 하고 자갈 등의 단단한 것은 제거한다. 이 때 텐트를 철수한 후 가능한 한 원상태로 되돌릴 수 있도록 자연보호에 협력한다.

② 그랜드 시트의 위치를 정하고 네 귀퉁이에 페구를 임시 박는다. 그랜드 시트를 떼어낸다.

③ 지주(폴)를 조립한다.

④ 지주의 끝을 텐트 구멍에 넣는다.

⑤ 굵은 밧줄을 지주의 금구에 건다.

⑥ 다른 사람에게 텐트를 받치게 하고 지주를 세운다. 이 때, 지주의 밑에 평평한 돌 등을 깔아두면 지주가 지면으로 기어 들어가지 않게 된다.

⑦ 굵은 밧줄의 페구를 박아 넣는다.

⑧ 이 때 텐트에 주름이 생기지 않도록 굵은 밧줄을 바짝 조른다.

⑨ 그랜드 시트를 깔고 시트와 월(텐트의 벽)의 자락을 고정시킨

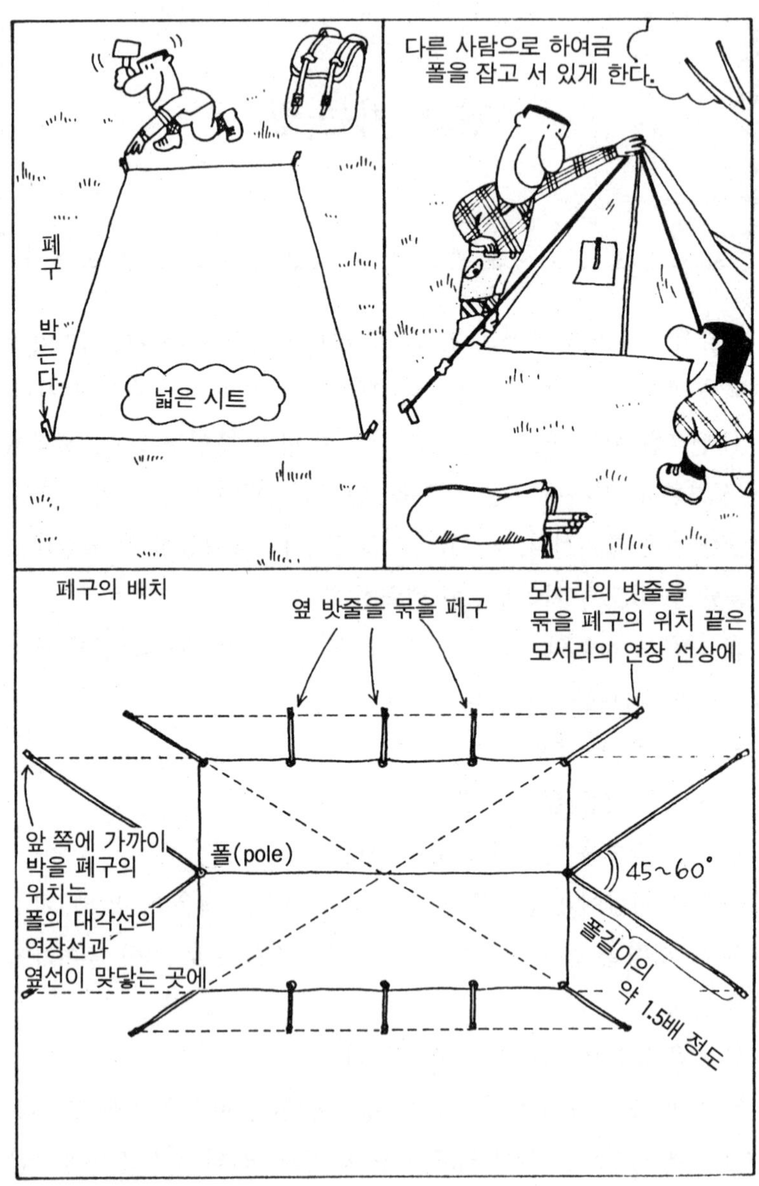
페구 박는다.
넓은 시트
다른 사람으로 하여금
폴을 잡고 서 있게 한다.
페구의 배치
옆 밧줄을 묶을 페구
모서리의 밧줄을
묶을 페구의 위치 끝은
모서리의 연장 선상에
앞 쪽에 가까이
박을 페구의
위치는
폴의 대각선의
연장선과
옆선이 맞닿는 곳에
폴(pole)
45~60°
폴길이의
약 1.5배 정도

그림 19

다. 시트 밑에 비닐을 깔면 지면으로부터의 습기를 막을 수 있다.

⑩ 플라이 시트를 텐트 위에 깔아 설비한다.

⑪ 텐트 주변에 홈을 판다. 홈의 위치는 지붕 또는 플라이 시트의 빗방울이 떨어지는 지점으로 한다.

⑫ 그 외 텐트를 칠 때의 주의로써는 지면이 자갈지이거나, 장소상, 폐구의 사용이 곤란할 때는 큰 돌이나 통나무 막대 모양의 것을 이용한다.

어떤 고집

여섯 살 짜리 태희 군과 일곱 살 짜리 삼영 군이 마당에서 사이 좋게 놀고 있었다.그런데 갑자기 삼영 군이 장난감 물통을 내던지며 울음을 터뜨렸다. 태희 군의 어머니가 그것을 보고는 놀라서 달려나갔다. 그러자 태희 군은 아무렇지도 않다는 듯이 대답하였다.

"아무것도 아니예요, 엄마. 삼영이가 구멍을 팠는데 자기네 집으로 가지고 갈 수 없다고 우는 거예요."

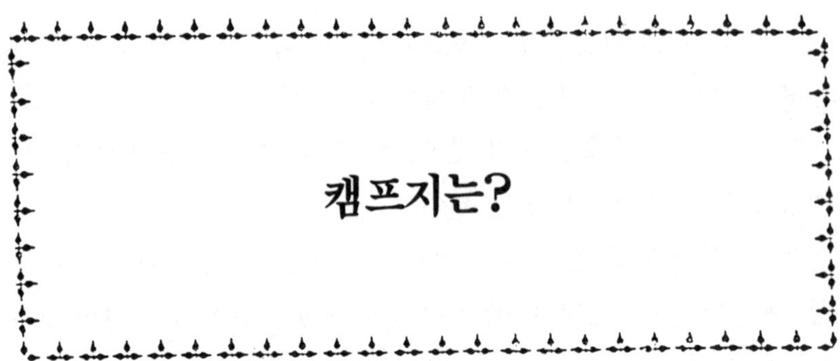

캠프지는?

캠프지는 캠프에리어(캠프장 전체)와 텐트 그 자체를 설치하는 장소로 나누어 생각한다.

캠프에리어에 대해서는 캠프 목적과의 상관관계로 여기에서는 구체적으로 텐트를 설치하는 장소의 선택 방법에 대해서 생각해 가기로 한다.

장소의 선택 방법은 이상을 말하자면 끝이 없다. 더구나 요즘에는 텐트를 치는 장소나 그 방법까지 지정되어 칠 수가 없는 경우가 있다. 그러나 기본적인 조건을 기억해 두고 가능한 한 거기에 가까운 상황 하에서 텐트를 칠 필요가 있다.

텐트를 치는 장소는

· 배수가 잘 되는 장소
· 남향으로 완만한 잔디상태의 초지, 또는 비교적 부드러운 모래땅
· 볕이 잘 들고, 경치가 좋은 곳
· 텐트에 직사 일광이 비치지 않는 것 같은 적당한 나무 그늘이 된 곳
· 통풍이 좋고, 주변의 수목이 강한 바람을 완화시켜 주는 곳

· 음료에 적합한 물이 근처에 있는 곳

이런 조건을 만족시키는 장소를 가능한 한 찾는다. 이 밖에 단체로써 텐트를 칠 때는 텐트가 너무 흩어지지 않고 칠 수 있는 곳, 근처에 캠프 파이어에 적합한 장소를 얻을 수 있는 곳, 많은 인원수의 취사가 가능한 곳, 화장실이나 쓰레기를 처리할 장소가 있는 곳, 더구나 위험한 장소나 독충 등이 없는 곳, 긴급 피난이 가능한 곳, 소음이 적은 곳 등이 조건으로써 첨가된다.

텐트 생활을 하는데 있어서

즐거운 텐트 생활을 보내기 위해서는 여러가지 연구가 필요하다. 텐트 속의 생활에는 이런 것이 있으면 좋다고 생각되는 도구나 텐트

내에서 생활하는데 있어서 유의해 두기 바라는 것을 다음에 열거한다.

· 필요한 것으로써 가는 삼노끈 또는 나일론 로프(굵기 3~6㎜), 양초 받침용의 철사, 걸레, 수세미, 작은 빗자루, 비닐시트, 연질의 발포시티롤제의 매트
· 있으면 편리한 것으로써 샌들, 펜치, 쇠망치, 못, 작은 물건을 넣는 상자 등
· 텐트 안은 항상 정리 정돈해 두고 개인 물건은 모아둔다.
· 외출할 때는 반드시 입구를 닫는다.
· 비가 내릴 때는 안쪽에서 텐트에 절대 닿지 않도록 한다. 닿은 곳부터 비가 샌다.

또한 물을 텐트 안에서 엎지르지 않도록 한다.

· 날씨가 좋을 때는 하루 종일 텐트의 자락을 걷어서 통풍시킨다.

화덕 만들기와 불 피우는 법

□화덕만들기

캠프장 등에서 취사를 할 때, 요즘에는 어느 캠프장이나 훌륭한 취사장이 만들어져 있어서 화덕을 만드는데 고생하는 일이 차츰 없어졌다. 그러나 취사는 화덕 만들기부터라고 일컬어지듯이 그 만드는 법에 익숙해져 두는 편이 좋을 것이다.

우선 만들기 전에 풍향을 생각해서 연기에 그을지 않도록 아궁이의 방향을 정한다. 풍향은 아침, 점심, 저녁 다소 변화하기 때문에 그것을 염두에 두고 만듭시다.

다음에 지형을 생각한다. 지형이 사면으로 되어 있고, 점토질의 곳에서는 땅을 파고 만든다. 또한 평지로 근처에 크고 적당한 돌이 있는 경우는 돌을 쌓아 올려서 만든다.

화덕의 크기는 얹는 용기(남비, 솥)의 크기에 따라서 정한다. 높이는 남비, 솥류를 둘러싸는 것 같은 높이로 조정한다.

□준비할 것

장작

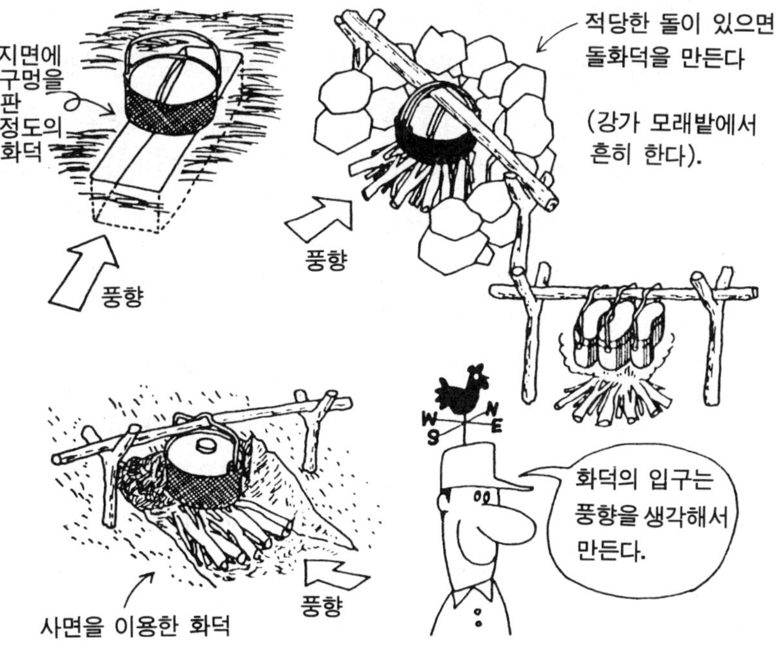

성냥의 축 정도로 가는 것, 다음에 나무 젓가락 정도 굵기의 것이라고 하는 식으로 아주 가는 것부터 차츰 굵은 것으로 준비를 한다. 아무리 젖은 장작이라도 중심 부분은 말라 있는 법이다. 중심을 가늘게 자른 것을 불쏘시개로써 이용하고, 젖은 부분을 말리면서 태운다. 잘 타느냐, 어떠냐는 이 준비에 달려 있다.

신문지류 그 외

1페이지를 1 / 4~1 / 8의 크기로 비튼 것을 준비한다. 그 밖의 것으로써 성냥, 부채 등도 필요하다.

□불 일으키는 법 · 태우는 법

우선 화덕 바닥에 틈을 벌리고 대발처럼 엮은 굵은 장작을 가득 깐다. 다음에 미리 비튼 종이를 쌓고 그 위에 성냥의 축 정도의 가는 것부터 차례대로 장작을 쌓아 올린다. 이 때, 가볍게 얹어가는 느낌으로 가능한 한 장작과 장작이 평행하게 겹치지 않도록 여러가지 각도에서 얹어 간다. 꼬치를 구울 때와 같이 장방형의 '우물정'자 위에 가는 나무를 늘어 놓고 겹쳐도 좋을 것이다.

불을 붙이기 위해서는 아래 쪽의 종이에 불을 붙인 후 가능한 한 조용히 바람을 보낸다. 불이 굵은 장작에 옮겨 붙으면 다음은 저절로 불타간다. 시종 펄럭펄럭 부채질하는 것은 아직 불붙이는 법을 잘 모르는 사람이 하는 짓이다. 먼저 장작이 다 타기 전에 장작을 더 찔러 넣지 말고 가볍게 얹어 간다. 재가 막히지 않도록 주의해서 항상 산소를 보급할 수 있도록 가끔씩 장작과 장작 사이에 틈을 만들어준다. 화덕 속이 아니라 바로 앞 쪽에서 타도록 유의한다.

만일 불 일으키기에 실패하면 결심하고 처음부터 다시하는 편이 좋을 것 같다. 착화하기 전의 준비가 중요해서 이것을 적당히 하면 실패한다. 번거로워 하지 말고 해 주십시오.

장작을 가볍게 얹는 느낌을 잊지 않도록 한다. 불의 자주성을 키워서 태우는 것이 아니라 저절로 타도록 배려한다.

□화덕의 이용방법

장작은 가능한 한 소량으로 효율 좋게 태우는 것이 나중의 소화도 매우 손쉬워진다. 물을 끓일 때, 식후의 차를 마시기 위해서라면 식사를 다 만든 후의 타다 남은 불로 충분하다. 새롭게 장작을 보충할

필요는 없다. 끌 때는 물을 끼얹지 말고 가능한 한 자연 소화하도록 한다. 끝난 후 돌 등을 얹어두면 다음에 불을 붙일 때 손쉽게 붙이 붙는다. 단, 바람이 강할 때는 잘 꺼 두고, 불씨가 날아 흩어지지 않도록 해 둔다. 성냥이나 신문지는 젖지 않도록 한다. 가능하면 장작도 텐트 속이나 플라이 시트 밑에 넣어 두도록 한다. 끊임없이 화덕 주변을 청결히 하고 또 정리 정돈해서 타기 쉬운 것을 옆에 두지 않도록 한다.

요즘 캠퍼나 등산자가 증가함에 따라서 자연 보호의 입장에서 장작의 사용을 금지하는 곳이 늘었다. 이 때문에 곳에 따라서는 가솔린 곤로, 석유 곤로, 가스 곤로 등을 사용하지 않으면 안되는 경우도 있다. 모처럼 야외 생활을 즐기려고 하는데 만족스럽게 모닥불도 할 수 없는 상태이지만, 일단 유사시의 준비로 꼭 불을 태우는 방법의 기술만은 몸에 익혀두기 바란다.

웃기는 놈들

세 사람이 모여 앉아 서로 잠수에 관한 이야기를 하고 있었다. 먼저 경환이가 나 앉으며,

"나는 제주도에서 미역 따는 해녀를 보았는데, 오십 미터나 되는 깊은 바다에 들어가서 이십 분이나 있는 것을 보았어. 대단하지?"

그러나 태희가 나 앉으며 지지않고,

"음, 그것도 대단하지만, 난 더욱 굉장한 것을 보았다구. 내 조카 녀석은 아침 여덟시에 물 속에 들어갔는데 열두 시가 되어서야 겨우 점심 먹으러 올라 왔더군. 물 속에서 한숨 잤다나?"

그 말을 옆에서 가만히 듣고 있던 삼영이, 두 손을 내 저으며 코웃음을 쳤다.

"그 따윈 얘깃거리도 되지 않아. 내가 잘 아는 어떤 녀석은, 그게 사 년 전인데, 내가 보는 앞에서 물 속에 뛰어들었는데 사 년이 지난 오늘날까지도 아직 안 올라왔어."

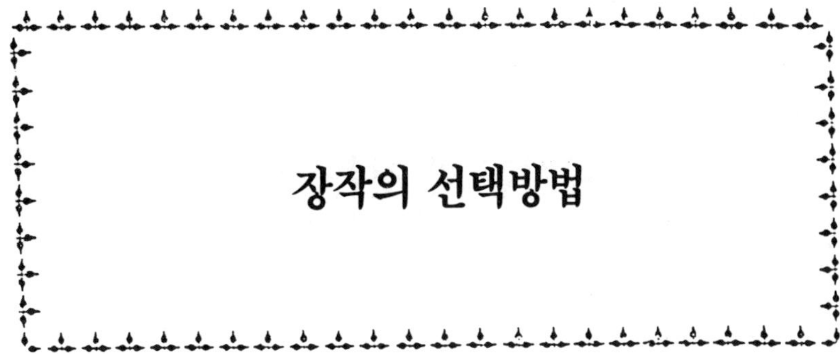

장작의 선택방법

우리나라에서는 국립공원내에서 모닥불은 금지되어 있다. 또한 긴급 때를 제외하고는 나무를 베거나, 장작을 모을 수도 없어 캠프장에서도 장작은 관리 사무소 등으로부터 구입하지 않으면 안 된다. 이런 종류의 장작은 제재 끄트러기를 모은 것이 많은 것 같다. 따라서 장작을 선택할 수 없을 때도 있지만 야외 활동의 기본으로써 익혀 둡시다.

□단단한 나무와 무른 나무

장작은 크게 나눠서 단단한 나무와 무른 나무의 두 종류로 나눌 수 있다. 단단한 나무는 불이 잘 안 붙지만 일단 불이 붙으면 불이 오래가고 언제까지나 잘 탄다. 좀체로 꺼지지 않고 또 빨갛게 핀 숯불이 남는다. 무른 나무는 불이 잘 붙고, 잘 타오르지만 곧 다 타 버린다. 따라서 화덕 등에서 불을 붙일 때는 처음 무른 나무를 태우고, 불기운이 세어지면 단단한 나무를 태우도록 한다. 튀김 등을 할 때는 화력이 강한 편이 좋고 무른 나무를 사용하면 불똥이 말아 올라서, 남비 속에 재가 들어갈 우려가 있다. 불이 오래가는 단단한 나무는 취사용으로써 최적이다.

맛있는 밥 짓는 법

야외 생활에서의 즐거움의 하나는 야외에서 장작을 사용하여 밥을 짓는 데에 있다. 장작으로 지은 밥의 맛은 매우 각별하다. 맛있는 밥을 어떻게 해서 만드느냐가 캠프 생활을 즐겁게 하느냐 어떠냐의 갈림길이라고 해도 과언은 아닐 것이다.

□솥이나 남비로 지을 때

밥은 짓는다고 하는 것보다 뜸들인다고 하는 느낌이 중요하다. 쌀은 물에 씻어서 곧 짓는 것보다 미리 물에 담가둔다. 아침밥은 전날 밤에 저녁밥은 아침중에 씻어둔다. 물의 양은 캠프지의 높이에 따라 가감한다. '처음은 뭉근하게, 중간은 확확, 젖먹이 울어도 뚜껑을 덮지 마라'고 하는 말과 같이 '중간 확확'이 중요해서 이 때 화력이 세면 제대로 지을 수 없다. 그 이상 불을 태우지 말고 빨갛게 핀 숯불로 뜸들인다. 뜸들일 때는 뚜껑을 덮지 않도록 한다. 오래 뜸들이면 뜸들일 수록 맛있는 밥이 된다. 뚜껑과의 사이에 깨끗한 갱지를 끼워 밀봉하면 잘 뜸든다.

□반합으로 지을 때

물의 분량

해 발	쌀 양에 대한 물의 양	
	물에 담그었을 때	씻어서 곧 지을 때
1000㎙이하	1～1.1배	1.2배
1000㎙～1500㎙	1.2배	1.3배
1500㎙～2000㎙	1.3배	1.4～1.5배
2000㎙～2500㎙	1.4배	1.5～1.6배
2500㎙이하	1.5배	1.6～1.7배

보통의 반합은 겉뚜껑, 본체, 중간합의 세개가 한조로 되어 있다. 중간 합에는 약300ｇ의 쌀이 들어가고, 겉뚜껑에는 450ｇ가량의 쌀이 들어간다. 반합의 본체 안쪽에 두 군데 눈금이 붙어 있다.중간합 한 공기의 쌀(약2인분) 일 때는 아래 눈금까지 물을 넣는다. 중간 합 두 공기(4～5인분) 일 때는 위의 눈금까지 물을 넣는다. 씻어서 곧 지을 때는, 아무래도 넉넉하게 물을 넣는 것이 보통이다. 정확하게는 계량컵을 이용해서 남비 등으로 지을 때와 같은 비율로 물의 양을 정한다. 짓는 법도 남비나 솥으로 지을 때와 같은 방법으로 짓는다.

캠프장 등에서 바닥이 울퉁불퉁한 반합을 흔히 본다. 이것은 다 끓은 반합을 거꾸로 해서 나뭇조각으로 두드렸기 때문이다. 나뭇조각으로 두드리는 이유로써, 반합 윗쪽까지 잘 뜸들이기 위해서라든가, 바닥쪽의 밥을 떨어지기 쉽게 하기 위해서라든가 소리로 밥의 완성을 판단하는 등이라고 흔히 일컬어진다. 그러나 이것은 언뜻 보아 좋은 것 같지만, 아무리 봐도 그다지 권할 만한 것은 아니다. 거꾸로 한 반합을 깜박 잊고 들어 올렸기 때문에, 모처럼 지은 밥의 대부분을

엎거나, 나뭇조각으로 두드려서 바닥이 울퉁불퉁해졌기 때문에, 나중에 사용할 수 없게 되거나 한다. 가는 나무를 귀에 대고, 반합 뚜껑에 한쪽 끝을 대면 물기가 있을 때는 소리가 난다. 소리를 들으려면 이와 같은 방법 쪽이 이치에 맞는다. 또한, 거꾸로 하지 말고 솥 옆의 여열로 전체를 따뜻하게 해서 뜸들도록 한다.

캠프에 있어서

□하이킹 계획

캠핑은 아무것도 하지 않고, 하룻밤 머물기만 해도 그 나름대로의 즐거움이 있지만, 캠프 프로그램이나 캠핑의 연출이 여러가지 있어야만 즐거움이 배가된다. 그래서 캠프에서 많은 사람이 한번은 하고 있는 하이킹에 대해서 생각해 봅시다.

하이킹 계획은 캠프지로부터의 당일 코오스가 일반적이기 때문에 무리없는 계획을 세웁시다. 무리한 코오스를 택해서 중도에 지치거나 나중 프로그램 부분이 없어지거나 즐거워야할 것이 고통의 연속이 된다면 곤란하다. 가능한 한 오후 2시경에는 원캠프지로 돌아올 수 있을 것 같은 코오스로 해 주기 바란다. 때로는 아침 일찍 나가서, 경치가 좋은 곳에서 일출을 보는 등의 프로그램도 인상적이다. 코오스로써는 걸어서 3~4시간 정도의 장소로 한다. 도중에서의 휴식은 가능한 한 적게 하고, 규칙적으로 30분에 5~10분 정도의 휴식을 취한다. 코오스 전체 중에서 절정(목표로 하는 것)이 없으면 단조롭고, 그저 걸을 뿐인 부족함을 느낀다.

□하이킹 지참물

하이킹에 가지고 갈 것은 륙색류에 넣어서 짊어지고, 손에 들지 않도록 한다. 반드시 지참해 주기 바라는 것은 물, 식료, 우비, 구급약품, 손전등, 지형도, 갈아 입을 옷, 방한구(스웨터류 등)다. 식료는 점심 식사용 외에 휴식했을 때 등에 가볍게 먹을 수 있는 것 등도 다소 준비한다. 물통은 식수장이 있을 때마다 채워 둔다. 땀이 날 때 등, 목이 마르다고 해서 물을 많이 마시는 것은 오히려 피로의 원인이 된다. 비가 내릴 때, 산기슭을 걷기나 숲속에서는 우산의 사용도 좋지만, 고원이나 산등성이 줄기에서는 우비는 꼭 필요해진다.

□산에서 주의 사항

누구나 산정 등에 섰을 때, 훌륭한 대자연의 전망에 무심코 큰 소리를 질러 보고 싶어진다. '야호—!'라고 큰 소리로 몇 번이나 외치고 있는 소리를 가끔 듣지만, 조난 신호로 착각될 우려도 있다. 무턱대고 '야호—!'를 연발하는 것은 피합시다. 또한 계곡을 향해서 돌을 던지는 사람도 있는데, 이것에 맞아서 상처를 입은 사람도 있다. 투석은 하지 않도록 주의한다.

발 밑이 나쁜 길에서는 아래로 돌을 떨어뜨리지 않도록 신중하게 걷는다. 잘못해서 돌 등을 떨어뜨려 버렸을 때나, 위에서 돌이 떨어질 때는 아무리 작은 돌이라도 '낙석!'이라고 외쳐 아래 사람에게 재빨리 알린다.

제2장

오리엔티어링

오리엔티어링이란?

오리엔티어링이란, 독일어로 Orientieren(방향을 정해서) Lanf(달린다)라고 하는 의미로, 이것을 줄여서, OL(오엘)이라고 부르고 있다.

오리엔티어링 경기는 '지도와 컴파스(방향 자석)을 사용해서 자연환경에 설정된 몇 개의 지점(포스트)을 가능한 한 빨리 발견, 통과해가서, 그 소요시간을 겨루는 스포츠다'라고 말할 수 있다.

자연을 무대로 하고, 자연을 상대로 하는 것이며 또한 미지의 목표를 향해서 체력 외에 추리력, 주의력, 판단력 등을 사용하는 것이기 때문에, 머리와 정신의 스포츠라고 일컬어지고 있다.

절대 보물 찾기가 아니라 어떻게 해서 포스트에 접근하느냐, 길순서(루트)가 문제이고 체력과 방향 결정기술이라고 하는 능력을 기르는 스포츠다.

북구에서 실시되고 있던 군사교련 '척후 훈련'이 민간 스포츠로써 도입된 것이 시초다.

스웨덴의 안스트 · 슈란델(오리엔티어링의 아버지)은 일부의 능력있는 선수를 위해서 스포츠로부터 멀어져 가는 젊은이들이 많은 것을 걱정하고, 그들에게 다른 형태로 달리기의 또 하나의 즐거움을 가르쳐 주었다. 그것은 숲 속에서 마음대로 달리는 즐거움이다. 오리엔티어링이 숲의 스포츠라고 일컬어지는 이유는 여기에 있다.

오리엔티어링의 특징

□자연 속에서

오리엔티어링은 언덕이나 계곡의 자연을 겔렌데로써 전개되는 야외 활동으로 현대 사회에 필요한 '자연을 즐길', '자연과의 접촉을 중요시 할' 기회를 가질 수 있는 스포츠다. 봄 햇살을 받고, 초목이 싹트기 시작한다. 붉은 색이나 황색의 낙엽이 가을의 야산을 물들인다. 그런 자연의 맛을 만끽하면서 즐길 수 있다.

□생각하면서

오리엔티어링은 지도를 읽는 능력, 컴파스를 적절하게 구사하는 능력에 의해 전혀 미지의 세계를 자석과 지도를 의지해서 나아가는 스포츠다. 그 때문에 판단력, 추리력, 행동력이 필요하게 되고, 참가자의 흥미를 자아낸다.

□누구나 즐길 수 있다.

오리엔티어링은 성별, 연령을 불문하고, 각각의 경험이나 체력에 따라서 대자연 속에서 충분히 즐길 수 있는 활동이다. 그 특징으로써,

· 오리엔티어링의 조건을 만족시키는 장소라면, 어디에서나 항상 할 수 있다.

· 주최자가 제시한 방법으로 몇 개의 포스트를 찾아내고, 가능한 한 짧은 시간에 골인하는 것이 유일한 규칙이다.

· 지도에 의해 지형을 읽는다, 컴파스를 조작한다, 보측을 한다 등이 주된 기술로써 각각의 기술 정도에 따라서 즐길 수 있다.

· 참가자의 성별, 연령, 경험도에 따라서 분반이 이루어지고 있다.

오리엔티어링의 형식

오리엔티어링은 지도와 컴파스를 사용해서 방향을 정하고, 지도에 나타나 있는 목적지를 향해서 달리거나 걷거나 하는 스포츠다. 형식에 여러가지 변화를 가해서 즐길 수 있다.

일반적으로는 (1) 포인트 OL, (2) 라인 OL, (3) 스코어 OL의 세가지 형식이 기본이 되고, 그 외는 그 응용이 된다.

□포인트 OL

가장 많이 이루어지는 형식으로 대회의 대부분은 이 형식으로 이루어진다. 이것은 주최자가 지도상에 표시한 몇 개의 포스트를 순서대로 돌고, 가능한 한 빨리 골인하는 것이다. 이 때 포스트의 순서만 틀리지 않으면, 어느 루트를 통해도 상관없다.

□라인 OL

참가자는 주최자가 지도상에 선으로 표시한 코오스를 더듬어서, 라인상에 있는 몇 개의 포스트를 찾아내어 그 포스트의 기호를 체크카드에 기입해 오는 것이다. 정해진 코오스대로 진행하지 않으면

안되는 점이 포인트 OL과의 차이다.

□스코어 OL

겔렌데에 많은 포스트를 설치하여 참가자의 능력과 체력, 난이도에 따라서 점수를 따오는 형식이다. 이 형식은 하나 하나의 루트가 일정하지 않기 때문에, 일제히 스타트가 가능하다. 방법으로써 '제한 시간에 몇 점 따오는가', '지정된 득점을 따는데 얼마만큼의 시간을 요했는가'등의 방법이 있다.

□스키 OL

스키 OL은 OL의 초기 무렵부터 스키의 노르딕 종목이 활발한 북구를 중심으로 이루어지고 있다.

스키 OL은 포인트 OL의 형식으로 이루어지며 일반 포인트 OL보다 코오스는 길고, 포스트 수는 적게 설치된다. 포스트 등을 눈 위에서 베끼는 일은 곤란하기 때문에 미리 인쇄된다. 지도에는 적설기 이외의 시기의 등산길 외에 스노우・모빌 등을 사용해서 만든 눈길도 기재된다.

□나이트 OL

일몰 후, 어두워지고 나서 이루어지는 OL로 포인트 OL형식으로 실시한다. 낮과 다른 별세계의 재미가 있다. 위험이 따르므로 안전에 신경을 쓸 필요가 있다.

헤드라이트와 예비 전지, 전구, 게다가 구조 신호용으로 휘슬을 반드시 휴대한다. 겔렌데로는 도로, 밭을 주로 한 위험이 없는 지형을 택한다. 포스트수는 낮보다 2~3할 적게 설치한다.

□사이클 OL

자전거를 사용해서 실시하는 OL로, 최근 바이콜러지・붐을 타고 주목되고 있다.

형식은 주로 포인트 OL 또는 스코어 OL형식으로 사이클링 전용차를 사용해서 실시한다. 겔렌데로는 100㎢정도의 넓이가 필요하다. 포인트 OL형식의 경우 타임스타트로 그 간격은 1분 이상이다. 컴파스 조작은 자전거를 내려서 실시할 필요가 있다. 골인은 자전거의 앞바퀴 제일 앞 끝이 골 라인을 통과했을 때로 한다. 주로 도로를 주행하는 것 같은 포스트 설정을 하고,언덕길에서는 그 도중에 포스트를 설치한다. 스타트전에 신중히 자전거의 정비를 실시하고, 실시중은 교통법규를 잘 지킬 필요가 있다.

□릴레이 OL

릴레이 OL은 역전 마라톤과 같이 일정한 구간을 참가자가 교체해서 실시하는 방법으로 스타트 지점, 중계점, 골지점을 모두 동일하게 하여 몇 개의 코오스를 참가자를 교체시키면서 진행하는 것이다. 포인트 OL의 형식으로 실시한다. 1조 3명 정도로 실시하고, 완장과 같은 고무밴드를 바톤 대신 사용한다. 코오스 거리는 1인 5㎞정도다.

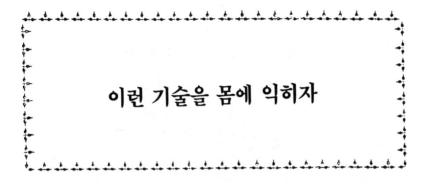

이런 기술을 몸에 익히자

□실버 컴파스 사용법

지도를 읽는 것만큼 중요한 것으로 자석을 구사하는 것이 있다. 각도를 재는 데에는 분도기가, 거리를 재는 데에는 자가, 또한 실제로 진행하기 위해서는 컴파스가 필요하다. OL용 컴파스에는 이 세개의 요점이 갖춰져 있다.

오늘날 흔히 사용하는 실버 컴파스에는 자석, 분도기, 자 외에 확대경도 붙어 있다. 이 확대경으로 지도상의 가는 등고선 등도 읽기 쉬워졌다. 또한 자침이 빨리 정지하도록 특수한 액도 안에 봉입되어 있다. OL에서 말하는 컴파스의 사용법이란, 모든 것을 능숙하게 사용하는 총합적인 사용법을 말한다.

자북선 긋는 법(컴파스 사용법 1)

진북(지도상의 북쪽)과 자북(자석의 바늘이 가리키는 북쪽)과는 다르다. 진북과 자북과의 차이를 편차라고 하는 데, 이것은 장소에 따라서 다르다. 이 편차는, 지도의 여백에 반드시 기록되어 있다.

목적지로의 정확한 방향을 알기 위해서는 자북선을 지도에 그어두면 매우 편리하다. 최근의 OL용 지도에는 미리 자북선이 인쇄되어

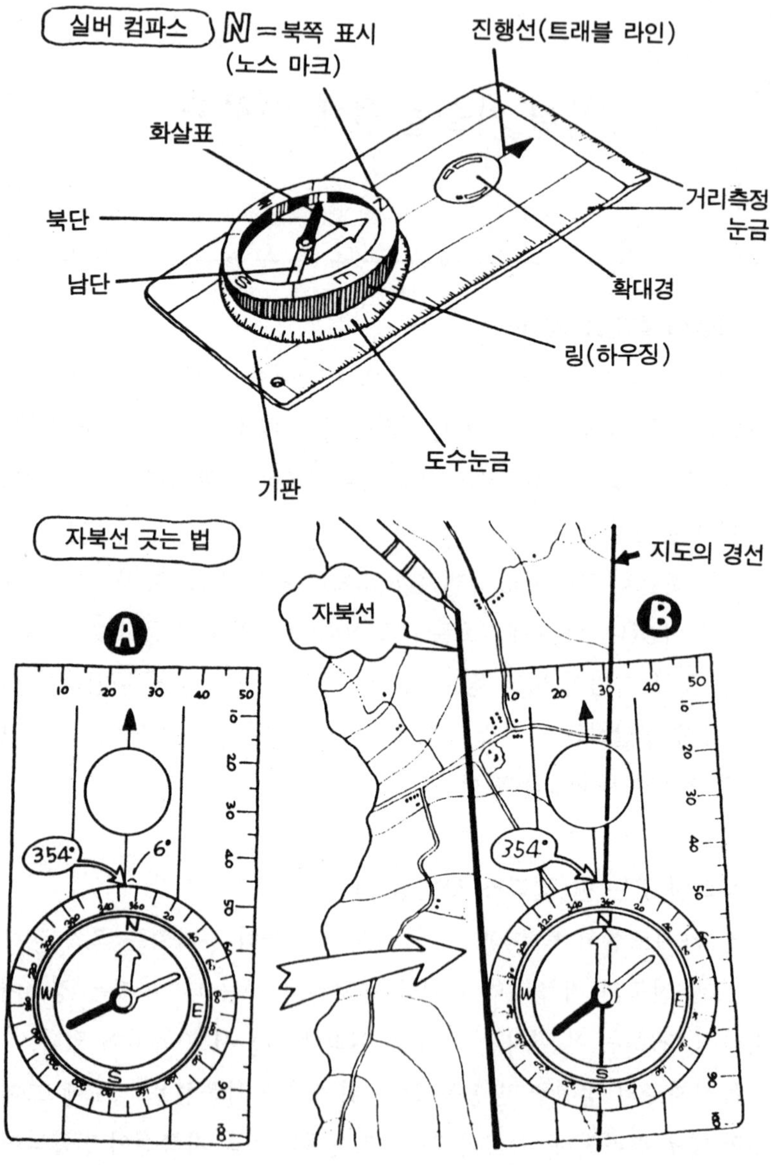

실버 컴퍼스
N = 북쪽 표시
(노스 마크)
진행선(트래블 라인)
화살표
북단
남단
거리측정
눈금
확대경
링(하우징)
도수눈금
기판
자북선 긋는 법
자북선
지도의 경선
A
B
354°
6°

있지만, 아직 일부의 지도에는 자북선의 기입이 없으니까 자북선 긋는 법을 잘 익혀둡시다.

a. 편차(서쪽으로) 6도일 때는 컴파스의 링을 오른쪽으로 향해서 345도를 진행선에 맞춘다.

b. 지도의 우단 경선에 링의 360도와 180도의 눈금을 맞추고 컴파스의 장변을 따라 지도상에 선을 긋는다.

목적지로의 방향을 안다(컴파스 사용법 2)

a. 우선, 지도상의 현재지와 목적지에 컴파스의 장변을 맞춘다. 이 때 진행선의 방향을 목적지로의 방향으로 향한다.

b. 링을 돌려서 링의 화살표를 지도에 기입된 자북선과 평행히 한다. 이 때 화살표의 방향을 지도상방(북쪽)으로 향한다.

c. 컴파스를 지도에서 떼어, 몸 전면에 놓고, 링의 화살표와 자침이 겹칠 때까지 몸을 돌린다. 겹쳤을 때의 진행선이 가리키는 방향이 목적지의 방향이다.

이 경우, 자기를 띤 금속 등의 가까이에서는 사용하지 말아 주십시요.

□지도의 정치

정치란, 지도를 바르게 북쪽으로 향하는 것이다. 이렇게 하면, 지도와 지형은 같은 방향이 되어 자신의 주변 지형 등이 확인하기 쉬워진다.

정치의 방법은 지도상에 컴파스를 놓고, 자북선과 바늘이 평행이 될 때까지 지도를 돌린다. 이 때 컴파스 바늘의 북쪽은 자북선의 화살표와 같은 방향이 되도록 한다.

★ 목적지의 방향 알기

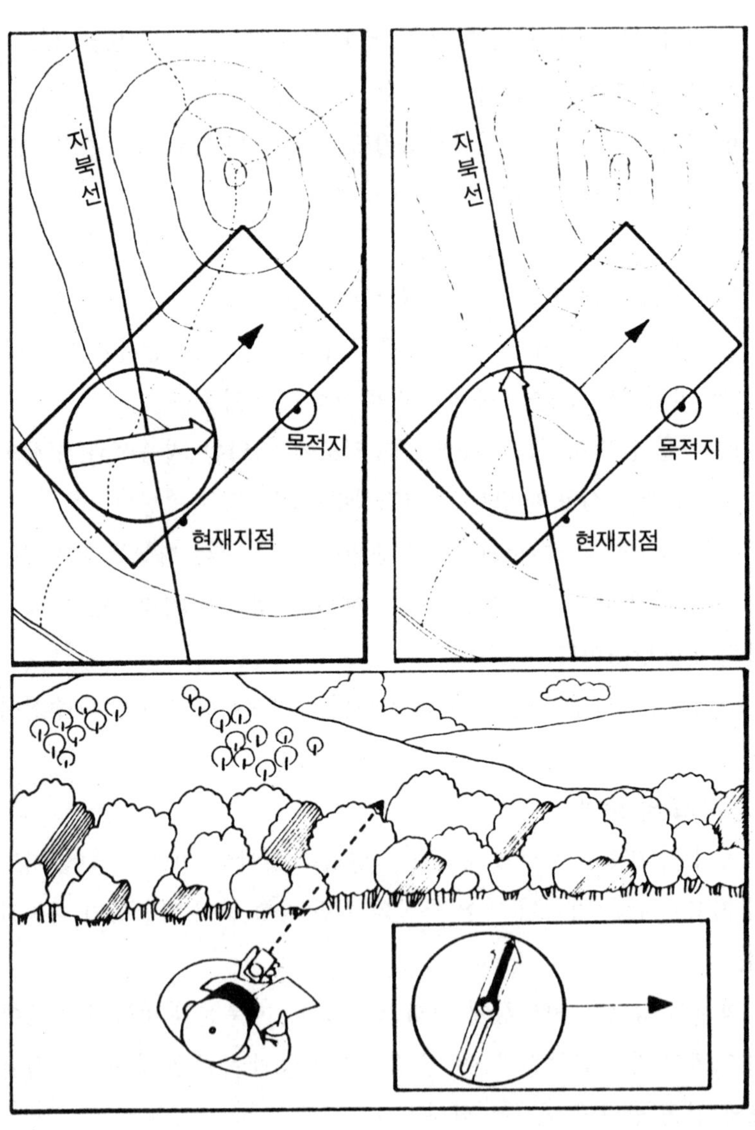

□보측

보폭에 의한 거리의 측정을 '보측'이라고 하며, OL을 할 때의 중요한 기술의 하나다. 자신의 보폭을 알기 위해서는 실제로 여러번 100ｍ의 거리를 걸어 보고, 그 평균치를 낸다. 단, 언덕길에서의 오르내림의 경우는 수치가 달라지니까 주의합시다. 또한, 같은 거리를 이번에는 달려서 측정해 봅시다. 모두 오른발의 횟수만 세는 '복보'로 계산해 본다. OL에서는 어택 포인트에서 포스트로 향하기 위해서는 이 보폭이 큰 역할을 한다.

□지도 읽기

OL에 사용되는 지도는 요즘에는 OL용으로 특별히 만들어진 지도(O · MAP)로 실시하는 경우가 많아졌다. 이것은 OL의 보급, 발전에 매우 좋은 현상으로써, 가능한 한 OL용의 지도로써 실시하는 것이 바람직하다. 그러나, 아직 국토지리원의 2만5천분의 1 지형도로 이루어지는 경우도 상당히 있다. 특히, 퍼머넌트 코오스로써 전국 도처에 설치된 OL용의 코오스 지도에는 이 국토지리원의 지형도가 많이 이용되고 있다.

지형도에는 반드시 축척이 표시되어 있기 때문에, 그것에 따라서 100ｍ는 몇㎝인가를 곧 읽는 것이 필요하게 된다. 2만5천분의 1지형도에서는 1㎝가 250ｍ가 된다.

OL에서는 이 지도 읽기 기술이 뛰어나지 않으면, 아무리 주의력이나 체력이 있는 사람일지라도 목적의 포스트에 접근하기는 상당히 불가능하다. 따라서 항상 지형도를 보고, 거기에 표시되어 있는 기호를 정확히 읽는 것이 중요하다.

기호

국토지리원의 2만5천분의 1지형도에는 지도의 우측 설명난에 지도에 대한 필요한 설명이 전부 기입되어 있지만, 그 중 OL에 필요한 주된 것은 다음과 같은 것이다.

· 철도—역, 선로옆의 절취부와 성토부, 터널, 도로, 철도 등이 교차하고 있는 곳, 철교
· 도로—실선 2개로 표시되어 있는 길, 실선 1개로 표시되어 있는 길, 파선으로 표시되어 있는 길, 도로옆의 절취부와 성토부, 분기점과 교차점
· 건물—수목에 둘러싸인 집과 마을, 독립 가옥, 학교, 병원, 역장, 파출소
· 지류—논, 밭, 공지, 황지, 뽕밭, 죽림, 과수원, 활엽수림, 침엽수립, 식생계 등
· 수부—강, 용수, 수문, 둑, 폭포, 연목 등
· 특수—묘지, 송전선, 기념지, 사원, 수준점, 삼각점, 변전소, 사적명승, 천연 기념물 등

등고선

지형도는 토지의 기복이나 경사의 정도를 정확히 표시하기 위해서 표준 수면에서부터 같은 고도의 점을 연결한 곡선이 기입되어 있다. 이 곡선을 등고선(콘터라인)이라고 한다.

등고선을 보고, 토지의 고저나 지형의 상황을 판단하는 포인트는 다음과 같은 사항이다.

· 등고선 간격이 좁은 곳은 경사가 급하고, 또 반대로 간격이 넓은

지도의 기호

폭넓이 2.5m~5.5m의 도로
폭넓이 1.5m~2.5m의 도로
소도로
(14) 국도 및 국도노선번호
도로의 불량부
건설중인 도로
송전선
돌계단

밭			활엽수림
공지	V		침엽수림
뽕나무밭			대나무밭
차밭			소나무 지역
과수원			개간지
수목원			황무지

경찰서
우체국
공장
학교
병원
사찰
고탑

채석장
기념비
연돌
△52 삼각점(3등이상)
□21.7 수준점(2등이상)
전파무선탑
유전

항구 동네입구
성·사적
명승지 천연기념물
분화구
온천 · 광천
채광지

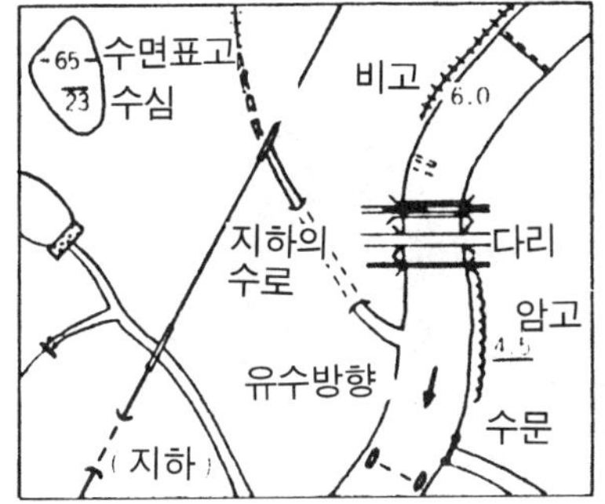

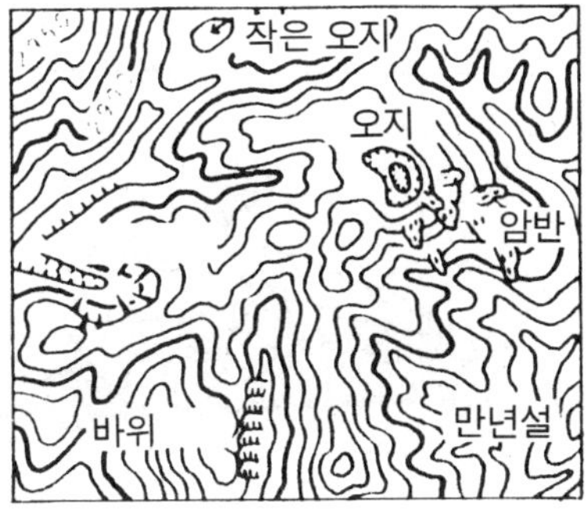

곳일수록 경사가 완만하다.

· 타원형이나 불규칙한 원형의 작은 원은 언덕 정상이나 산정으로, 원 중심을 향해서 화살표가 그려져 있으면, 오목한 땅을 나타낸다.
· 두 개의 원이 가깝게 접해 있고, 주변이 안경 모양, 또는 그것과 비슷한 모양으로 되어 있는 장소를 안부라고 해서 이 두 개의 원 중간은 우묵하게 들어가 있다.
· 언덕이나 산의 정상에서 저지를 향해 뻗어 있는 곡선은 산등성이를 나타내고 있다.
· 논이나 밭, 인가가 있는 곳, 강 등의 저지에서 거꾸로 산정 방향으로 뒤얽혀 있는 곡선은 계곡이나 저습지를 나타내고 있다.
· 산등성이에 포함되지 않는 작은 원은 육봉이라고 하는 융기를 나타낸다.

2만5천분의 1지형도의 경우, 주곡선이란 10m마다 그어져 있는 가는 등고선을 말하고, 계곡선이란 50m마다 그어져 있는 굵은 등고선을 말한다. 또한 보조 곡선이란, 사면이 완만하고, 주곡선의 간격이 넓은 경우에 이용되는 5m마다의 등고선을 말한다.

퍼머넌트 코오스를 걸어 보자

□OL 퍼머넌트 코오스란?

OL 퍼머넌트 코오스란, 고정 포스트의 상설 코오스로써 운영은 각각의 지방 공공단체, 각종의 사업단체 등이 이것을 맡아서 정비나 보급에 힘쓰고 있다.

코오스는 봄, 여름, 가을, 겨울, 언제나, 누구나가 즐길 수 있도록 연구되어 있다. OL의 연습용으로 또한 가족 동반의 하이킹을 겸해서 이 퍼머넌트 코오스를 이용하여 OL의 즐거움을 맛봅시다.

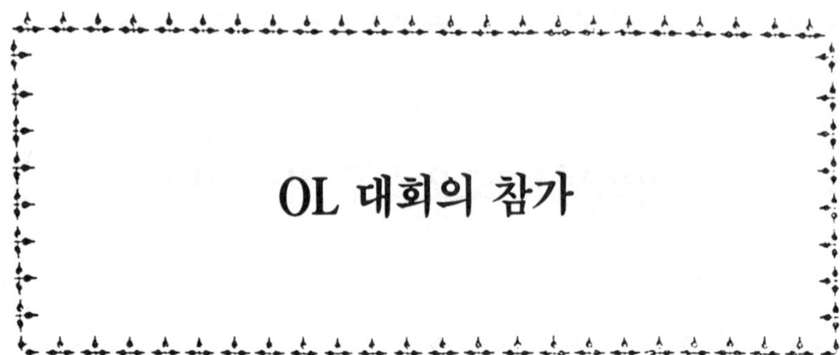

OL 대회의 참가

OL의 기본적인 지식이나 기술을 몸에 익히고, 퍼머넌트 코오스 등에서 끊임 없이 스스로 연구를 쌓으면, OL대회에 참가해서 실력을 시험해 보고자 하는 의욕이 솟는다.

□참가 신청

참가하고 싶은 사람은, 주최자가 정한 방법에 따라 신청 기일까지 참가 신청 소속을 한다.

일반적으로는 엽서 또는 편지로 주소, 성명, 연령, 성별, 희망 코오스, 단체 · 개인별 등을 명기해서 신청한다. 참가비를 신청서에 동봉해서 보내는 경우도 있다. 특히 대회 등의 개최 요항이나, 신청 방법을 잘 읽고, 규칙이나 주의 사항을 빠뜨리지 않도록 해 둔다.

□복장

복장은 대회 등 주최자가 지정하지 않는 한 자유이지만 야산을 달리거나 걷거나 하는 데에 적합한 가볍고, 활동하기 쉽고, 통기성이 있는 것이 바람직하다.

상의— 긴 소매 셔츠, 트레이닝셔츠, 얇은 셔츠로 가슴에 주머니가

있는 것.

바지—긴바지, 트레이닝 팬츠 등

모자—차양이 달린 모자 또는 야구 모자 등

신발—오리엔티어링 슈즈 또는 캐러밴 슈즈 등 가볍고 바닥이 튼튼하며, 미끄러지지 않는 것.

□지참물

OL대회 등에서는 각자 다음과 같은 것을 준비해 둘 필요가 있다.

컴파스—실버 컴파스, 또는 그것과 같은 작용을 가진 자석

필기 용구—붉은 볼펜 또는 붉은 연필

손목시계—가능한 한 방수성의 것

기타—맵 케이스, OL용 자, 휘슬, 갈아입을 셔츠, 양말, 타올 등

□참가하는데 즈음한 주의 사항

OL은 국민 일반의 건강 체력 만들기를 목적으로 한 스포츠다. 모든 사람의 스포츠(Sports For all)로써 참가하는 사람들이 공통적으로 유의해 두지 않으면 안 되는 점은 다음과 같다.

① 자연을 소중히

수목을 상처 입히거나 부러뜨리거나 하지 않도록 한다. 또한 종이 휴지나 쓰레기를 어지르지 않도록 주의한다.

② 타인에게 폐를 끼치지 않는다

논밭이나 사유지에 들어가거나 포스트를 이동시키거나 스탬프 또는 펀치를 가지고 돌아오거나 해서는 안 된다.

③ 스포츠로써 정정 당당히 실시한다

고의로 다른 참가자의 뒤를 따라 다니거나, 다른 사람에게 원조를 의뢰하거나 다른 사람으로부터 원조를 받거나 하지 않는다. 또한, 가끔 골인한 사람이 다시 코오스에 끼어들거나 마스터 맵(중심 지도)이 있는 곳에서, 다른 참가자를 방해하는 일 등은 절대로 해서는 안 된다.

④ 안전에 책임을 진다

참가자는 자신의 안전에 대해서 스스로 책임을 진다. 대회 등의 전날에는 자신의 신체 상태를 생각하고 컨디션을 조절한 후 참가한다. 상태가 나쁠 때는 무리한 참가는 삼가해야 하고, 참가중에 몸에 이상이 생기면 그 자리에서 기권하고 주최자에게 연락을 취한다. 도중 무단기권은 다수의 사람에게 폐를 끼친다. 자신의 건강에 대해서는 자신이 스스로 처리하도록 유의해 주십시오.

스스로 일으킨 사고의 책임을 주최자 측에 전가해서는 안 된다.

⑤ 참가하고 있는 중에

방심이 사고로 이어진다. 대회 등에 참가했을 때는 항상 진지하게 몰두합시다. 절대 무모한 짓을 해서는 안 된다. 만일 예측 불허의 사태가 발생하면 큰 소리로 주변 사람에게 알린다. 도움을 청하는 소리를 들은 사람은 경기를 곧 중지하고, 구조 활동에 참가한다. 여름에는 뇌우, 낙뢰, 독충, 독뱀 등 겨울에는 취설이나 눈사태 등의 피해가 없다고는 할 수 없다. 코오스 관리자가 코오스를 설정할 때 충분히 주의는 하고 있지만, 예측 불허의 사태가 발생하면 피해를 최소한으로 하도록 유의합시다.

OL의 참가 경험이 많아져서 익숙해 지면 주의사항을 적은 게시물에는 눈길도 돌리지 않게 되는 사람이 있는데, 그 때마다 정성껏 훑어 보는 것은 참가하는 사람의 당연한 매너다. 빈틈없이 읽어 둡시다.

□대회에 참가하는 순서

OL의 대회나 경기회에는 다음과 같은 장소가 설정된다. 참가자는 이하의 순서를 거쳐서 참가하게 된다.

① 제1 접수처

참가비를 납입하고 참가 신청을 한다. 미리 우송 등으로 참가 신청(엔트리)을 하고 참가증(카드)이 우송되어 있을 때는 그것을 접수처에 보인다. 참가자에 대한 주의 사항을 기록한 인쇄물, 체크 카드가 배포된다. 컴파스가 없는 사람은 여기에서 대출을 받든가 컴파스 대출소에 가서 빌린다.

② 탈의소

개인 방식에서는 남녀별로 설정되어 있기 때문에 각각의 장소에서 운동에 적합한 복장으로 갈아 입는다. 더욱이 짐 등은 자기 관리가 원칙이지만 탈의소에 놓아 두는 경우도 있다.

③ 제 2접수처

연령, 성별, 경험에 따라서 체크 카드에 클라스명, 성명, 주소, 소속 클럽명, 연락처 등을 기입한다.

여기에서 스타트 순위, 스타트 시각의 기입을 해 받는다.

④ 스타트 대기소

스타트 시각까지 워밍업을 하면서 대기한다. 제2접수처에서 스타트 지점까지는 보통 '설명소에서 ○○ m, ○색의 테이프를 더듬어 찾아 간다'등으로 적혀 있기 때문에 테이프를 안표로 대기소까지 서두른다. 이름이 아니라 스타트순의 번호로 불린다.

⑤ 스타트 지점

번호(스타트 순위)가 불리면 스타트 틀 속에 들어간다. 담당원에게 체크 카드를 보이고 지도를 받는다. 휘슬이 울릴 때마다 1틀씩 전진한다.

⑥ 마스터 맵 게시소

스타트하면 테이프를 더듬어서 마스터 맵이 놓여있는 곳으로 간다. 마스터 맵의 클라스명을 확인하고 나서 포스트 기호 및 포스트 위치의 설명을 반드시 베껴 쓴다.

대회에 따라서는 미리 포스트 번호, 포스트 기호, 위치 설명 등이 지도에 인쇄되어 있다. 그 경우 마스터 맵은 게시하고 있지 않다.

⑦ 겔렌데

마스터 맵을 베끼면 제1포스트를 향해서 스타트한다. 지도 읽기, 지도의 정치, 컴파스 조작, 보측 등을 받아들여서 가능한 한 빨리 포스트에 접근한다.

⑧ 최종 포스트

어느 클라스나 최종 포스트는 공통으로 되어 있는 것이 보통이다. 그곳에서 테이프를 따라 '골까지 ○○ m'라고 미리 게시된 코오스를 더듬어 찾아간다.

⑨ 골

골 테두리의 좁아진 부분부터 전방은 추월 금지가 된다. 출구에서 담당원에게 체크 카드를 건네주고 테두리 밖으로 나간다.

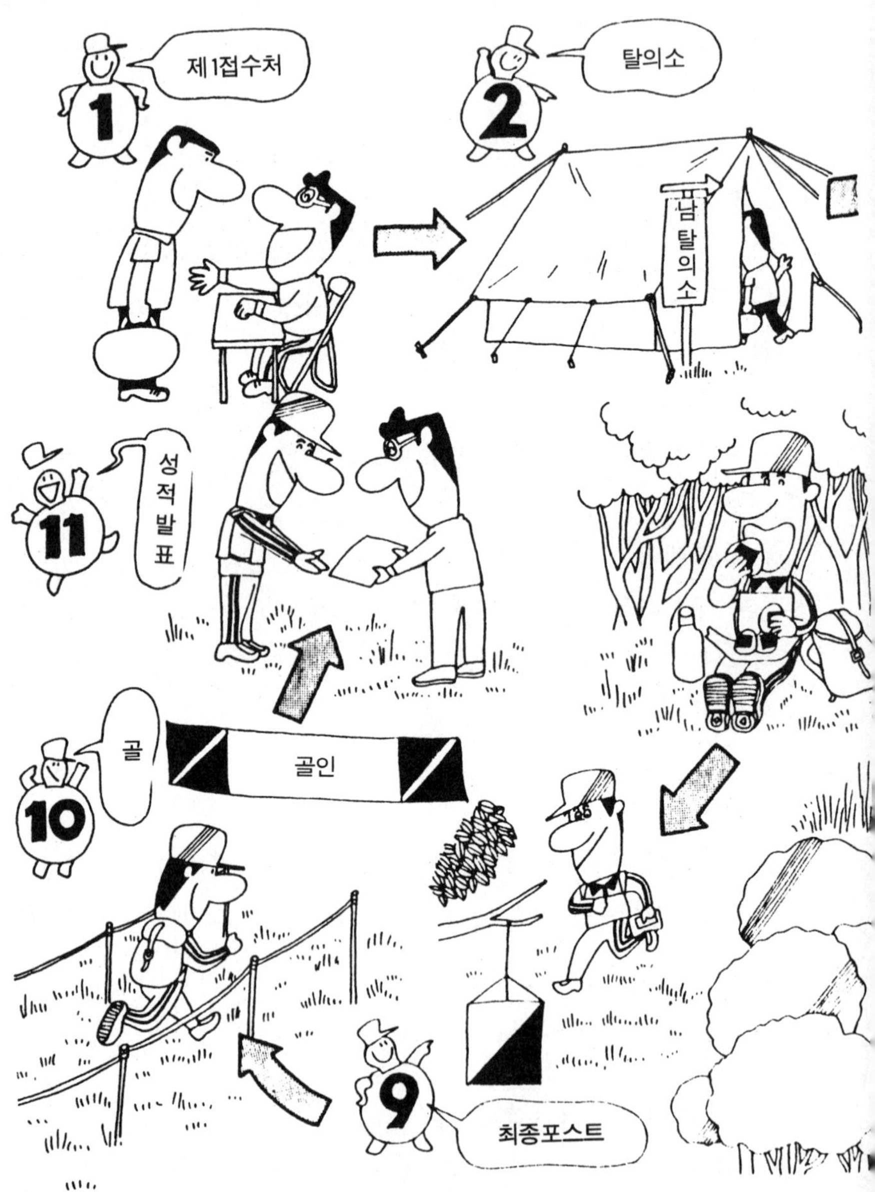
제1접수처
탈의소
남 탈의소
성적발표
골
골인
최종포스트

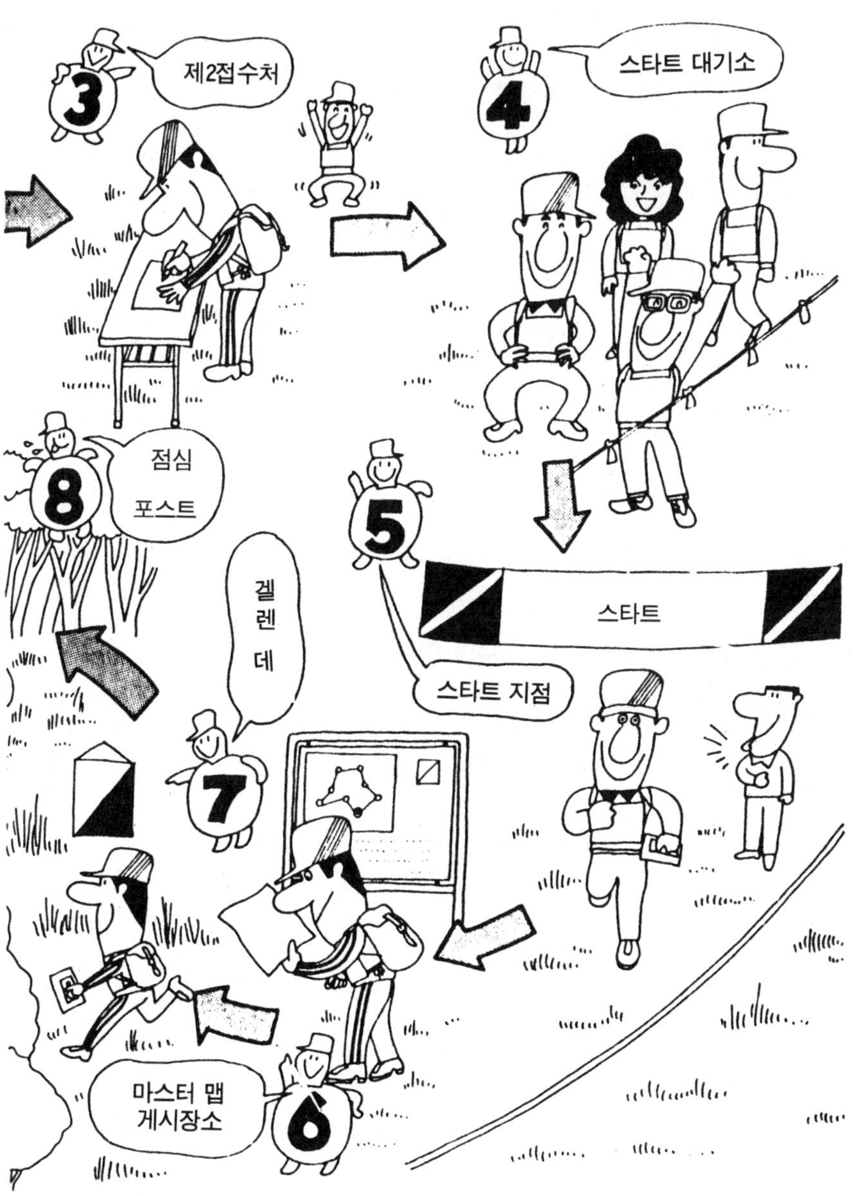
제2접수처
스타트 대기소
점심
포스트
스타트
겔
렌
데
스타트 지점
마스터 맵
게시장소

⑩ 성적발표

계원에 의해서 소요시간(도착 시각에서 스타트 시각을 뺀다)이 계산되고 또한 포스트를 정확하게 돌았는지 어떤지가 체크된다.

각 클라스마다 소요시간이 적은 사람 중에서 완전히 모든 포스트를 돈 사람부터 게시된다.

더 소중한 것

한 남자의 아내가 중병으로 거의 죽게 되었다 그래서 그는 약국으로 약을 사러가게 되었는데, 집을 나올 때 그는 아내에게 엄중하게 분부하였다.

"알아 들었소? 만약 나 없는 동안에 당신이 죽게 되거든 무엇보다 먼저 방 안의 전등을 끄는 것을 잊지 마오."

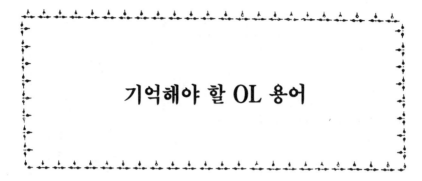

기억해야 할 OL 용어

□포스트

참가자에게 공통으로 지정된 지점으로 포스트 마크가 매달려 있는 곳을 포스트라고 한다. 포스트는 지도에 기입되어 있는 특징물이나, 그 특징물을 단서로 도달할 수 있는 곳 등에 설치된다.

□포스트 마크

삼각 기둥의 표식을 말한다. 최대 30×30㎝, 최소 20×20㎝로 오른쪽 위에서 왼족 아래로의 대각선으로써 백색과 오렌지색으로 나눠 칠해져 있다.

□포인트

지점으로 보통 체크 포인트=포스트에서 포스트로 진행하는 루트상의 단서가 되는 지점, 어택 포인트=포스트에 도달하는 최후의 단서가 되는 지점 등으로 사용된다.

□코오스와 루트

코오스란, 포인트 OL의 경우 스타트 부터 골까지 각각의 포스트간

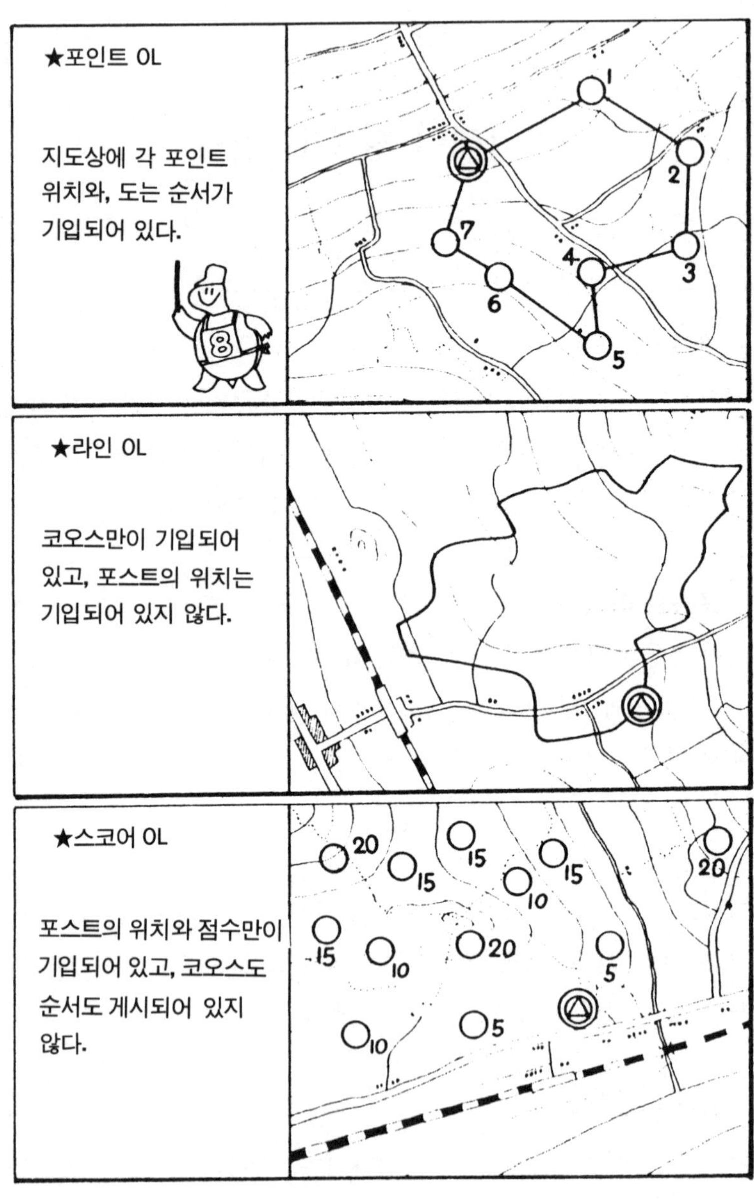
★포인트 OL
지도상에 각 포인트
위치와, 도는 순서가
기입되어 있다.
1
2
3
4
5
6
7
8
★라인 OL
코오스만이 기입되어
있고, 포스트의 위치는
기입되어 있지 않다.
★스코어 OL
포스트의 위치와 점수만이
기입되어 있고, 코오스도
순서도 게시되어 있지
않다.
20
15
15
15
10
20
15
10
20
5
10
5

에 참가자가 선택해서 진행하는 2개 이상의 진로의 총칭을 말한다. 루트란, 참가자 자신이 택해서 진행하는 각 포스트간의 진로를 말한다.

□마스터 맵

중심 지도로 보통 스타트 지점에서 200m이내의 지점에 게시되어 있다. 마스터 맵에는 참가자가 나아가야 할 코오스를 선으로 기입하고 있다. 스타트한 후 참가자는 마스터 맵에서 자신의 지도에 코오스를 베낀다.

□마스터 맵의 기호

△(한변 7㎜의 정삼각형)…마스터 맵의 위치

○(직경 5~6㎜의 원)…포스트의 위치

◎(직경 7㎜와 5㎜의 2중 동심원)…골의 위치

포스트는 마스터・맵 위의 원(포스트 기호) 중심점에 놓여 있지만, 그 위치는 원안에 점으로는 인쇄되어 있지 않다.

□체크 카드

포스트를 통과한 증명이 되는 카드로, 포스트 마크 옆에 놓여 있는 기인구(크레이용, 스탬프 또는 펀치)로 포스트 기호 체크난에 올바르게 기인한다. 골인했을 때는 담당원에게 카드를 건네주고 소요시간의 계산이나 페널티를 조사받는다.

□페널티

벌칙으로 지정된 포스트를 정확하게 돌아 오지 않을 때, 일부의 포스트가 불통과일 때, 체크 카드를 잃었을 때 포스트 통과 때에 기인되어 있지 않았거나 또는 부정확할 때 소요시간(골시각—스타트 시각)이 규정 시간(상위 3명의 평균 소요시간×1.75배)을 넘었을 때 등은 실격이 된다.

투우 대신

어떤 삼류 호텔에 밤늦게 한 손님이 들었다. 이튿날 아침에 그는 보이를 불러넣고 호통을 쳐댔다.

"무슨 놈의 호텔이 이 따위야? 밤새도록 잠 한 숨도 못잤으니! 쥐 두 마리가 밤새껏 찍찍 거리며 싸우잖아?"

그러나 보이는 능청스럽게 대답하였다.

"네, 그렇습니다. 제, 정말 그렇습죠. 손님, 하지만 이 숙박료로는 투우(鬪牛)를 보여들릴 수도 없잖습니까?"

제3장

설상(雪上)에서의 레크레이션

설상 레크레이션이란?

설상 레크레이션이라고 하면 많은 사람은 스키를 생각할 것이다. 확실히 눈 소식과 함께 스키장을 노리고 오는 사람들이 해마다 늘고 있다. 그러나 눈이 내리는 곳이 많이 있어도 스키장은 매우 한정된 곳 밖에 없다.

짧고 한정된 시간 안에 리프트를 이용해서 올라가고, 미끄러져 돌아온다. 그것만으로도 즐거운 것임에 틀림없지만 눈과의 만남, 눈과의 접촉을 중요시 하고, 눈과 친해질 여유가 있는 충실한 즐거운 설국의 놀이를 여러분의 것으로 만들어 보기 바란다.

설상 레크레이션이란, 이와 같은 바램을 담아서 눈 위에서 할 수 있는 스포츠나 놀이를 말한다.

설상 레크레이션을 하는데 즈음해서

설상 레크레이션활동을 즐겁고 결실 있는 것으로 만들기 위해서 다음 사항을 모두 주의합시다.

· 미리 신발 속에 눈이 들어가지 않는 처리를 해 둔다.
· 몸이 따뜻해지는 것 같은 활동을 주로 한다.
· 눈이 있으면, 어디에서나 누구나 할 수 있는 것을 선택한다.
· 건강이나 안전에 충분히 주의한다.
· 장소나 용구의 안전을 확인하고 실시한다.
· 즐거운 분위기나 방법을 연구해서 실시한다.
· 몸을 별로 움직이지 않을 때는 난방이나 복장에 주의한다.

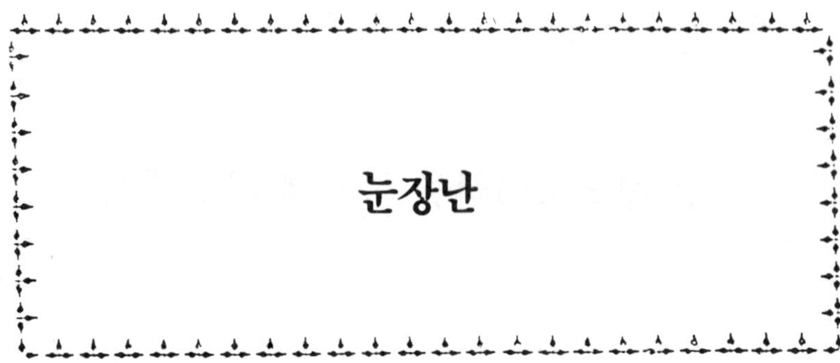

눈장난

□용구를 사용하지 않고

본성 공격

모두 협력해서 눈 성을 만듭시다. 완성되면 다음에 눈덩어리를 가능한 한 많이 만든다. 준비가 되면 신호와 함께 팀의 반수가 성을 나와서 상대방의 성을 향해 돌진한다. 나머지 반수는 성에 남아서 응전한다. 돌진 중, 눈덩어리를 맞은 사람은 아웃이 되어 밖으로 나간다. 눈덩어리에 맞지 않고 상대방의 성안으로 한 사람이라도 뛰어 들어가면 승리다. 심판을 각각의 성 옆에 배치해서 판정을 한다. 5회전 정도 해 보거나 토너먼트로 해 보는 것도 매우 재미있다.

깃발 뺏기

두 편으로 나눠어 각각 눈 탑을 만든다. 완성되면 탑 위에 각각 깃발을 1개 세운다. 준비가 끝나면 신호와 함께 일제히 상대의 진영을 향해서 깃발을 뺏으러 간다. 빨리 뺏는 편의 승리가 된다. 지키는 사람과 공격하는 사람으로 나눠서 해 봐도 재미있을 것이다.

모두 체조

눈을 이용해서 뜀틀, 평균대, 계단, 슬로프 등 뭐든 생각나는 체조 용구를 만든다. 완성되면 뜀틀을 뛰거나 평균대 위에서 밀어 떨어뜨리기를 하거나 계단이나 슬로프를 이용해서 할 수 있는 놀이를 연구해 봅시다.

눈사람 맞히기

모두 큰 눈사람을 하나 만든다. 점수판을 미리 만들어서 양눈은 10점, 코는 8점, 입은 6점, 귀는 4점 그 외는 2점 등이라고 미리 정해 둔다. 10m 앞에 라인을 긋고 그곳에서 눈사람을 겨냥하여 눈덩어리를 던져 맞힌 점수를 득점으로 한다. 눈덩어리의 수를 미리 정해 두면 좋을 것이다.

눈싸움

미리 눈덩어리를 많이 준비해 둔다. 어느 정도 떨어진 두군데에 반수의 인간이 들어갈 만한 테두리를 만들고, 각각 두 편으로 나뉜다. 신호와 함께 일제히 상대를 향해서 눈덩어리를 서로 던진다. 맞은 사람은 아웃이 되어 테두리 밖으로 나가 응원한다. 종료 신호로 남은 사람이 많은 쪽을 승리로 한다.

산대장

스콥으로 작은 산을 만들고 그 위에 올라간 사람이 산 대장이 된다. 나중에 올라 온 사람과 밀어내기를 계속한다. 산은 별로 크지 않게 완만하게 만든다. 위험 방지를 위해 난폭한 짓은 하지 않도록 한다.

□썰매를 사용해서

썰매 끌기

썰매에 한 사람을 태우고 잡아 끌어 경주한다. 거리는 편도 20m 정도로 릴레이식으로 한다. 타는 사람은 같은 체중의 사람이 좋을 것이다. 평탄한 장소를 이용해서 한다.

장거리 경주

썰매를 타고 언덕에서 미끄러진 거리를 겨룬다. 3회의 평균으로 미끄러진 거리를 정한다.

회전 경주

썰매를 타고 회전하면서 내려온다. 도중에 스톡이나 대나무 등으로 관문을 만들어서 정해진 코오스를 회전해 본다. 스타트부터 골까지의 시간을 재서 소요시간으로 순위를 정한다. 관문을 하나라도 빠뜨린 사람은 실격이 된다.

썰매 젓기

썰매를 타고 스키의 스톡을 사용해서 경주해 본다. 거리는 장소의 조건에 따라서 길게 하거나 짧게 하거나 한다.

□스키를 사용해서

과녁 맞추기

스톡대신 눈덩어리를 가지고 스타트 라인에 선다. 신호와 함께 스타트해서 도중에 설정된 과녁을 겨냥하고 눈덩이를 던진다. 완만한 사면을 이용하면 누구나 참가할 수 있다. 한번 미끄러지는데 눈덩어

리는 1~2개 정도가 적당하고 과녁까지의 거리는 연령이나 성별에 따라 바꿔 본다. 과녁은 나무나 깃발 등을 이용하고 득점판을 붙여서 어느 부분에 맞으면 몇 점이라고 하는 식으로 하면 의욕이 솟아날 것이다.

오래 미끄러지기

스톡 없이 누가 가장 멀리까지 미끄러질 수 있는지 경쟁한다. 누구나가 할 수 있는 것 같은 완만한 안전한 곳을 택해서 한다.

지네 미끄럼

5~6명으로 한 조가 되어 프루크 자세로 겹쳐서 골을 겨냥하고 미끄러져 내려 온다. 모두 협력해서 어느 팀이 빠르고 안전하게 미끄러져 내려 올 수 있었는지 경주한다. 사면이 완만한, 잘 다져진 곳을 이용한다.

모자 경주

가벼워서 바람에 가능한 한 날리기 쉬운 모자(파티용의 종이 모자라든가, 신문지로 만든 접은 모자, 발포 스티롤제의 텐 갤런 해트 등)을 준비한다. 턱끈은 달지 않는다. 신호와 함께 일제히 스타트. 스피드가 나면 당연히 모자가 날아가 버린다. 능숙한 사람도 신중히 미끄러지지 않으면 날아가 버린다. 떨어지면 반드시 주워서 쓴 채 골인한다. 모자류는 가능한 한 같은 모양의 것을 준비해 둔다.

언덕 오르기

스키를 신고 사면을 올라가는 경주를 한다. 제1관문까지 계단 등행이고, 다음은 사면 등행, 마지막으로 개각 등행 등으로 바꿔서 해본다. 긴 거리를 오르면 지치므로 30m 정도로 완만한 곳을 선택해서 해 본다.

터널 빠져 나가기

완만한 사면에 스톡을 꽂거나, 테이프를 치거나 해서 여러가지 터널을 만든다. 이것을 건드리지 않고, 누가 통과할 수 있는지 해 봅시다.

귤 나르기

스키 선단에 각각 같은 크기의 귤을 한 개씩 얹는다. 떨어뜨리지 않고 무사히 나르면, 1개당 1점. 각각의 조의 합계로 겨룬다. 한번이라도 떨어뜨리면 실격이 된다. 아무래도 어려운 것 같지만, 타임레이

스로써 떨어뜨렸을 경우는 주워서, 그 자리부터 다시 한번 미끄러지도록 해도 좋을 것이다.

스키 산책

겔렌데에서만 스키를 하고 있어서는, 스키의 즐거움을 충분히 맛볼 수 없다. 날씨가 안정되었을 때는, 모두 일렬로 서서 안전한 나무 사이나 눈길을 스키를 조작해서 걸어 봅시다.

풍선 터뜨리기

완만한 사면의 도중에, 고무 풍선을 인원수 만큼 미리 배치해 둔다. 활강해 와서 각자의 엉덩이로 터뜨린 후 골인한다. 스키로 터뜨려서는 안 된다. 풍선이 움직여서 좀체로 터뜨릴 수 없다. 스키의 능숙 · 서투름에 관계없이 할 수 있다. 뜻밖에, 스키가 처음인 사람 쪽이 엉덩방아가 능숙해서 터뜨릴 수 있는 확률도 높을 지도 모른다.

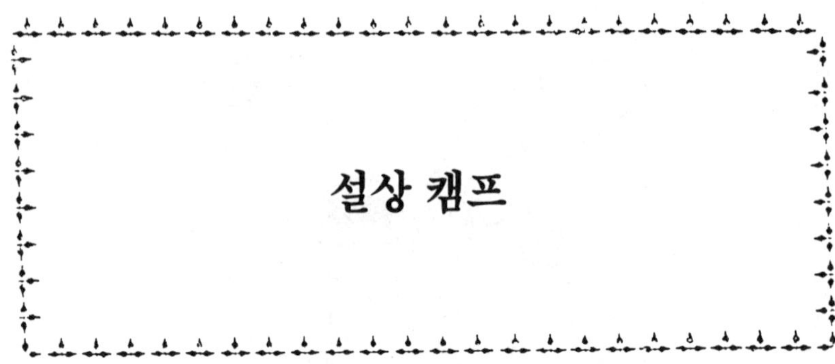

설상 캠프

□횃불 활강

나이터(야간 조명) 설비가 있는 스키장에서는 나이터의 종료시에 없는 곳에서는 주변이 완전히 어두워진 후, 언덕 위까지 스키로 올라간다. 담당원으로부터 횃불(막대 끝에 석유를 스며들게 한 헝겊을 감아, 철사로 튼튼히 고정한 것)을 건네 받아, 일제히 점화한다. 활활 타오르는 횃불을 한 손에 프루크보겐(V자 활강)으로 선도하는 사람의 뒤를 일렬로 늘어서서 조용히 미끄러져 내려온다. 앞 사람의 슈플(스키가 미끄러진 흔적)에 주의하면서 함께 미끄러져 내려 오는 기분은 또 각별하다. 앞 사람을 추월하지 않고, 정연히 미끄러진다. 미끄러져 내려 오면 횃불을 한군데에 모아서 끄든가, 또는 모두의 것을 모아서 잠시 불태운다.

타오르는 횃불의 불을 보고 있으면, 주위의 정적에 빠져 들어서 환상의 세계로 끌려 들어가는 것 같다. 끝나면, 불의 처리만은 깨끗이 해 둡시다.

□눈 동굴만들기

눈이 많이 없으면 불가능하지만, 모양에 구애받지 않고, 모두 연구해서 만들어 봅시다. 스콥, 판자 조각, 양동이 등 우선 눈을 다지거나, 나르거나, 자르거나, 파거나 할 도구를 준비한다. 1조 8~10명 정도로 팀을 짜서 만든다.

카마쿠라식

눈을 모아 와서 눈 산을 만들고 단단히 다진다. 다음에 주거부분을 판다. 파는 법은 스콥 등으로 옆부터 파 간다. 잘 다진 후 하지 않으면 천정이 떨어지기 때문에 충분히 신경써서 한다.

입구를 시트로 둘러싸면 따뜻해진다. 구멍 안에 작은 선반을 만들어 두면 이것저것 편리하다.

수혈식

눈을 앞과 같은 방법으로 다진다. 구멍은 위부터 파 간다. 구멍 위에 가지나 스키 등을 걸치고, 그 위에 시트를 얹어 지붕으로 한다. 바람에 날아가지 않도록 양끝을 눈 블럭으로 눌러 둔다.

이글루식

우선 눈을 밟아 다져서 스콥으로 30㎝정도 크기의 눈 블럭을 많이 만든다. 직경 2ｍ의 원을 따라서 이 블럭을 원형으로 쌓아간다. 블럭의 모양을 연구하면서 차츰 원 안쪽으로 경사지도록 쌓아 올린다. 입구는 천정을 만든 후 나중에 안쪽에서 뚫는다. 완성되면 밤 동안에 물을 조금 끼얹어 두면, 얼어서 강해진다.

카마쿠라식, 수혈식, 이글루식 모두 환기에는 충분히 주의합시다. 가능하면 죽통 등을 통과시켜서 미리 천정에 구멍을 뚫어 두어도 좋을 것이다. 깔개는 짚이나 숯가마니 등이 주변에 있으면 최고다. 만일 없으면 골판지, 발포 스티롤 등을 깔면 좋을 것이다. 그리고, 그 위에 시트나 모포를 깐다.

□설상 반합 밥 짓기

눈 속에서 지어 먹는 밥맛은 여름 캠프장에서의 그것과도 달라서 또 각별하다. 한번 모두 해 봅시다. 절대 어려운 일이 아니다.

장작을 이용해서

눈 속에서도 화덕이 튼튼하면, 어떤 때라도 불을 사용해서 식사

준비를 할 수 있다.

우선, 노천이 아닌 안심하고 반합으로 밥을 지을 수 있는 입목으로 둘러싸인 장소를 찾는다. 장소가 정해지면 쇠살대의 눈을 밟아 다져서, 눈 화덕을 만든다. 화덕이라고 해도 바람 막이를 위해서 눈을 다져 벽을 만드는 정도이므로, 손쉽게 할 수 있다. 다음에 난비 등을 매달기 위한 지주를 세우는데, 블럭을 4~6개 준비할 수 있으면 편리하다. 없으면 나뭇가지를 교차시켜서 만든다. 여름과 달리 눈 위기 때문에, 쇠살대에 굵직한 통나무 등을 깔아 둘 필요가 있다. 다음은 여름 캠프장과 마찬가지로 장작을 지펴 가면 된다.

메타(휴대 연료)를 이용해서

장작의 경우과 마찬가지로 화덕을 만든다. 이 때 벽은 메타에서 50㎝이상 거리를 두고 만든다.

준비물은 메타, 반합, 쌀(가능하면 미리 씻어둔다), 물(물통 또는 폴리 탱크에 넣어 둔다). 물이 없을 때는 눈을 녹여서 만든다.

화덕 중앙에 판자를 깔고, 그 위에 메타를 놓는다. 메타의 부속 부품을 조립하고, 반합을 얹는다. 다음은 불을 붙이고, 밥이 다 되기를 기다린다. 반찬으로써 즉석 카레 등을 준비하여, 끓인 물에 덥혀서 따뜻한 밥에 끼얹어 먹는다. 반합 뚜껑으로 달걀 부침 등을 만드는 것도 좋을 것이다.

석유통 · 곤로를 이용해서

준비물은 석유 빈 통, 반합, 물통, 쌀, 알루미늄 박, 굵은 가지 1개, 신문지 또는 주간지, 야채, 조미료 각종 생철 가위.

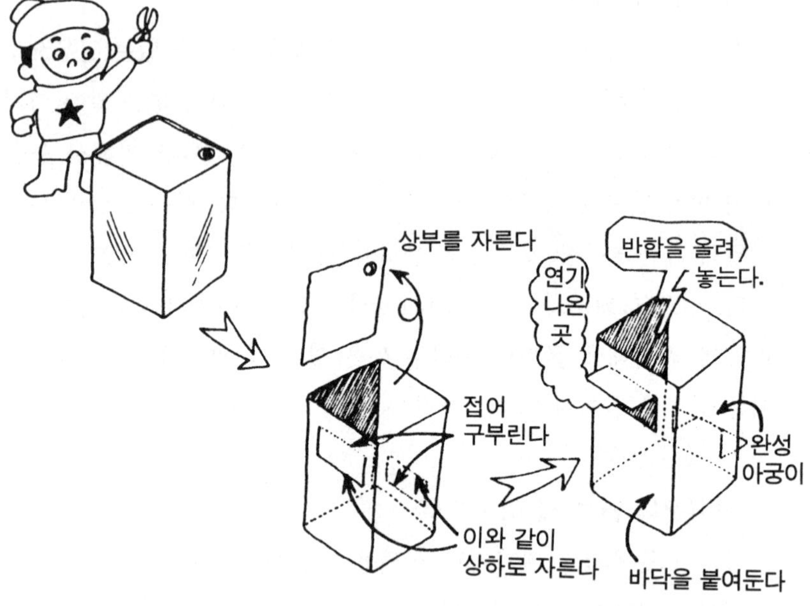
상부를 자른다
반합을 올려 놓는다.
연기 나온 곳
접어 구부린다
완성 아궁이
이와 같이 상하로 자른다
바닥을 붙여둔다

우선 석유통을 이용해서 곤로를 위의 그림과 같이 생철 가위를 사용해서 만든다. 준비가 되면 반합에 쌀, 물을 넣고 곤로에 올려 놓는다. 연료는 마른 작은 가지가 있으면 이용해서 밑 아궁이에서 태운다. 만일 없으면, 주간지 한 권을 조금씩 찢어서, 수건을 비틀어 짜듯이 비틀어서 계속 태우면, 그것만으로도 밥이 지어진다. 밥이 되면, 곤로를 거꾸로 해서 알루미늄 박을 2중으로 깔고, 석유나 버터 등으로 바베큐를 해 보십시요. 프라이팬 대신으로써 충분히 이용할 수 있다.

□설상 캠프 파이어

조용한 밤의 눈, 불을 둘러싸고 노래하거나 춤추거나 하는 즐거운 한 때를 가집시다.

설상에서의 캠프 파이어는 여름의 캠프장과는 다르기 때문에, 다음 점에서 주의가 필요하다.

파이어 사이트의 정비

우선, 파이어 사이트의 눈을 밟아 다진다. 단단히 밟아 다지고, 끝나면 굵고 긴 통나무(가능한 한, 생목 쪽이 좋다) 등을 전면에 깐다. 다음에 통나무를 깐 중앙에 '우물정' 자형으로 장작을 쌓아 올린다. 로스테르를 밑에서 3번째 단에 만들면 좋을 것이다.

좌석 만들기

파이어 사이트를 중심으로 인원수에 따라서 다소 다르지만, 직경 약8~12m의 원을 그리고, 그것보다 바깥쪽에 눈을 다져서 좌석을 만든다. 비닐을 깔고 그 위에 앉지만, 다소 몸이 차가와지므로 에어매트가 있으면 최고다.

기획상의 주의

- 야간에는 추위가 심하므로 참가자의 복장에는 신경을 씁시다. 반드시 방한복을 착용하고 장갑도 꼭 끼도록 한다.
- 캠프 파이어 전체의 시간이 60분 정도로 끝나도록 프로그램한다. 후반에 가능하면 전원 몸을 움직여서 즐길 수 있는 프로그램을 넣으면, 몸을 따뜻하게 하는 의미로도 좋을 것이다.
- 계절에 어울리는 겨울 노래를 준비해 둡시다.

스키장에서의 에티켓과 주의사항

· 몸 컨디션에 주의합시다. 수면 부족은 피로로 이어지고, 피로는 사고로 이어진다. 상해발생 원인 중에서, 수면 부족이 큰 위치를 차지하고 있다. 무리한 일정, 밤샘 등은 하지 않도록 합시다.

· 겔렌데로 나가기 전에, 반드시 준비운동을 합시다.

· 스키를 천평과 같이 매면 위험하다. 스톡이나 스키는 그 끝이 눈길이 미치는 곳에 오도록 둡시다.

· 반드시 흐름 방지를 부착하고 미끄러진다. 만일 스키를 놓치면 큰 소리로 아래 사람에게 알립시다.

· 안전 조임 도구의 안전을 과신해서 사고를 일으키는 예가 많이 있다. 구조를 잘 이해하고 잘 조절합시다.

· 초봄, 상의의 끝을 펄럭이면서 미끄러지고 있는 사람을 볼 수 있다. 칠칠치 못한 복장은 의외의 사고로 이어진다. 정신을 바짝 차리는 의미에서도 복장에는 조심합시다.

· 겔렌데 안에서 스키를 기대어 세워 놓거나 짐을 놓아 두거나 하지 않도록 합시다.

· 코오스 도중에서는 멈추지 않도록 합시다. 멈춰서 쉴 때는 가장 자리 쪽에서 쉽시다.

앞이 잘
안보이는 장소에서
안전을 확인하고
코오스
도중에서
멈추지
않도록
미안
합니다.
멈춰
주십시요.
안전
조임도구의
과신은
위험!!
겔렌데에
물건을
버려서는
안돼요.
겔렌데에
스키를
세워두어서는
안된다.
이런 곳에서
스피드를 내지 말아
주십시요.
스키 신발로
겔렌데를
걸어서는
안된다.
준비체조를
합시다!
수면부족은
사고의
원인
흐름 방지를
부착
!?

· 스킨 신발로 겔렌데를 걸어서 구멍을 뚫지 않도록 합시다. 부득이할 때는 코오스 가장자리를 걸읍시다.
· 겔렌데에 무엇을 버리지 않도록 합시다. 자연의 아름다움을 항상 보존합시다.
· 전도하면 가능한 한 빨리 일어나서 코오스를 비웁시다. 조임 도구가 풀어지면 활강 코오스 밖으로 나가서 다시 신읍시다.

· 코오스 도중에서부터 미끄러지기 시작할 때는 위에서 미끄러져 내려오는 사람이 없는 것을 확인하고 나서 미끄러집시다.
· 앞이 잘 안 보이는 장소나 안개 등으로 앞이 보이지 않을 때는 스피드를 늦추든가 일단 멈춰서 안전을 확인합시다.
· 멈춰 있는 사람이나 천천히 미끄러지고 있는 사람의 옆을 하이 스피드로 통과하거나 그 사람 옆에 스칠 듯이 정지하거나 하지 않도록 합시다.
· 추월할 때는 상대의 움직임을 보고 자신의 진로를 알립시다. (소리를 지른다)
· 스키장 등에서 부상을 당하면 곧 페트롤카를 불러서 응급 처치를 취해 받읍시다.

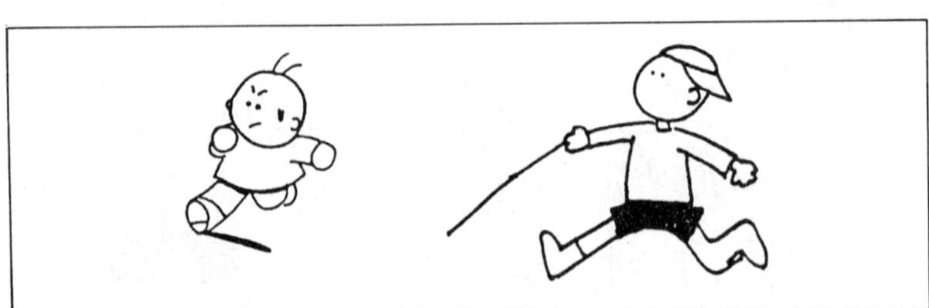

제 4장

사이클링

사이클링이란?

사이클링이란 '자전거를 타는 것', '자전거를 타고 멀리 가는 것' 등이라고 일컬어지는데, 또한 레크레이션 스포츠로써 자전거를 이용해서 실시하는 활동의 총칭이라고 해도 좋을 것이다.

사이클링의 목적은 목적지에 도착하는 것이나, 목적지 자체에 있는 것이 아니라, 자전거를 사용해서 달리는 것 자체에 있다. 따라서, 타인을 따라서 가는 것이 아니라 스스로 계획을 세우고 스스로 코오스를 택해 자기 자신의 힘으로 마음대로 자연 속을 달리는 것이 중요하다.

사이클링의 종류

□포터링

산책 정도의 가벼운 것으로, 자전거를 이용해서 가까운 곳을 가족이나 그룹으로 선뜻 달려 다니는 것을 말한다.

□퍼스트런

쾌속 주행이라고도 하며, 사이클링 로드나 사이클링 코오스 등을 경쾌하게 달리는 것을 말한다.

□투어링

보통, 2~3일의 투어부터 1주일, 1개월 등 여러가지 있지만, 자전거에 짐을 싣고 먼 곳으로 나가는 것을 말한다. 일반적으로 당일치기 정도의 것은 단지 사이클링이라고 불리고 있다.

사이클의 선택법

□자신의 몸에 맞는 자전거를 선택하는 요령

· 타기 쉽고 지치지 않는다.

· 사용 목적에 맞는다.

· 좋은 품질의 부품으로 되어 있다.

· 치수가 공업규격에 따라 정확하게 되어 있다.

이 4가지의 조건을 갖춘 것을 선택합시다.

타기 쉽고 지치지 않는 자건거란, 다리의 길이, 팔의 길이, 어깨 넓이, 다리의 세기에 맞는 자전거를 말한다.

새들

새들에 올라 타고 페달을 가장 낮은 위치로 해서 신발의 뒤꿈치를 얹었을 때, 무릎이 가볍게 펴지는 정도가 올바른 새들의 위치라고 한다.

프레임 사이즈

시트 튜브의 상단부터 크랭크축의 중앙까지의 길이를 프레임 사이즈라고 하는데, 몸에 맞는 프레임 사이즈는 신발을 신고 서서 '바닥부

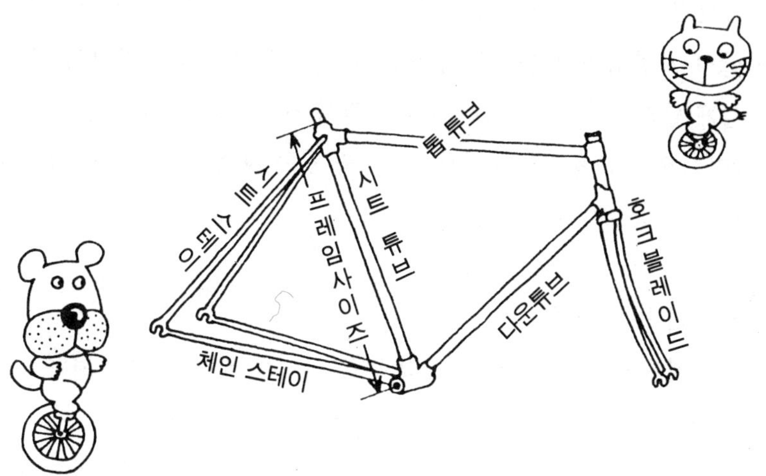

터 밑아래까지의 길이((밑아래 치수)−25㎝)'로 구할 수 있다. 그러나 프레임 사이즈는 그다지 신경질적으로 생각하지 않아도 새들 높이의 조절로 어느 정도 수정할 수 있다.

핸들

어깨 넓이와 같은 정도의 폭이 적당하다. 또한 핸들의 높이는 차종에 따라서 각각 다르다. 높이에 대해서는 p.427의 그림을 참조해 주십시요.

그 중에서도 드롭 핸들은 양팔을 곧바로 옆으로 벌렸을 때, 좌우의 중지 끝부터 끝까지가 150㎝이상이 아닌 사람은 위험하므로, 특히 아이는 가능한 한 사용하지 않도록 합시다.

□자전거의 조정

자전거의 조정에는 3점 조정법이라는 원리가 있다. 이것은 타는 사람의 결합점인 새들, 페달, 핸들의 3점 위치에 따라 지치지 않고, 즐겁게 달리고, 안전 확실히 핸들 조작이 가능하고, 올바른 승차 자세(합리적으로 근육의 수축운동을 할 수 있는 자세)를 취할 수 있도록 조정하는 방법이다.

새들의 높이 조정

새들에 올라 타고 페달을 가장 낮은 위치로 해서 신발의 뒤꿈치를 얹었을 때 무릎이 가볍게 펴지는 정도의 높이로 조정한다.

새들의 높이 조정은 프레임에 있는 시트핀을 스패너를 사용해서 늦추고, 새들의 위치를 상하시킴으로써 한다.

새들의 전후 위치 조정

새들의 올바른 높이가 정해지면 다음에 새들의 전후 위치 조정이다.

페달의 가장 힘이 가해지는 위치(발을 디딛는 위치)에서 무릎 관절의 바로 밑에 페달 중심이 오도록 스패너를 사용해서 새들의 설치 쇠장식을 늦추고, 새들을 전후시켜서 적당한 위치에 놓는다.

새들의 조정

· 업 턴 핸들

저속 때의 조정성이 뛰어나다.

손잡이 중심이 새들의 상면에서 약1㎝ 정도 높아지도록 조절한

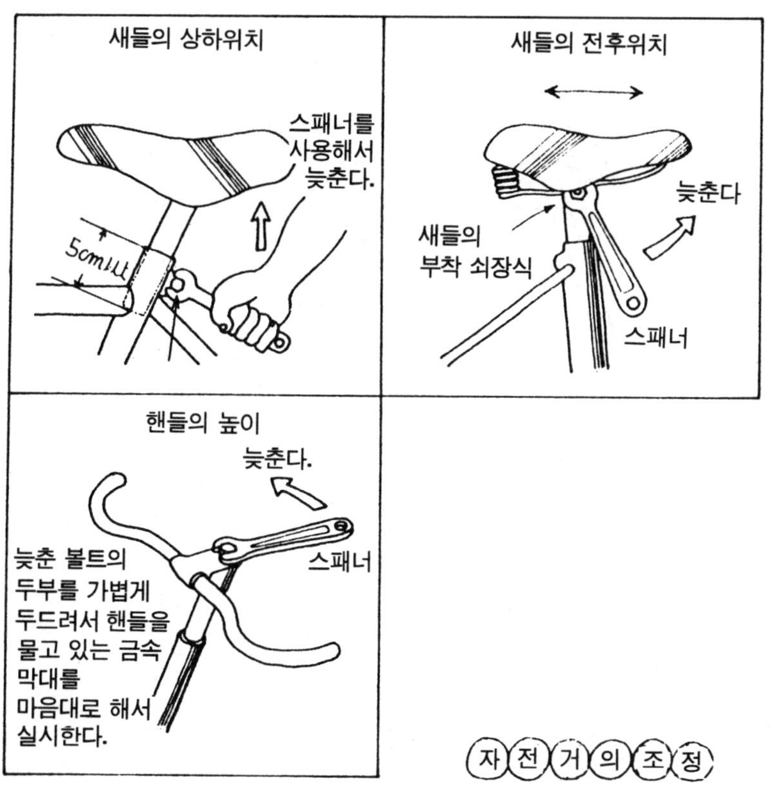

자전거의 조정

다. 조금 높은 듯한 위치다.

· 플랫 핸들

일반 사이클링용으로 사용되고 있는 것으로, 핸들과 손잡이가 거의 평평하게 되어 있다.

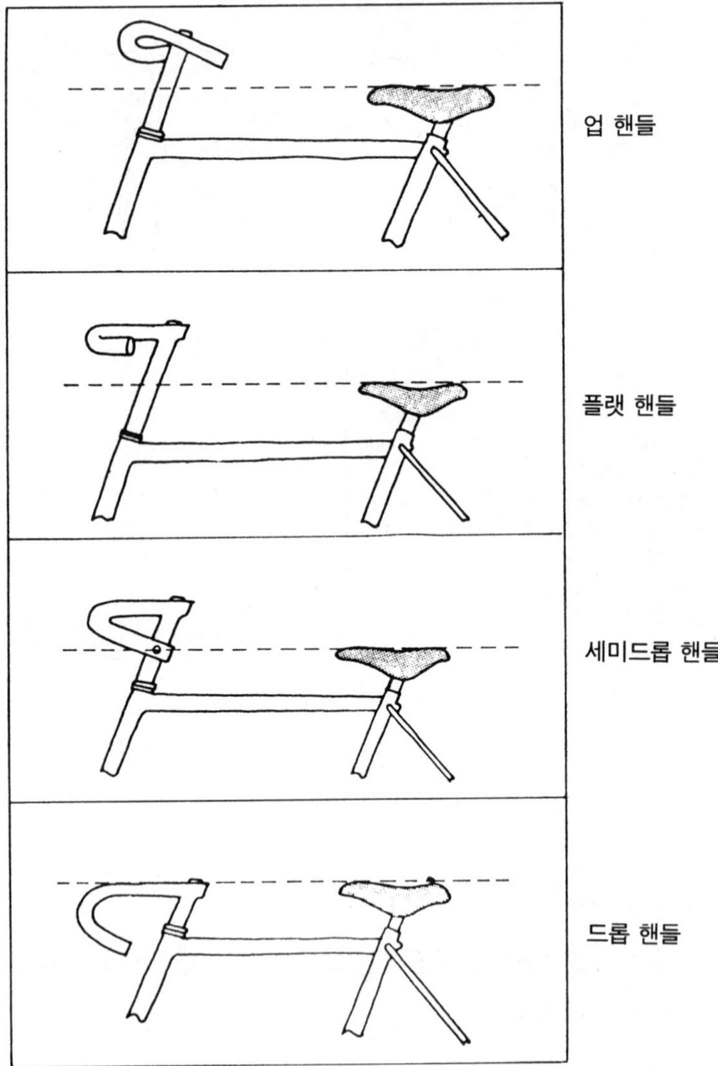
핸들의 올바른 높이
업 핸들
플랫 핸들
세미드롭 핸들
드롭 핸들

· 세미드롭 핸들

손잡이의 중심이 새들의 상면과 같은 높이가 되도록 한다.

· 드롭 핸들

드롭 핸들은 자세 관계로 상반신의 근육도 사용해서 달리기 때문에, 다리의 힘만으로는 잘 달릴 수 없는 급한 언덕이나 맞바람 때에 편리하다. 그러나 별로 원거리가 아닌 사이클링이나 포터링 등에서는 드롭 핸들로 하지 않아도 지장없다.

조정은 핸들바의 상면이 새들의 상면과 같은 높이가 되도록 한다.

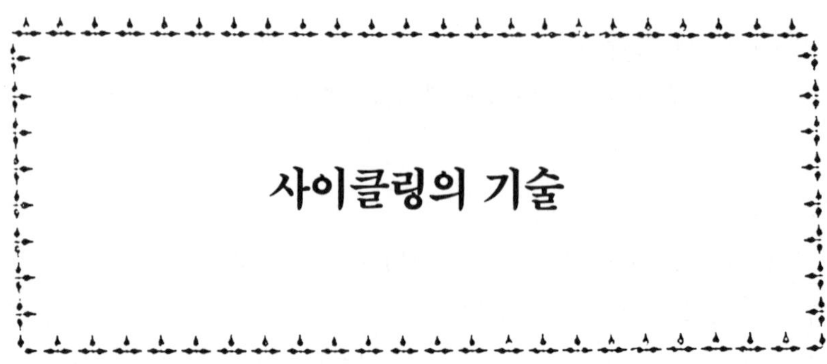

사이클링의 기술

쾌적한 사이클링을 하기 위해서는,

(1) 자신에게 맞는 페다링

(2) 도로의 상태에 맞는 주행 방법

(3) 체인지 기어의 효과적인 사용법

세가지의 기본적인 테크닉을 마스터하지 않으면 안 된다.

□자신에게 맞는 페다링

사이클링에서 가장 중요한 것은 스피드를 별로 바꾸지 않고 달리는 것이다. 그 편이 피로가 적기 때문이다. 또한, 스피드와 휴식은 서로 깊은 관련이 있다. 시속 20㎞에서는, 1시간 달리고 10분, 시속 15㎞에서는, 30분 달리고 5분 정도 쉬는 것이 표준이다.

페다링이란, 페달에 발을 얹고 크랭크를 돌리는 동작을 말하는데, 이것은 사이클링을 하는데 있어서 가장 기본적인 것이다.

페달의 발을 얹는 위치는 신발 바닥의 앞 1/3정도의 지점이 페달 중심에 오도록 한다. 이 때 새들의 높이가 올바르게 조정되어 있지 않으면, 발바닥의 장심이나 발뒤꿈치를 페달에 얹게 되어, 피로가 빨라진다. 신발의 방향도 자전거와 평행히 한다. 안짱다리로 페달을 밟고 있는 사람을 흔히 보는데, 올바른 페다링이 아니다. 또한 애쿼링이라고 해서 발목의 스냅을 충분히 활용해서, 처음 내리 밟을 때는 조금 발뒤꿈치를 내리도록 하고, 아래로 오면 발뒤꿈치를 올리도록 하면, 다리의 힘이 체인에 잘 전달된다. 특히 피로할 때나, 오르막일 때에는 효과적이다.

□도로의 상태에 맞는 주행 방법

평탄한 땅의 주행법

비교적 평평한 곳에서는, 그만 스피드를 내서 달리고 싶어지지만, 자신의 페이스를 무너뜨리지 않고 안정된 스피드로 달리도록 합시다. 어깨에 힘을 넣지 말고, 전체적으로 릴랙스한 느낌으로 팔이 땅기지 않도록 주의하면서 달린다.

그룹으로 달릴 때는 서로 몸의 폭과 자전거 1대분 정도의 길이를 전후 좌우로 움직이면서 지그재그가 되는 것 같은 일렬 상태로 달린다. 이렇게 하면 앞이 잘 보여서, 앞 자전거가 핸들을 꺾거나, 브레이크를 걸거나 해도 충돌하지 않도록 거리 간격을 유지하면서 안전주행을 위해 실시한다.

다음에 맞바람 때나 울퉁불퉁한 길일 때는 몸을 낮추어 바람의 저항을 적게 하고 진동에 대해서 안정성을 유지하도록 한다. 비가 내리고 있을 때는 전방이 잘 안보이기 때문에 앞 자전거와의 차간거리를 평소보다 많이 잡는다. 브레이크는 물에 의해 제동이 약해진다는 사실을 잊지 말아 주십시오.

언덕길 주행방법

짧은 오르막길에서는 바로 앞에서부터 기세를 가해서 단숨에 올라가 버릴 수도 있지만, 피로가 커서 그 다음의 주행 방법에도 나쁜 영향이 생긴다. 따라서 긴 언덕이나 짧은 언덕이나 자신의 페다링 페이스를 바꾸지 않도록 자신에게 맞는 기어비를 택해서 오르도록 한다. 기어를 가벼운 로(low)로 넣을 때는 도로의 경사를 잘 보고 한다. 페달에 힘이 들어가면, '으드득'하는 소리가 나서 매끄럽게 기어를 바꿀 수 없다.

허리를 새들에서 떼어 페달에만 힘을 주고 오르는 것은 쉽게 지쳐서 오래 계속하지 못하므로 이와 같은 것은 하지 않도록 합시다. 기어

비를 낮게 해도 괴로울 때는 무리를 하지 말고 저전거에서 내려 허리 힘으로 밀듯이 해서 올라간다.

내리막길은 사이클링에서 가장 즐거운 것이지만, 반면 위험도 많으니까, 방심하지 않도록 신중히 내려간다. 스피드가 너무 붙어서 커브를 완전히 돌 수 없었거나, 자갈에 핸들을 빼앗겨서 전도하거나 한다. 앞이 잘 보이지 않는 커브에서는 하차해서 도는 정도의 여유가 바람직하다.

체인지 기어의 사용법

체인지 기어는 원래 그 때의 바람이나 도로, 몸 컨디션, 달리는 속도에 대해서 가장 좋은 기어비를 선택하기 위한 장치다. 따라서, 스피드나 길의 상태가 변하면, 가능한 한 그것에 맞도록 빈틈없이 체인지하는 것이 진짜 사용법이다. 체인지 기어는 스피드를 올리기 위한 것이 아니라, 언덕길이나 평탄지나 안정된 페다링을 할 수 있도록 하기 위한 것이다.

체인지 기어를 구사할 수 있게 되기 위해서는, 자신의 자전거를 수 없이 타고 달리기 쉬운 기어비를 선택할 수 있도록 훈련하는 것이 중요하다. 보통 1초간에 1회전의 페다링이 가장 편한 것 같다. 기어비를 작게 하거나 크게 하거나 해서 자신 나름대로 조정해 봅시다.

사이클링의 복장과 휴대품

□복장

사이클링용이라고 하는 특별한 복장은 없지만, 상의는 굴신이 자연스런 것을 택하는 것이 중요하다. 가볍다, 따뜻하다, 먼지를 빨아들이지 않는다, 무덥지 않다 등의 조건에 맞는 것이면 적당하다. 가능하면 바람을 안지 않는 것으로, 방수성이 있는 것이 적합하다.

바지는 보통 쇼트팬츠가 많이 이용되고 있다. 계절에 따라 긴 바지를 이용할 때는 옷자락이 체인에 물리지 않도록 단단히 처리합시다. 바지 자락이 퍼져있는 판타롱 등은 부적합하다.

사이클링은 포장 도로만을 달리는 것이 아니기 때문에 의복은 더러워져도 아깝지 않은 것을 이용하도록 한다. 전신 운동으로 땀을 많이 흘리는 경우도 있기 때문에, 조금 얇은 옷으로 가는 편이 좋을 것이다.

그러나 휴식시에는 땀이 식어서 으스스 춥게 느끼기 때문에, 잠바 등을 반드시 준비한다.

모자류는 방한, 방수, 방진, 머리의 흩날림 방지 등에 이용되지만, 바람에 쉽게 날리지 않는 것으로, 앞 차양이 있는 것이 바람직하다.

신발은 단화가 좋고 바닥은 가죽이나 합성 수지제의 튼튼한 것이

투어링 풍경

적합하다. 바닥이 얇은 신발은 장시간 페달을 밟는 데에는 적합하지 않다. 또한 발목까지 오는 바스킷 · 슈즈는 발목이 움직이지 않아 부자유스럽고 샌들으로의 사이클링은 그만 둡시다.

장갑은 보온 뿐만 아니라 장시간 핸들을 쥐었을 때에 손이 아파지는 것을 완화시킨다. 또한 전도했을 때의 상처 방지도 되고, 꼭 잊지 않도록 합시다. 가능하면 가죽제의 것이 좋지만 목장갑 등이라도 좋을 것이다.

□휴대품

휴대품으로써 필요한 것은 사이클링백, 공구, 우비, 식료, 응급용

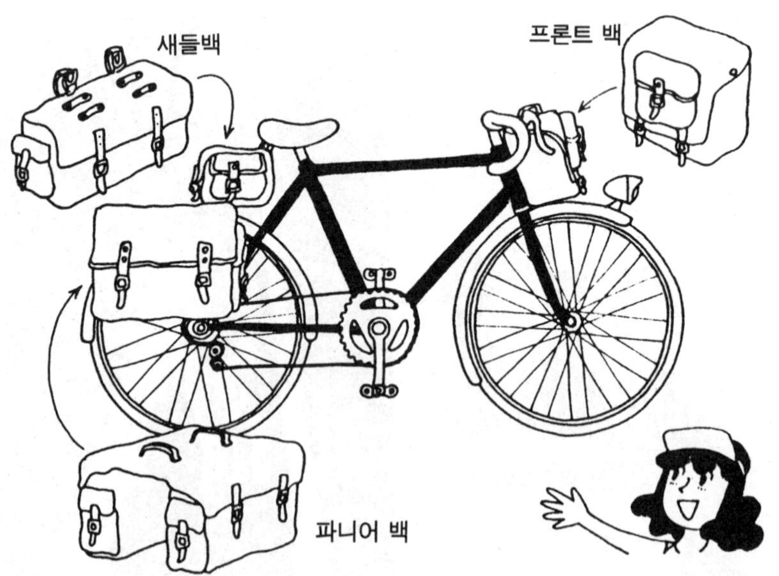

의약품, 일용품, 필기 용구 등이다.

백

핸들 앞에 부착하는 프론트백, 새들 뒤에 매어 달린 새들백, 휠 양쪽에 나눠서 부착하는 파이어백 등이 있지만, 휴대품의 양에 따라서 나눠 사용하도록 한다.

사이클링을 하고 있는 사람 중에서 흔히 짐을 싣는 곳에 짐을 끈으로 붙들어 맨 정도의 사람을 보는데, 출납 때에 불편할 뿐만 아니라 느슨해져서 다시 동여 매거나 물건을 떨어뜨리는 경우가 있다. 가능하면 사이클링백을 사용하도록 유의해 주십시요.

공구

공구로써는 드라이버(+, −), 프라이어, 스패너(14×17, 10×12, 8×9), 멍키 · 렌치, 타이어 레베, 가위, 펑크용 세트, 기름통 등을 들 수 있다. 이 중 최저 드라이버, 스패너와 프라이어, 펑크용 세트가 필요하다. 공구류는 헝겊 공구 주머니에 정리해서 한데 모아 두고 언제나 꺼낼 수 있도록 한다.

우비

일반적으로는 비닐제의 우비가 많이 이용되고 있다. 비닐제 폰초 외에 등산용 우비를 사용하고 있는 사람도 있다. 어쨌든 사이클링용 우비로써 완전한 것은 지금 현재로서는 볼 수 없다. 단, 주행중에 우산을 쓰고 있는 사람을 가끔 보는데 불안정하고, 사이클링의 경우는 우비로써의 역할을 할 수 없다.

식료

식료는 칼로리가 높고 소화가 좋은 것이 바람직하다. 공복에서는 갑자기 피로가 생기고, 또한 만복으로 자전거를 타는 것도 몸에 좋지 않다. 체력의 소모를 피하기 위해서 조금씩 먹을 수 있는 것을 준비한다. 주먹밥, 김밥 등도 좋고 또 빵, 비스켓, 쵸코렛 등도 적합하다. 또한 영양면에서 소시지, 과일, 생야채 등으로 밸런스를 이룬다.

출발하기 전 휴대품 리스트를 만들어 두면 물건을 잊는 것을 막을 뿐만 아니라 최소한 필요한 휴대품을 잘 알수 있게 된다. 또한 손전등도 잊지 말고 백속에 하나 준비해 둡시다.

안전을 위한 교통 법규

· 타기 전에 반드시 자전거의 점검과 조정을 한다.

· 도로는 우측을 일렬로 달린다. 도로 중앙으로 나가거나, 다른 차의 방해가 되지 않도록 한다.

· 차간 거리는 충돌하지 않을 정도로 잡게 되어 있지만, 6~10m 정도 떨어져서 달리기 바란다.

· 뒤에서 다가 온 다른 차가 있으면, 곧 길 우측으로 비켜서 길을 양보한다.

· 신호가 없는 교차점, 작은 길에서 큰 길로 나갈 때, 건널목 등에서는 반드시 잠시 정지를 하고, 안전을 확인한 후 건넌다.

· 신호에는 충실히 따른다.

· 우회전, 좌회전 때는 손신호로 확실히 가리킨다. 예를 들면, 30m 정도 앞에서 좌회전 때는 오른팔(우회전은 왼팔) 팔꿈치에서 위를 수직으로 세우든가, 왼팔을 수평으로 왼쪽으로(우회전 때는 오른팔을 수평으로 오른쪽으로) 편다.

· 신호가 있는 교차점에서 우회전할 때는 한번 전방까지 나아가서, 그곳에서 일단 정지하고 다음에 목적 방향으로 신호가 바뀐 후, 나아간다. 자동차와 마찬가지로 짧게 도는 것은 위반이 된

다. 또한 좌회전은 전방의 신호가 파랗게 된 후, 보행자에 주의하면서 방향을 바꾼다.

· 손을 뗀 운전, 스피드 경주는 절대하지 않도록 한다.

· 내리막길이나 커브에서 급브레이크를 거는 것은 사고의 원인이 된다. 스피드에 충분히 조심해서 달리도록 합시다.

· 2인승 운전은 위험하니까 그만둡시다.

· 공복 때나 생각을 하면서 자전거를 달리면 사고를 일으킨다.

· 다음과 같은 곳에서는 벨이나 부저를 울리고 달린다.

① 좌우가 잘 보이지 않는 신호가 없는 교차점

② 도로의 길 모퉁이

③ 오르막길의 정상

④ 경사가 급한 내리막길

⑤ 벨이나 부저를 울리도록 지정된 구간이나 장소

· 헤드라이트를 켜지 않으면 안 되는 것은 일몰부터 일출까지 터널 속, 짙은 안개가 깔려있는 곳 등이다.

· 보행자가 횡단도로를 건너고 있을 때는 횡단 보도 바로 앞에서 일단 멈추든가, 보행자의 방해가 되지 않도록 한다.

· 흰 지팡이를 짚고 있는 사람, 휠체어를 타고 있는 사람, 시중드는 사람이 없는 유아나 아이가 걷고 있을 때는 일단 멈추든가 천천히 달려, 방해가 되지 않도록 한다.

· 브레이크나 벨이 부착되어 있지 않은 자전거는 타지 않도록 한다.

제5장

캠프 파이어

캠프 파이어란?

캠프 파이어는 캠프장에서 공동 생활을 하고 있는 모든 동료가 불을 둘러싸고 노래하거나, 춤추거나, 그리고 조용히 서로 이야기하며 우정을 따뜻하게 하는 캠프의 밤에 빼 놓을 수 없는 프로그램이다.

최근에는 이 캠프 파이어도 캠핑과 분리해서 '캠프 파이어의 모임'으로써 지역의 어린이회나 학교의 여름 방학 행사에 받아들여져서 마을 광장이나 교정에서 즐기게 되었다.

옛날부터 인류는 불에 대해서 동경과 친밀감을 가지고 있었다. 불은 생활의 중심이고, 사람들은 그 불을 사용해서 외적으로부터 몸을 지키고 도구를 만들고, 음식을 만들고, 그 불을 둘러싸고 노래하거나 춤추거나 서로 이야기하거나 해 왔다. 현재도 지구상에 얼마 안 남은 미개 종족이 아주 옛날 인간과 마찬가지로 광장의 불을 둘러싸고, 소중히 간직한 의상을 몸에 걸치고 축제나 축하행사를 하거나 중요한 상담을 하고 있다고 한다.

불을 물끄러미 바라보고 있으면 잊고 있었던 어린 시절의 일이 떠오르거나, 고향의 산하가 눈에 떠오르거나 한다. 그리고 이상하게 몸이 죄이고 마음이 씻기는 듯한 기분이 되는 것이다.

침식을 함께 하고, 서로 도와 생활하고 있는 동료와 둘러싼 캠프파이어는 캠프 생활을 통해서 가장 인상적이고, 평생 잊을 수 없는 것이라고 생각한다.

두 마리 다 놓쳤지

"도대체 자네 초상이라도 치렀나? 얼굴 상판이 도대체 그게 뭔가?"

"가정부 아이를 구슬리다가 그만 아내한테 들켰지 뭔가."

"허, 그건 실수로군."

"그것 정도라면야 별로 신경 쓸 바도 아니지. 실은 더 입맛 가시는 일이 있어."

"그게 뭔데?"

"아내가 그걸 그만 내 여비서에게 폭로해 버렸는걸."

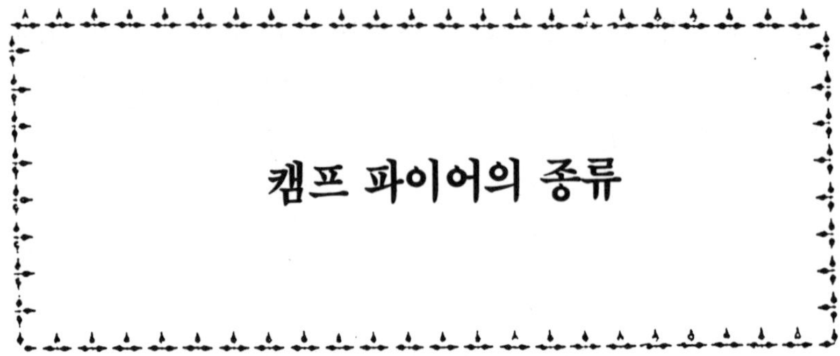

캠프 파이어의 종류

본래 캠프·파이어라고 하는 것은 캠프 생활 중에서 사용하는 모든 불로, 여러가지 종류를 생각할 수 있다.

· 야외 취사 때에 태우는 불
· 텐트 속의 벌레를 없애기 위해서 사용하는 불
· 추위를 예방하기 위해 지피는 불
· 야수로부터 몸을 지키기 위해 지피는 불
· 새로운 동료를 맞이하거나, 동료를 떠나 보내거나 할 때에 태우는 불
· 개·폐촌식이나 의식에 사용하는 불
· 우정을 깊게 하기 위해 광장에서 태우는 불

여기에서는 일반적으로 캠프·파이어라고 말하고 있는, 참가자가 야간에 불을 둘러싸고 우정을 따뜻이 하고, 친목을 깊게하는 것, 혹은 캠프의 의식으로써 실시하는 것에 대해서 생각해 봅시다.

□의식의 불(세리머니얼 파이어)

캔들·파이어라고 불리며 캠프의 최초나 최후에 이루어지는 파이어로 조용하고 엄숙한 분위기 속에서 점화되고 활활 타올라 가는

어린이들의 캠프 파이어 광경

모습은 어쩐지 종교적인 감동을 느끼게 한다.

□친목의 불(본 파이어)

참가자 전원이 하나의 불을 둘러싸고 노래하거나, 춤추거나, 각 그룹마다 장기(스턴트라고 일컬어지고 있다)를 서로 연기하거나 해서 친목을 도모하는 불이다. 동적이고 밝고, 노래와 웃음과 박수 속에 진행해 간다.

이 밖에 친목의 불을 줄이고, 소수의 가족적인 분위기에서 서로 이야기하는 환담의 불도 있다.

이상 두가지 형식의 캠프 · 파이어를 생각할 수 있다. 장기에 걸친 캠핑의 경우는 이 양쪽을 캠프의 프로그램에 넣을 수 있지만, 2박 3일이라든가 3박 4일이라고 하는 짧은 캠핑의 경우 두 가지의 내용을 포함한 캠프 파이어를 실시하는 것이 보통이다.

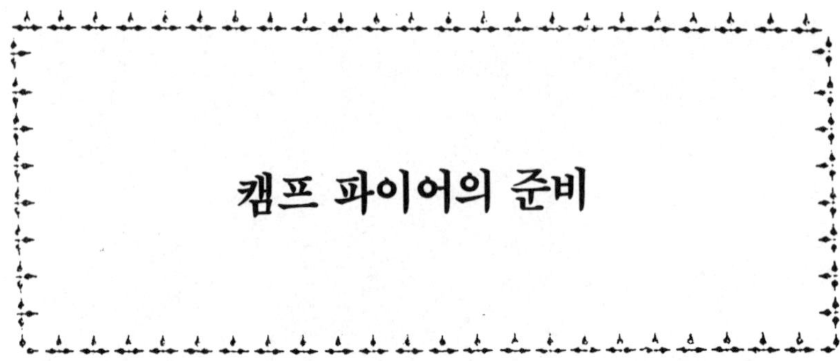

캠프 파이어의 준비

□파이어장의 선택법

캠프장에는 캠프 파이어의 장소가 만들어져 있는 것이 보통인데, 일반적으로 다음 사항을 생각하고 선택합시다.

· 주위가 숲으로 둘러싸여 있고, 참가 인원수에 적합한 넓이의 평평한 곳으로 화재의 위험이 없는 장소

· 캠프 사이트에서 조금 떨어진 장소

· 자신들만의 세계로, 인가의 불빛이 보이거나, 외부로부터의 소음이 들리거나 하지 않는 장소

□파이어장 만드는 법

적당한 장소가 정해지면 우선 쇠살대의 위치를 정한다. 이것을 중심으로 해서 원형으로 참가 인원수에 맞는 넓이의 장소를 깨끗이 한다. 작은 돌을 줍고, 풀을 깎고, 마른 풀이나 낙엽을 제거하고, 상처를 입거나, 캠프 파이어의 불이 주변에 옮겨 붙을 걱정이 없도록 해 둔다.

다음에 쇠살대를 중심으로 원형으로 좌석을 만든다. 참가자 수에 따라서 다소 다르지만, 직경 10m 정도까지가 적당하고, 좌석을 너무

넓게 하면 참가자의 마음이 집중하기 어려워져서 분위기를 돋구기가 어려워진다. 참가자 수가 많은 경우는 2열, 3열로 좌석을 만든다. 큰 원은 만들지 않는 편이 잘 된다.

좌석으로는 통나무를 사용하는 것이 좋지만, 입수할 수 없을 때는 비닐 등을 각자 가지고 와서 직접 지면에 앉도록 한다.

□장작 쌓는 법

다음에 장작 쌓기를 하는데 장작 쌓는 법에는 특별 규칙은 없다. 보통 '우물정' 자 형이라고 일컬어지고 있는 방법이 쌓기 쉬워, 많이 이용되고 있다. 이 외 다이아몬드형, 인디안형(티피형), 스타형 등이

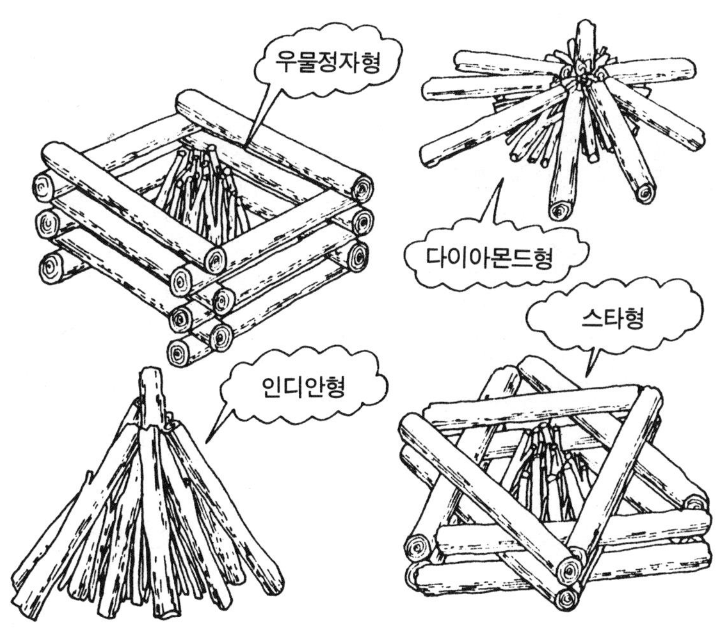

있고, 이것들을 병용해서 쌓는 경우도 있다.

장작 쌓기는 참가자의 수와 소요시간을 생각해서 장작의 종류, 굵기, 길이 등을 택하고, 수량을 결정하는 것이지만 좀체로 생각대로 장작을 입수할 수 없는 것이 실정이다. 50～100명 정도의 인원수로 약 1시간반의 파이어를 실시한다고 하면, 다음의 장작을 준비하면 될 것이다.

통나무(직경 10～16㎝ 길이 1ｍ) 20개 정도,

취사용 장작 5～7다발

섶나무 가지 장작 1～2다발.

종이나 석유는 가능하면 사용하지 않는 편이 좋지만, 불이 피어

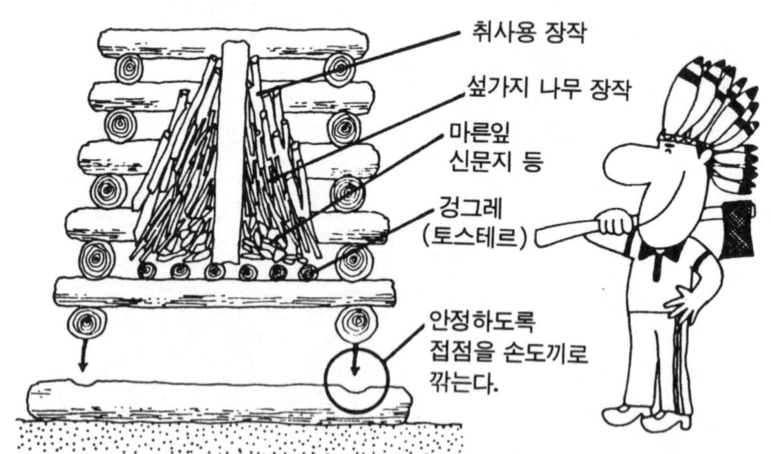

오르지 않으면 파이어가 되지 않기 때문에, 신문지 5~6장, 석유 1.8 *l* 정도 준비하면 좋을 것이다.

그리고 재료가 다 갖춰지면 장작 쌓기에 들어간다. 여기에서는 일반적인 우물정자형을 예로 들어서 설명해 간다. 우선 쇠살대를 조금 파고, 그 위에 가장 굵은 통나무를 조금 떼어서 평행히 놓고, 그 위에 엇갈리게 2개씩 평행히 쌓아가는 것이다. 윗쪽을 점점 좁히면서 1m 정도의 높이로 쌓아 올린다. 이 부분은 연료임과 동시에 굴뚝의 역할도 하는 것이기 때문에, 흔들흔들하거나, 곧 무너지는 일이 없도록 손도끼로 접점을 깎아서, 튼튼히 쌓아 올린다. 못이나 철사나 걸쇠 등을 사용해서 쌓아 올리는 방법도 있지만, 가능하면 피해 주기 바란다.

우물정자가 완성되면 2단째 정도의 부분에 통나무를 나란히 놓고 정그레(로스테르)를 만든다. 그 위에 소나무나 삼목의 건조한 마른잎이나 신문지를 넣고, 섶가지 나무장작, 취사용 장작으로 점점 굵은 장작을 피라밋형으로 쌓아 올린다.

장작 쌓기가 끝나면 남은 장작은 보급용으로써 좌석 바깥쪽에 한데 모아두는데 장작은 가능한 한 보급하지 않아도 되도록 미리 생각해서 쌓아두는 것이 이상이다.

지면이 젖어 있거나 장작이 축축해져 있거나 할 경우에는 신문지를 둥글게 말아서 석유를 흠뻑 적신 것을 몇 개 준비해 두면 좋을 것이다. 쌓은 장작 위에 직접 석유를 끼얹어 두는 방법도 있지만 장작이 젖어 있어서, 부득이할 경우 이외는 그만 두기 바란다. 대자연 속에서의 엄숙한 캠프 파이어의 기분이 석유 냄새로 망쳐져 버린다.

□캠프 파이어에 적당한 나무

소나무, 삼목, 낙엽송, 자작나무, 전나무 등의 무른 나무는 불이 잘 붙지만, 빨리 다 타 버린다. 또한 떡갈나무, 졸참나무, 상수리나무, 단풍나무 등 단단한 나무는 좀체로 불이 잘 안 붙지만, 불이 오래 가고 나중에 숯불이 남는다.

이와 같이 나무의 종류에 따라서 타는 법이 다르기 때문에 캠프 파이어 때는 그 점을 생각하고 장작을 쌓도록 합시다. 타기 어려운 나무는 바깥쪽 테두리에 타기 쉬운 나무는 안쪽에 쌓도록 연구한다. 층층나무나 마가목과 같이 좀체로 불이 잘 안 붙는 나무만을 쌓아서 캠프 파이어를 하려고 한다면 그야말로 큰 일이다.

행복

"돈만으로는 결코 행복해질 수 없어."

"그렇잖아, 같은 울음이라도, 캐딜락을 타고 우는 건 약간 멋있잖아."

□캠프 파이어의 담당자

캠프 파이어를 할 때 매우 소수의 경우는 특별히 담당자를 정하지 않아도 되지만 역시 담당자를 정해서 미리 계획한 프로그램으로 진행하는 편이 좋은 캠프 파이어가 된다.

영화장

파이어 · 치프라든가 장이라고 불리며 대개는 야영장(캠프 디렉터)이 된다. 때로는 연장의 리더나 내빈이 이것을 맡는 경우도 있다. 영화장은 캠프 파이어에 대한 전 책임을 지는 중요한 역으로, 캠프 경험이 풍부하고, 인격이 훌륭한 사람이 아니면 안 된다. 또한 영화장은 사회자나 영화 담당자와 잘 의논해 두는 것이 중요하다. 그리고 점화 신호, 불의 이야기, 개회 · 폐회의 말 등 참가자의 마음에

남는 이야기를 한다.

또한 때로는 보통의 참가자와 다른, 아주 옛날의 인간이라든가, 인디안과 같은 분장을 하는 경우도 있다.

파이어장에서는 북극성을 등에 지고 영화장의 좌석을 만드는 것이 풍습이지만, 바람이 강할 때나 풍상에 지면이 기울어져 있을 때는 높은 곳에 좌석을 잡는다. 사회자, 영화 담당자는 그 바로 옆에 위치하는 것이 일반적이다.

사회자

엘 · 마스터라고 해서 파이어 프로그램을 만들고, 사회를 진행하는 담당자다. 사회자의 연출력은 파이어 전체를 좌우하기 때문에, 노래나 게임 지도가 능숙하고, 유모가 있고, 임기 응변으로 프로그램을 변경할 수 있고, 전체 분위기를 파악하고 돋굴 수 있는 사람이 이것을 맡는다.

캠프 파이어에는 휴식 시간이라고 하는 것이 없다. 그러므로, 장기와 장기 사이에 전원 노래를 부르거나, 게임을 하거나 춤추거나 한다. 이것이 사회자가 꼭 보이고 싶은 솜씨다.

영화 담당자

파이어 · 키퍼라든가, 불지기라고 해서 점화를 하거나, 소화를 하거나, 장작을 준비하거나, 끊임없이 캠프 파이어의 분위기에 맞춰서 불을 조절하거나 하는 담당자다. 보통 4~5명이 이것을 맡는다. 영화장의 설영, 장작 쌓기 등의 준비부터 뒷정리까지 파이어에 관한 일은 모두 담당하는 중요한 담당자다.

특히 파이어의 진행 중은 인형극의 스탭과 같이 눈에 띄지 않도록 행동하지 않으면 안 된다. 셔츠부터 모자까지 검은 색으로 통일하고, 매우 열중해서 하고 있는 영화 담당자를 가끔 보는 경우가 있다.

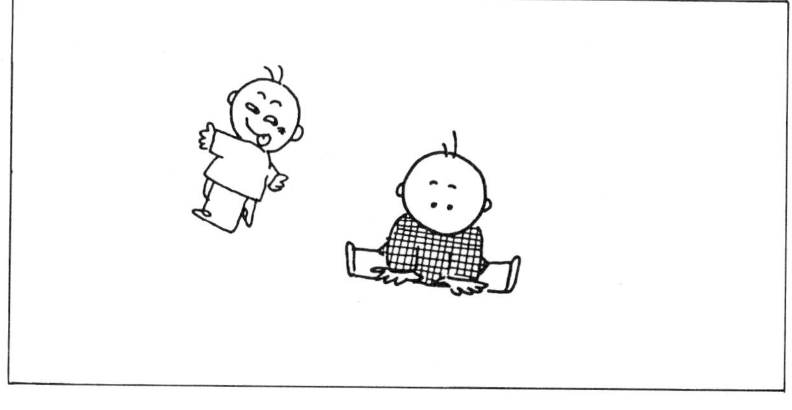

캠프 파이어의 연출

□연출에 대해서

캠프 파이어에는 일정한 형식은 없다. 참가자의 구성이나 목적, 사회자의 연출 방법에 따라서 내용이 정해진다. 감명있는 추억에 남는 캠프 파이어를 연출하기 위해서는 명암, 정동, 강약 등의 리듬이나 노래, 춤, 게임, 게다가 그룹별 장기(스턴트) 등의 조합을 생각해서 진행하는 것이 중요하다.

캠프 파이어의 요소로써는 흔히 4S라고 하는 것이 일컬어진다. 4S란,송(노래), 스턴트(장기), 스토리(이야기), 그리고 쇼맨쉽(연출)으로 이것들의 발란스가 이루어져 있는 것이 중요하다고 하는 의미다.

그럼, 캠프 파이어의 연출에 대해서 기본적인 사항에 관해서 언급해 봅시다.

우선 생각해 둘 것

참가자……참가자 전원이 주역. 전원이 행동할 수 있는 프로그램.

테마……목적에 따라서 파이어의 내용이 변한다.

리듬……산을 만든다. 인간은 감동하는 리듬을 가지고 있다.

시간……너무 길지 않게. 1시간 30분 정도로 여운을 남긴다.

캠프 파이어의 흐름

기(도입) 참가자를 끌어 당긴다. 점화 의식. 조용하게 시작하는 경우가 많다.

승(전개) 노래나 게임, 그룹별 장기 등 변화 풍부하고 동적.

전(테마에 임박한다) 클라이막스. 테마성을 느낀다. 참가자의 마음을 하나로 한다.

결(피날레) 여운을 남기고 조용히 끝낸다.

□캠프 파이어의 점화방법

도입부의 점화 방법에도 여러가지 방법을 생각할 수 있다. 보통 횃불(토치)에 의한 점화가 많이 이루어지고 있지만, 연출 방법에 따라서는 다른 방법도 효과를 올린다.

토치에 의한 점화

토치 리더가 다른 장소에서부터 토치에 불을 붙여서 운반해 와서 점화하는 방법이다. 원시적, 신비적인 분위기 속에서 점화된다.

스네이크에 의한 점화

주위의 수목과 쌓인 장작 사이에 철사를 건너지르고 이것을 케이블로 해서 불을 떨어뜨리는 방법이다. 작은 장작에 헝겊을 휘감고, 석유를 스며들게 한 것을 불씨로 한다. 케이블을 비스듬히 치고, 불씨를 미끄러 떨어뜨리는 방법과, 케이블을 수평으로 치고 화살을 달아서

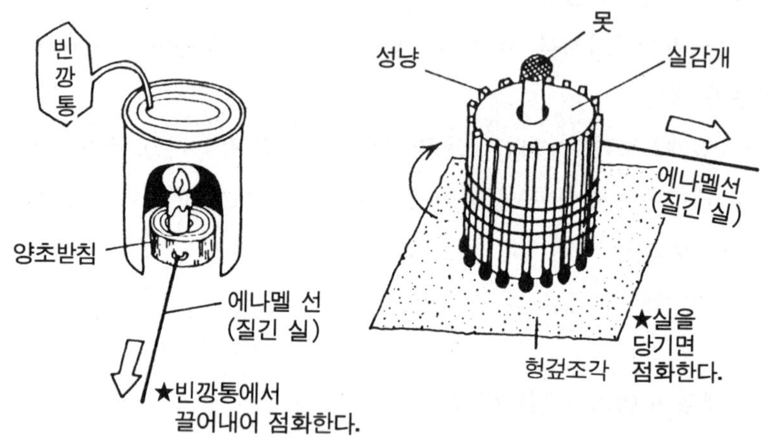

활을 사용하여 불화살로 점화하는 방법이 있다. 불이 기세좋게 떨어져서 확 타오를 때 무의식 중에 박수가 일어난다.

매직에 의한 점화

장작 속에, 화학 약품이나 전기, 성냥, 양초 등으로 장치를 만들어 두고, 참가자가 깨닫지 못하도록 해서 갑자기 점화하는 방법이다.

그 밖의 점화법

아주 옛날의 인류와 같이 부싯돌이나 나무의 마찰로 인한 점화나, 반대로 가장 근대적으로 직접 성냥으로 붙이는 방법이나, 대낮 태양

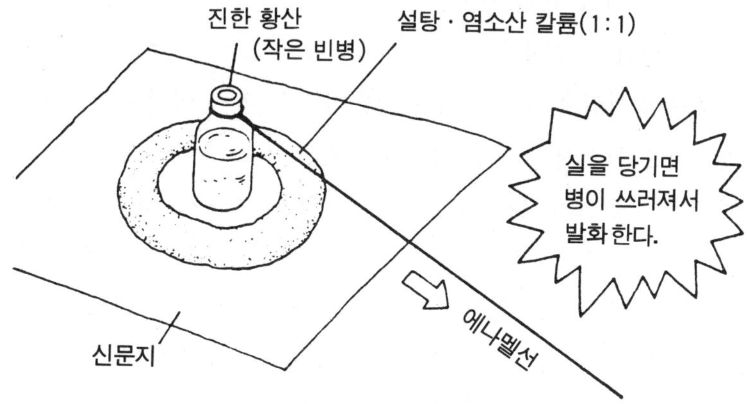

으로부터 렌즈로 채화한 불을 텐트 사이트에서 계속 태우고, 그것을 점화하는 방법 등을 생각할 수 있다.

□장기(스턴트)

보통 캠프 파이어의 장기를 스턴트라고 부르고 있다. 이것은 스턴트카라든가 스턴트맨이라고 하는 말과 마찬가지로 원래는 곡예, 묘기라고 하는 의미로 '즉흥곡', '촌극'이라고 생각하면 좋을 것이다.

영화장의 중심에서 타오르는 파이어 주위에 마련된 둥근 형을 한 극장에서 더구나 5분 정도의 짧은 시간에 연기하는 것이기 때문에, 보통 무대에서의 극과는 달리, 다음의 세가지 점이 중요한 요소가 된다.

· 그 자리에서 만든다(즉흥성).

· 모두 연기한다(협조성).

· 연구한다(창조성).

처음부터 시간을 들여서 극을 만들어 두는 것이 아니고, 그 자리의 얼마안되는 시간에 창작한 것이 아니면, 아무리 능숙하게 해도 캠프 파이어의 스턴트로써는 재미가 없다. 또한 아무리 연기에 뛰어난 사람이 있어도 그 사람이 대표로 연기하는 것이 아니고, 그룹 전원이 역할을 분담해서 연기하는 것이 중요하다. 소도구나 의상도, 캠프장에 있는 기재나 자연물 등을 연구해서 사용하도록 한다. 또한 허밍이나 의음 등의 '소리'를 넣으면 효과적이다.

다음에, 스턴트의 제재로 무엇을 택하면 좋을까하고 하는 문제인데, 텔레비젼 탈렌트나 인기 가수의 모방이나, 꽁트의 흉내가 아니라, 새로운 것을 만들어 내주기 바란다. 창조성이야말로 스턴트의 생명인 것이다. 스턴트의 제재를 택할 때 다음 중에서 선택하면 좋을 것이다.

· 캠프 생활 중에서

· 캠프지 부근의 전설이나 민화 중에서

· 일상 생활이나 사회 문제 중에서

· 옛날 얘기나 명작 중에서

□토치 서비스

캠프 파이어를 인상적으로 돋구기 위해서 흔히 토치 서비스를 받아들인다. 파이어장에서 활활 불태운 우정의 불을 각자가 가진 토치에

토치 만드는 법

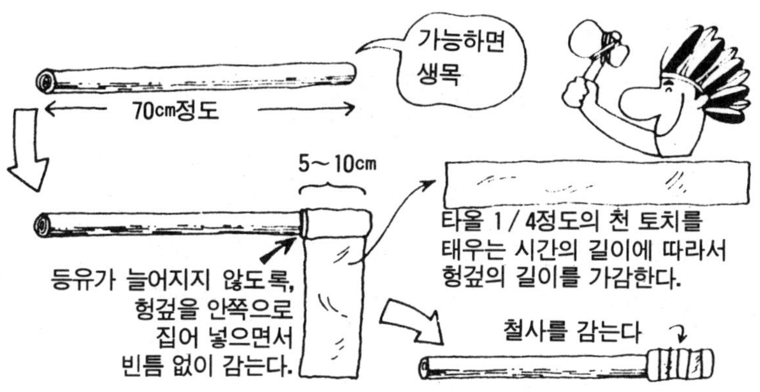

옮겨 간다. 그리고 전원의 토치에 불이 붙고, 이윽고 토치를 흔들면서 각 텐트(숙사)로 돌아간다. 그 아름다움은 참가자의 마음에 감명을 남기지 않고는 그냥 두지 않는다. 토치 서비스는 캠프 파이어의 클라이막스라고 말할 수 있다.

사용하는 토치는 토치 서비스를 어떻게 연출하느냐에 따라서 크기나 헝겊의 감는 법이 달라지지만 보통 한손으로 쥘 수 있는 크기로 길이 70~80㎝ 정도의 통나무 끝에 5~8㎝정도의 목면 등의 헝겊을 몇 번인가 휘감고 철사로 단단히 고정시킨 것이 좋을 것이다. 사용전에 헝겊 부분에 석유를 스며들게 하면 완성이다.

산야에서 토치에 적합한 장작을 발견해서 나이프로 모양이나 이름, 일자 등을 새겨두고, 다 끝나면 캠프 기념으로 가지고 돌아가도록 하면, 매우 즐거울 것이다. 장작은 가능하면 생목을 사용하기 바라는

데, 보통의 통나무라도 끝의 헝겊을 휘감는 부분에 조금 널찍하게 알루미늄 호일을 2~3회 감아두면 통나무가 타 버릴 걱정은 없다.

인과응보

자칭 미남 삼영 군, 그럴듯한 아내가 있음에도 불구하고 대단한 난봉꾼이어서 여기저기다 숨겨놓은 여자를 만들었다. 요즘에는 한술 더 떠서 아내의 친구들에게까지 손을 대기 시작하였다.

어느 날 밀애를 즐기고 있는 애인 순자하고 재미있는 이야기를 주고받고 있는데, 갑자기 순자가 무엇을 생각했는지,

"여보, 당신은 이상한 것 발견 못했어요?"

하고 다짜고짜 물었다.

"어디? 당신 집에?"

"아뇨, 내 몸에요."

"아니, 글쎄……모르겠는데."

"그럼 말하죠. 나 당신 부인과 똑같이 오른쪽 넓적다리에 커다란 검은 점이 있어요."

"뭐라고? 어떻게 당신이 내 마누라의 검은 점을 안단 말이요?"

"어머, 이상할 것 없어요. 당신 친구 태희 씨가 날더러 그러던 걸요."

캠프 파이어의 프로그램 예

캠프 파이어에는 여러가지 연출 방법이 있어서 같은 사회자의 연출이라도 참가자의 연령이나 직업 게다가 테마에 따라서 방법이 달라진다.

여기에서는 일반적으로 누구나 곧 할 수 있는 파이어의 예를 들어 둡시다.

① 오리엔테이션에서의 설명 예

㉠ 이 캠프 파이어는 3부 형식으로 실시한다. 제1부는 점화를 위한 의식이다. 제2부는 전원이 즐기는 시간이다. 물론 모두가 준비한 스턴트를 하도록 한다. 제3부는 마지막 의식이다.

㉡ 제1부와 제3부 때는 조용히 하고 있어 주십시오. 소리를 내거나 장난을 치거나 하지 말아 주십시오.

㉢ 제2부의 스턴트 때는 스턴트를 하고 있는 아이들을 잘 보도록 해 주십시오.

㉣ 제1부에서 부르는 노래를 연습한다.

㉤ 스턴트 준비는 할 수 있었는가. 캠프 파이어의 개시는 7시 30분부터다. 그 때까지 연습을 마치고 여기에 모여 주십시오. 여기에 모인 후 파이어장으로 조용히 입장한다.

	프로그램 진행	담당자 등	비 고
준비	용구 점검. 파이어 사이트 만글기. 각 담당자의 리허설	파이어 키퍼, 각 담당자	밝을 동안에 파이어 사이트를 만들어 1회 리허설을 해 둘 필요가 있다.
설명	오리엔테이션	참가자 전원	밝을 동안에 캠프 파이어의 진행방법, 주의사항을 설명해 둔다.
	담당자는 배치에 선다(참가자도 집합 장소에).	각 담당자(전원 · 유도 담당자)	용구의 재점검, 소방서의 연락
제1부 시작의식	참가자 조용히 입장 개회의 말 밤의 노래 영화 입장 영화장의 말 점화 '타올라라 타올라'	유도 담당자가 유도 입장 사회자 사회자 토치 봉지자 영화장 영화장의 신호로 사회자	제1부는 엄숙한 분위기에서 진행한다. 속삭임은 금지. 토치 봉지자는 조용조용히 입장해서 참가자의 앞을 한바퀴 돌고, 영화장 앞에 서서 영화장의 '점등' 신호로 파이어로 나아가서 무릎을 꿇고 점화한다.
제2부 굿파이어	노래 게임 춤 스턴트 로 즐거운 시간을 보낸다.	사회자 실기 리더	게임, 노래, 춤은 마음대로 즐긴다. 스턴트 때는 연기하고 있는 것이 잘 보이도록 한다(파이어는 가장 밝게 타오르게 한다).
제3부 마지막의식	조용한 노래 분화 마지막 말 퇴장	사회자 영화장 · 각 반장 영화장 사회자 · 유도담당자	(파이어의 불도 남아서 작아진다) 영화장은 파이어의 남은 불에서 토치에 불을 붙여서 각 반에 분화의 말을 선사한다. 퇴장 방법을 말하고, 유도 담당자를 따라서 퇴장한다.
뒷정리	파이어의 소화	담당자 전원	소화 후 용구의 정리와 소방서의 연락
청소	조명설비가 없을 때는 다음날 아침 일찍 파이어 청소를 한다.	담당자 전원	

*캠프 파이어장의 조건에 따라 다르지만, 손전등은 지참시키지 않도록 한다. 지참시키는 경우는 입장 때와 제1부뿐으로, 제3부의 의식 때에는 절대로 켜지 않도록 한다.

ⓗ 불 가까이에 가서 장난치지 말 것.

② 영화장, 사회자의 말 예

㉠ 개회(오프닝)의 말

ⓐ 오늘 하루 우리들의 활동을 강하게 비쳐주고 있던 태양도 조금 전 서쪽으로 기울어져 갔습니다. 그 정경을 떠올리면서 우리들의 이 모임을 시작하기 위해서 영화를 맞이합시다.

㉡ 영화장의 말

ⓐ 오늘 불의 여신에 의해 운반되어 온 이 작은 불은 수 분전까지 아무 것도 보이지 않았던 이 모임의 주위에 어렴풋한 밝음을 주었다고 생각합니다. 불은 먼 옛날부터 우리들에게 삶의 기쁨이나 용기를 주었던 것입니다. 불은 스스로를 다 태우면서 빛과 열을 우리들에게 줍니다. 불은 우리나라의 생명이라고도 말할 수 있는 것입니다. 이것은 수 천년의 옛날부터 우리들의 선조가 불을 지키고, 어떤 때는 짐승이나 외적으로부터 몸을 지키거나, 물건을 만드는 방법을 가르쳐 주고, 또는 밝게 하는 방법을 생각해 왔습니다. 우리들은 이 어두운 방에 빛을 주는 불길과 같이 세계의 모두에게 빛과 희망을 주기를 함께 바라는 바입니다.

㉢ 분화의 말

ⓐ 이 캠프는 여러분의 협력에 의해서 성공했습니다. 협력의 불을 올립시다.

ⓑ 일의 성공은 많은 사람의 협력에 의한 것입니다. 협력의 불을 올립시다.

ⓒ 봉사의 정신은 이 장소 뿐만이 아닙니다. 내일을 위해서 봉사

의 불을 올립시다.

ⓓ 아무런 대가도 바라지 않고 진심으로 사람이 사람에게 최선을 다하는 일이야말로 중요합니다. 봉사의 불을 올립시다.

ⓔ 협력없이 감격은 얻을 수 없습니다. 항상 노력을 계속하도록 노력의 불을 올립시다.

㉣ 마지막 말

ⓐ 모두가 둘러 싼 불, 저렇게 활활 탔던 불, 저렇게 크게 밝았던 불, 그러나 이제 이렇게 작아졌습니다. 이윽고 곧 꺼질 때를 맞이할 것입니다. 그래도 여러분의 가슴 속에 이 캠프 생활 속에서 켜진 불은 틀림없이 꺼지지 않을 것입니다. 그 작은 불이 계속 퍼져서 동료 간의 화합으로 미래의 불이 되도록 기도하지 않겠습니까?

③ 스턴트(촌극)

캠프 파이어 중에서의 스턴트는 연기한 결과를 평가하는 것이 아니라, 그 스턴트를 연기하기까지의 경과에 있어서의 그룹 워크의 좋고 나쁨에 중점을 둔다. 결과로써는 그룹 워크가 좋은 그룹이 좋은 스턴트를 연기하는 경우가 많은 것이다.

〈스턴트에 관한 주의 예〉

• 스턴트 그룹의 소유시간은 3~5분으로 한다.

• 노래를 부르는 정도의 스턴트는 금지한다. 뭔가 동작을 붙이는 것은 상관없다.

• 텔레비젼 프로그램을 그대로 흉내내는 것은 금지한다.

• 스턴트의 아이디어로써, (a)「심청전」이야기에서, 심청이가

임당수에 빠졌다. 그 후는 어떻게 되었을까? (b) 여러분이 어른이 된다면 무엇을 하고 있을까? (c) 동물이 되어 촌극을 해 본다면? 등, 힌트를 제시해 본다.

- 소도구는 주변에 있는 것을 이용해 주십시오.
- 다른 그룹이 연기하고 있을 때는 조용히 보고 있어 주십시오. 또한 그 때에 협의를 하거나 준비를 하지 않도록 해 주십시오.

여기에서 소개한 캠프 파이어는 표준적이라고 생각되는 방법으로 하고 있다. 각종의 캠프 파이어 서적이 있으니까 참고로 해 주십시오.

모르는 게 당연해

삼영이가 친구를 붙들고 어처구니 없다는 듯이 하소연했다.
"정말 내 아내는 너무나 씀씀이가 헤픈 것 같아. 지난 월요일에는 이십 만원을 달라고 하더니 화요일에는 오십 만원을 달라고 하고, 수요일에는 팔십 만원, 그리고 마침내 어제는 백 만원을 달라고 하잖아? 정말 미칠 노릇이야!"
"그 많은 돈을 도대체 어디다가 쓴다던가?"
"그건 모르지. 나는 아직 땡전 한 푼 준 적이 없으니까."

캠프 파이어의 유의점

마지막으로 지금까지의 항에서도 언급해 왔지만 캠프 파이어를 실시할 때에 주의하지 않으면 안 될 사항을 정리해 봅시다.

· 우천의 경우를 생각해 둡시다.(캔들을 사용해서 실시하는 등)

· 전체의 시간은 1시간 30분 정도로 정리하자. 참가자가 많아도 2시간을 넘지 않도록 합시다.

· 캠프 파이어를 시작하기 전에 프로그램의 진행 순서 확인과 노래 연습을 해 둡시다.

· 영화장이나 내빈의 인사는 너무 길어지지 않도록 하고, 불에 관한 이야기를 넣도록 해서 감명있는 얘기를 하도록 한다.

· 영화장에는 정장(야외 활동시의 복장)으로 참가하는 편이 마음이 긴장되어, 특히 세리머니 때 효과적이다.

· 의식의 불(세리머니얼 파이어) 때는 조용히 진행하고 광원이 되는 것 같은 것(손전등 등)은 절대로 사용하지 않도록 하자.

· 흐름이 단조로와지지 않도록 변화를 가지게 합시다.(리듬을 생각한다.)

· 스턴트의 순서에도 신경을 써서 프로그램을 짜자. 본부의 스턴트도 반드시 넣도록 합시다. 본부의 것은 마지막으로 가지고 오는

것이 보통이다.

· 다른 그룹이 연출 중일 때는 자신들의 스턴트 상담을 하지 않도록 합시다.

· 연출 전에 연출 그룹명이나 제명 등을 발표하지 않고 하는 것도 때로는 효과적이다.

· 스턴트는 능숙, 서투름을 겨루는 것이 아니기 때문에, 즐거운 이름의 상 등을 만들어서 각 그룹의 표창을 하는 것도 좋을 것이

다.

· 영화장에는 물(2~3 양동이)을, 물이 없을 경우는 모래 등을 반드시 준비해 둡시다.

· 영화장의 불은 꺼졌다고 생각해도 시간이 지나서 타오르기 시작하는 경우가 있으므로 자기 전에 돌아봅시다.

· 토치의 소화에 대해서는 특히 신경씁시다. 토치의 불처치로 인한 산불 등의 예가 있으니까 담당자가 소화를 확인해 둡시다.

· 다음날 아침 일찍 영화장의 뒷처리를 하고 깨끗이 청소해 두자.

· 캠프장의 영화장 등 지정된 장소 이외에서 파이어를 하는 경우 반드시 허가를 얻어둡시다. 소방서에 연락해 두는 것도 잊지 않도록.

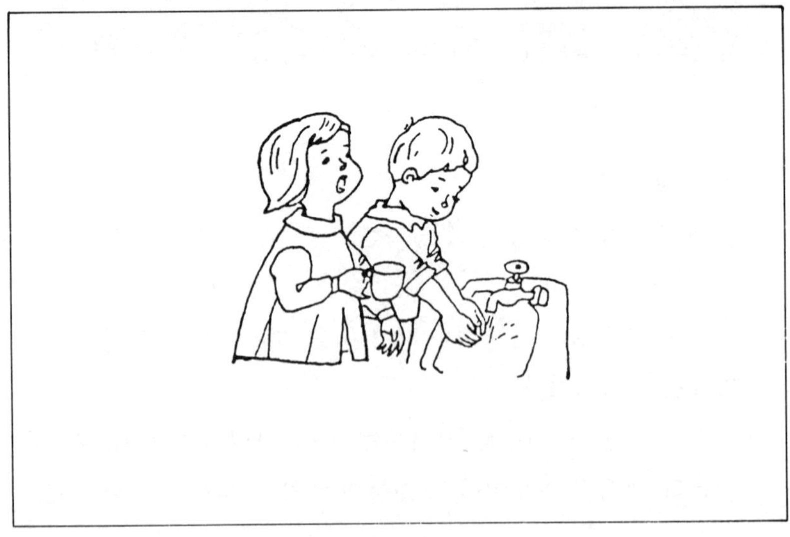

제 6 장

추적 하이킹

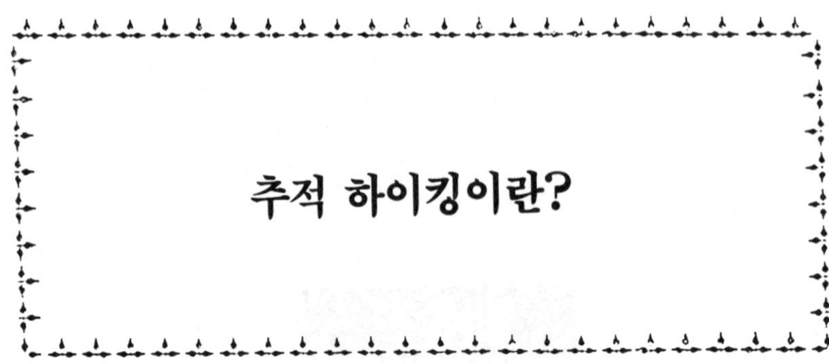

추적 하이킹이란?

□하이킹의 여러가지

하이킹은 선뜻 즐길 수 있는 야외 레크레이션으로써 누구와도 친해져 있다. 또한, 캠핑의 여러활동의 하나로써 캠프 파이어와 함께 대개 계획 중에 들어 있다.

하이킹은 등산과 달라서 높은 산이나 험한 산에 들어가는 것 같은 일은 보통 없기 때문에, 특별한 기술은 필요 없고, 위험한 일은 거의 없다고 생각하지만 산을 가볍게 보면 생각지도 않은 실패를 하는 경우가 있다.

하이킹은 멀리까지 걷는다든가, 빨리 걷는다든가 오래 계속 걷는다고 하는 것은 아니다. 걸으면서 무엇을 보고, 무엇을 할까라고 하는 것이다. 즉, 얼마간의 목적을 가지고 걷는 것이 하이킹이다. 따라서, 그 목적의 내용에 따라서 여러가지 종류를 생각할 수 있다.

자연 관찰 하이킹, 낚시 하이킹, 역사 하이킹, 사생 하이킹, 사진 하이킹, 지도 하이킹, 탐험 하이킹, 자석 하이킹, 야간 하이킹 등.

□추적 하이킹

이런 하이킹 중에서 선발대(리더)가 붙인 안표를 읽으면서, 선발대와 같은 코오스를 더듬어 찾아서 목적지까지 가는 하이킹을 추적 하이킹이라든가 탐색 하이킹이라고 부르고 있다.

추적 하이킹은 코오스의 도중에 관군을 만들어 퀴즈를 내거나, 통신문을 두고 노래를 부르게 하거나, 사생을 시키거나, 더욱이 로프 묶기나 구급법의 실습을 받아 들이거나 하는 경우도 있다. 이와같이 추적 하이킹에 '밀서 하이킹', '보물 찾기 하이킹'의 내용을 덧붙이면 더욱 즐겁게 누구나 한번 참가하면 추적 하이킹의 매력에 사로 잡혀 버린다.

추적 하이킹는 원래는 아메리카 인디언이나 개척자들이 안표로써 나무 줄기에 상처를 입히거나, 가지를 꺾어 부러뜨리거나 하고 있었던 것이 게임화된 것이라고 생각한다.

안표하는 법

인디언은 약100m마다 낮은 나무의 가지를 꺾어서, 나중에 오는 동료에게 코오스를 가르쳐 주었다. 방향을 바꿀 때는 꺾은 가지를 새로운 방향을 향해서 지면에 놓고 신호했다고 한다. 개척자나 탐험가는 수피를 벗기거나 줄기를 깎아서 '손도끼 눈'을 내거나, 높은 나무의 가지를 부러뜨리거나 해서 나중에 오는 사람에게 길을 가르쳐 주거나 자신 스스로가 길을 잃지 않도록 하고 있었다고 한다.

그러나, 현재에는 인디안이나 개척자들이 실시한 방법으로 추적하이크의 안표를 만들 수는 없다. 나무를 꺾거나 가지를 꺾거나 해서 자연을 파괴하는 것 같은 일은 절대로 피하지 않으면 안된다. 그래서 다음과 같은 방법으로 안표를 만들면 좋을 것이다.

작은 가지(마른 가지)를 이용한다

숲속 등에는 흔히 마른 가지가 떨어져 있다. 2개의 작은 가지를 V자형으로 놓아 방향을 가리키거나 X자형으로 놓아 통행금지의 신호로 하거나 지면에 푹 찔러서 위험을 가리키는 등의 신호를 보낼 수 있다.

◎ 目 印 例 ◎

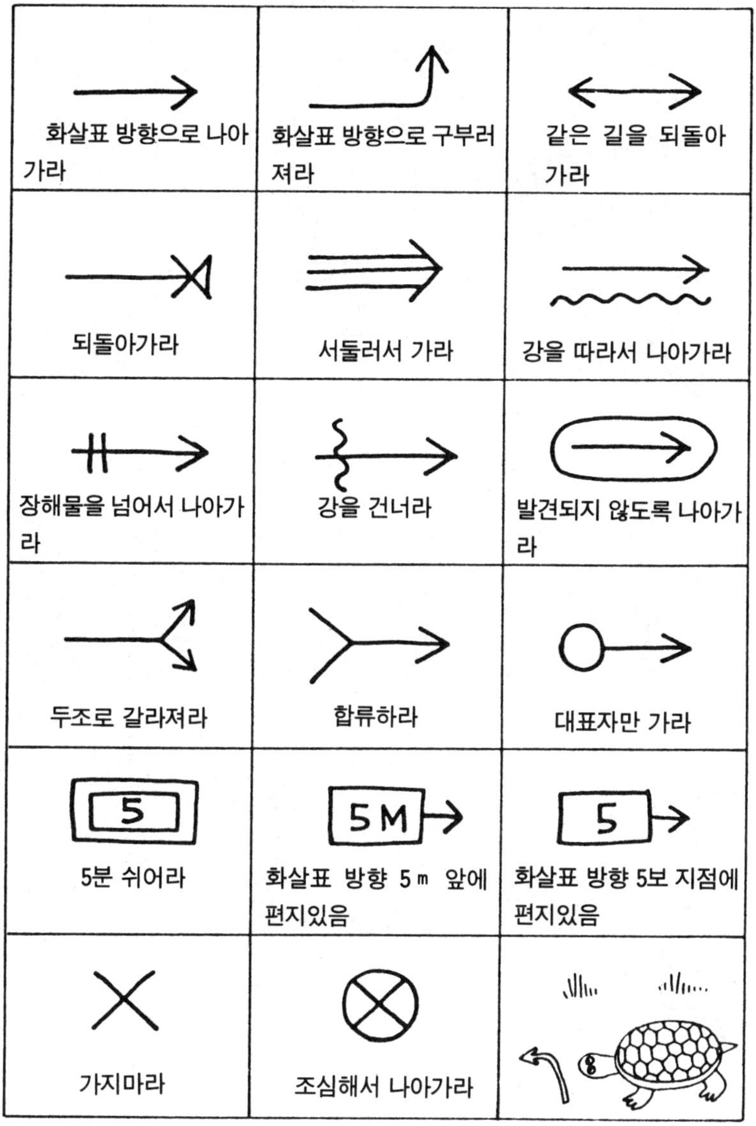

화살표 방향으로 나아가라	화살표 방향으로 구부러져라	같은 길을 되돌아 가라
되돌아가라	서둘러서 가라	강을 따라서 나아가라
장해물을 넘어서 나아가라	강을 건너라	발견되지 않도록 나아가라
두조로 갈라져라	합류하라	대표자만 가라
5 5분 쉬어라	5M 화살표 방향 5ｍ 앞에 편지있음	5 화살표 방향 5보 지점에 편지있음
가지마라	조심해서 나아가라	

이길이 아니다
안표를
만져서는
안돼요
암표가 발견되지
않으면 코오스를
벗어나 있을지도
모른다
이 방향으로
똑바로 나아가라
목적지가
가까왔다
다른 그룹의 사람에게
가르쳐 주어서는 안된다

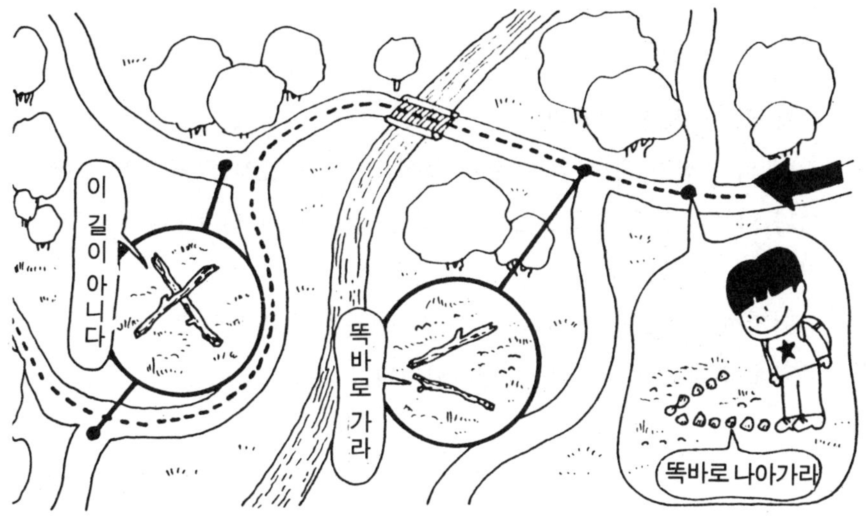

풀을 이용한다

초지에서는 풀을 다발로 묶어서 안표로 한다. 묶은 끝을 똑바로 세워 두면 똑바로 진행하게 되고 방향을 바꿀 경우는 풀의 끝이 그 방향을 향해서 쓰러뜨리도록 연구하고 묶는다. 또한, 같은 장소에 몇 개인가 풀 다발을 만들어서 그 다발 수에 각각 의미를 갖게 해서 신호로 할 수도 있다.

작은 돌을 이용한다

돌이 많은 곳에서는 큰 돌 위에 작은 돌을 얹고 케룬을 만들어서 '이 것이 코오스다'라고 하는 의미로 사용하거나, 더 옆에 작은 돌을 놓고 '그 방향으로 돌아라'고 하는 신호로 하거나 한다. 또한, 작은 가지와 마찬가지로 V자형이나 X자형으로 늘어놓고 방향을 가리키는 등의 신호로 할 수 있다.

체크나 카드를 이용한다

이 외 초심자 대상(카드)으로 종이(카드)에 표시를 써 두는 방법이나 나무나 돌을 체크로 표시를 하는 방법, 비닐 테이프나 색 끈을 사용하는 방법도 있다.

어디까지 자연을 파괴하지 않는다고 하는 점을 전제로 그 장소의 자연 조건을 활용한 안표를 생각합시다.

걱정이 되어서

선생님이 삼영 군에게 물었다.

"여섯 더하기 넷은?"

"열 하나예요."

"틀렸어, 삼영 군, 여섯 더하기 넷이라고 했어."

"열 하나예요."

"틀렸다니까. 넌 바보로구나. 답은 열이야."

"거짓말! 선생님, 그럼 다섯 더하기 다섯은 어떡하구요."

계획과 준비

· 참가자에게는 코오스나 코오스 도중에서 실시하는 내용을 알리지 않도록 한다. 그러므로 계획은 리더만으로 실시하도록 한다.

· 참가자 누구나 편안히 걸을 수 있는 코오스를 생각한다. 거리나 시간을 충분히 조사해서 코오스를 결정합시다.

· 코오스는 변화가 풍부해서 관찰하거나 만들거나 할 수 있는 것이 많은 것이 바람직하다.

· 추적 하이킹을 보다 즐겁게 하기 위해서 코오스 중에 편지를 놓아 두거나 노래나 퀴즈 관문을 생각합시다.

· 기호는 가능한 한 자갈이나 작은 나뭇가지, 풀, 낙엽 등의 자연물을 이용하는 것이 재미있지만 초크를 사용하거나 카드나 비닐 테이프를 사용하거나 해서, 참가자에게 맞는 기호를 생각합시다.

기호는 독자적인 것을 만들어 다른 단체의 것과 구별하도록 한다. 또한 단체명의 머리 글자 등을 붙여 둔다.

· 스타트는 타임 레이스라고 해서 그룹별로 시간이 겹치지 않도록 실시한다. 빨리 목적지에 도착하는 것보다도 자연관찰을 하거나 도중을 즐겁게 보내도록 연구하기 바란다.

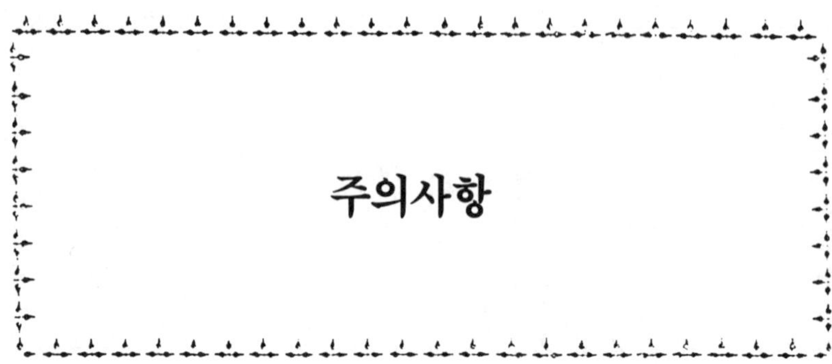

주의사항

추적 하이킹을 즐겁게 실시하기 위해서 참가자에게 다음 사항에 주의하도록 합시다.

- 안표는 절대로 만지거나 고쳐 쓰거나 해서는 안된다. 나중에 오는 그룹에게 매우 폐를 끼친다.
- 안표가 발견되지 않으면 코오스를 벗어나고 있을 지도 모르기 때문에 마지막으로 발견한 안표의 지점까지 되돌아가서 다시 찾으면서 진행한다.
- 다른 그룹의 사람을 만나도 코오스를 가르쳐 주거나 엉터리로 함부로 말하거나 하지 않도록 합시다.
- 초크나 카드를 사용했을 경우 뒷정리는 깨끗이 합시다.
  초크 자국은 지우고, 카드는 반드시 회수합시다.

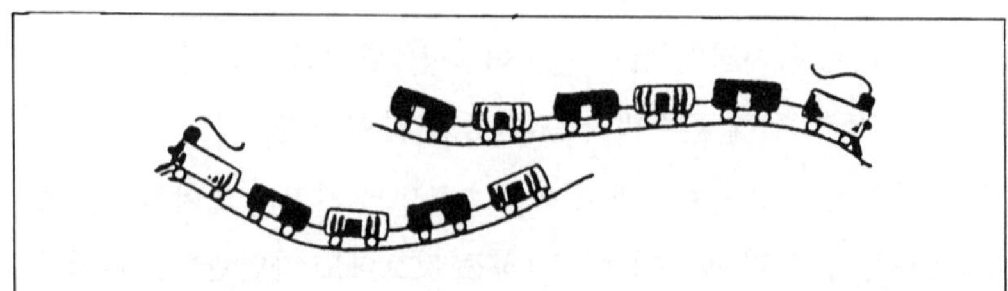

제7장

산 · 바다 · 하늘의 레크레이션

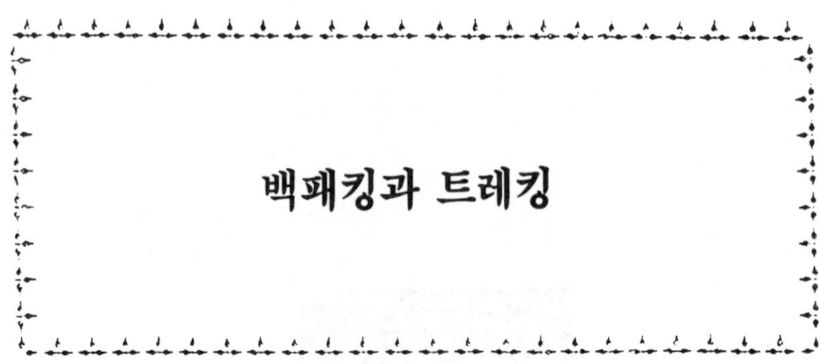

백패킹과 트레킹

□백패킹

미래의 야외 레크레이션의 하나로써, 백패킹이라고 하는 것이 최근 화제로 떠올랐다. 뭔가 새로운 스포츠와 같이 생각되지만, 실제로 이야기를 들어 보면 '뭐야, 지금 하고 있는 것이 그거잖아! 라고 하게 된다.

백패킹이란, 야외 생활을 중심으로 한 자연 활동, 야외 활동 그 자체를 말한다. 지금까지의 야외 생활을 종합한 것으로 새로운 야외 레크레이션이라고 생각해도 좋을 것이다. 한 마디로 말하자면, 생활을 위한 도구를 등에 지고 산야를 여행하는 것으로 캠프, 낚시, 반더링(여행), 헌팅(사냥), 그 밖의 야외 레크레이션 모두를 종합한 자연 활동이라고 말할 수 있다.

그럼, 야외 활동을 왜 일부러 백패킹이라고 부르고 있는 것일까. 그것은 행동 그 자체 보다도 참가자의 마음 가짐이나 정신이 중요한 부분을 차지하고 있기 때문이다.

원래 백패킹이라고 하는 것은 1966년경 아메리카의 젊은이를 중심으로 일어난 것으로 전쟁이라고 하는 사회 문제로부터 큰 정신적 영향을 받아서 학원을 중심으로 일어난 전쟁에 반대하는 사상이나,

문명의 환경 파괴에 대한 비판으로부터 '세계는 하나'라고 하는 외침 아래에 구체적 행동으로 변한 것이라고 일컬어지고 있다.

인간 상호의 연대라고 하는 것 뿐만 아니라 공기, 물 등이라고 하는 환경 모두를 지구적 견지에 서서 재확인하려고 하는 발상이다. '환경 문제는 인류라고 하는 종의 보존의 조건 문제다'라고 하는 사고방식에 기인하고 있다.

백패킹이란, 주변의 것을 전부 짊어지고 자연 속으로 일보 내딛는 것이다. 거기에는 등산, 암벽 오르기, 탐조, 촬영, 여행, 낚시 등 수 없이 있고, 그것들은 자연 생활 그 자체로, 방법은 각각 달라도 자연을 사랑한다고 하는 점에서는 모두 같다고 말할 수 있다.

백패킹의 기술은 어느 정도 고도한 것이 요구된다. 우선 첫째로, 자연 조건을 정확히 파악하는 것이 중요해진다. 그러기 위해서는 '지도를 잘 읽을 것', '일기도를 그릴 수 있고, 어느 정도 일기를 예측할 수 있을 것', '고도나 위도에 따른 식물분포를 알 것'등이 필요해진다. 둘째로, 식료를 스스로 조달하지 않으면 안 된다. 셋째로, 동식물에 대한 지식이나 암석이나 지질 등의 학습도 때로 필요해진다.

□트레킹

백패킹과 마찬가지로 최근에는 트레킹이라고 하는 말이 차츰 쓰이게 되었다. 트레킹이란, 발자취를 기록하다(track)에서 온 것 같고, 처음에는 '히말라야 트레킹'이라고 하는 말로 한창 사용되고 있었다. 한 마디로 말하자면, 자신에게 있어서 미지의 장소를 도보 여행하는 것이리라. 이 점에서는 반더포겔 운동과도 비슷하다. 백패킹, 반더포겔 운동, 트레킹, 호스테링 등, 엄밀히 구별하기는 어려운 것 같다. 현재 사용되고 있는 트레킹이라고 하는 말의 의미는 산기슭 걷기라고나 말하면 좋을 것이다. 그 속에는 작은 등산을 포함하고 있는 경우가 많아, 히말라야 원정에 대해서 히말라야 트레킹이라고 일컬어지고 있는 것 같다.

단순한 등산과는 달리 산에 오르는 것만이 목적이 아니라, 각처 유적을 방문하거나, 민화의 고향을 방문하거나 하는, 자연 관찰을 수반한 야외 여행이라고 말할 수 있다.

백패킹과 다른 점은 백패킹은 자연 속에서의 생활 그 자체인데 대해서, 트레킹은 자신이 여행객이므로 자연에 대해서 일종의 방관자적인 면이 있는 것이다.

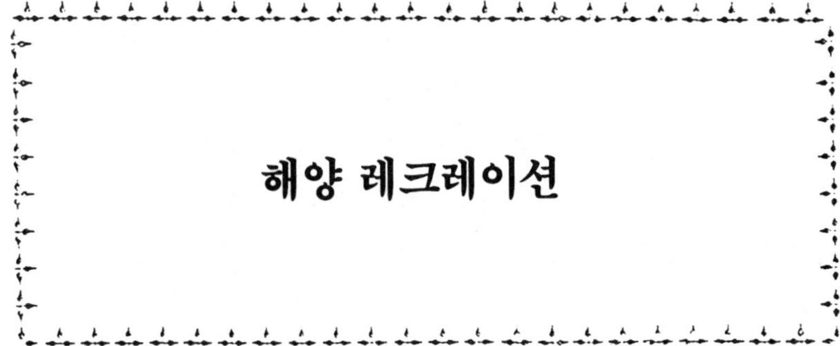

해양 레크레이션

요즘 해안이나 호반에 레크레이션 시설을 가진 기업이나 단체, 그리고 청소년 교육시설을 가진 공공단체가 매우 많아졌다. 그러나 그 시설을 갖춘 환경을 충분히 마음껏 활용한 활동이 전개되고 있느냐 하면 매우 의문이다.

우리 나라는 삼면이 바다로 둘러싸여 있다. 젊은이의 피를 끓게 하는 것 같은 새로운 레크레이션 종목을 전개하기 위해서도 야외 레크레이션의 장으로써 무한한 가능성을 가진 바다로 좀더 더욱 눈길을 돌려야만 하지 않을까.

여기에서는 바다 뿐만이 아니라 강이나 호수에서도 할 수 있는 카누를 소개한다. 고가의 기성제품을 구입하지 않더라도 설계도를 입수해서 자신들이 손수 만드는 것도 가능하다. 자신이 만든 요트나 카누로 푸른 바다를 달리는 등 멋지지 않은가?

□카누에 대해서

카누는 남양 미크로네시아나 폴리네시아 사람들이 항해나 어로에 이용하고 있는 것, 아메리카 인디안이 강이나 호수·늪에서 이용한 것, 혹은 에스키모가 북극 바다에서 바다표범이나 백곰을 사냥하는데 이용하는 것 등 지역이나 환경에 따라서 카누의 모양도 만드는 재료도, 그 젓는 방법도 각각 달리 발달해 왔다.

주로 생활 용구로써 발달해 온 카누가 스포츠로서 발전한 것은 스코트랜드의 존 마크리 라고 하는 사람이 에스키모의 카누를 흉내내서 자작한 '로프 · 로이호'로 라인강, 도나우강을 따라서 유럽을 돌아 발츠크해, 요르단강, 나일강 그리고 홍해에까지 흔적을 남긴 것이 최초의 시작이라고 일컬어지고 있다.

1800년대의 후반 주로 영국이나 독일에서 카누는 점점 스포츠화 되어 1887년에 영국에 카누 협회가 생기고 1936년의 베를린 올림픽에서 정식 종목으로써 채택하기에 이르렀다.

□카누의 종목

카누의 종목은 크게 나누어 카약, 카나디안, 세일링의 3종목이 있다.

카약은 에스키모가 이용하고 있던 카누로 패들(노) 양쪽에 블레이드가 붙어 있다. 카나디안은 블레이드가 한쪽에만 붙어 있다. 세일링은 돛을 달고, 풍력을 이용해서 범주하는 것이다.

□카누를 자작하기 위해서는

카누는 완성품으로써 시판도 되고 있지만, 직장의 레크레이션 시설이나 청소년을 대상으로 한 임해 교육시설 등에서는 재료를 구입해서, 모두 협력하여 제작하는 편이 더욱 흥미가 깊어진다고 생각된다.

카누는 옛날, 짐승의 가죽이나 나무의 통나무로 만들어졌지만,

현재는 FRP(유리섬유, 플라스틱)제, 목제, 즈크제의 것이 일반적이다. 그 중에서도 자작을 하기 위해서는 목제나 FRP제의 것이 비전문가도 다루기 쉬우리라고 생각한다.

FRP제의 것은 유리섬유에 플라스틱을 스며들게 해서 틀에 몇 장이나 겹쳐 깔고 굳혀서 만들기 때문에 충격에도 강해 급류를 내려가는 슬라롬에 적합하다.

한편 목제 카누는 원재료도 싸고, 손으로 만들기 쉽지만, 충격에 약해 바다나 호수와 같은 조용한 물에서의 카누 젓기나 계류의 강을 투어하는데 적합하다.

□카누 즐기는 법

그런데 카누 즐기는 법은 크게 나누어 두가지 있다. 하나는 전혀 경기성을 띠지 않은 것으로 예를 들면 보트장에서 보트를 빌려 즐기는 것과 같이, 단순히 호수나 늪 등에서 카누를 젓거나, 또는 강을 내려가거나 하는 레크레이션 카누다. 때로는 경주 등을 해서 즐기는 경우도 있지만, 경주하는 것 자체가 목적은 아니다. 따라서 카누의 선체 모양이나 길이, 폭, 중량 등에 제한은 없다. 캠프장 부근의 호수나 강, 바다 등에서 프로그램의 하나로써 카누 젓기를 한다든가, 마음이 맞는 동료와 의논해서 수 일을 소비해서 강을 내려간다든가, 마음대로 자유롭게 카누를 즐기는 것을 목적으로 하는 것이다.

또 하나는 승패를 겨루는 것을 목적으로 한 레이싱 카누다. 조용한 물 위를 일정한 거리를 직선으로 혹은 회항해서 그 기술이나 힘의 우열을 겨루는 카누다. 1936년의 베를린 대회부터 올림픽의 정식종목으로써 채택되었다.

암석 등의 방해물이 산재한 급류에 30게이트를 설치하여, 패들 조작으로 격류를 극복하는 슬라롬 · 카누나 게이트가 없는 와일드 워터 · 레이스 등도 있다.

야외 레크리에이션 프로그램의 일환으로써 채택할 경우는 전자의 레크레이션 카누가 많은 것 같다. 경기를 목적으로 한 것이 아니더라도 카누를 자유 자재로 젓고 다니기 위해서는 역시 그 나름대로의 기술을 습득하지 않으면 안 된다.

□연습

최초의 연습은 우선 패들의 조작(패들링)을 체득하는 것이다. 지상에서 몇 번이나 몇 번이나 연습합시다. 패들링 연습은 적당한 위밍업이 되므로 정성들여서 합시다. 선배의 리드를 받으면 상당히 빨라진다.

그리고 마침내 카누를 수면에 내려서 올라타는 것이다. 카누, 특히 카약은 매우 가볍게 되어 있으므로 밸런스가 좋지 않다. 올라탈 때와 내릴 때는 밸런스가 무너지기 쉬워 전복하기 쉬우므로 카누를 안정시키고 승강하는 기술도 연습합시다.

그리고 처음에는 조용한 평수면에서 충실히 연습을 쌓는다. 밸런스를 잃으면 카누는 홱 전복해 버린다. 항상 몸 전체 특히 허리나 무릎 부분으로 미묘하게 밸런스를 잡는다. 밸런스 잡는 법은 곧 감각적으로 익숙해질 것이다.

패들링으로 인해 수면 위를 나아가는 것인데, 물을 헤칠 때도 밸런스가 무너지기 쉬우므로 패들의 조작과 카누의 밸런스를 연습과 선배의 조언으로 체득하는 것이다.

밸런스가 무너져서 카누가 전복했을 때, 물속에서 좌석구로부터 탈출하거나, 탈출후 다시 카누에 올라 타거나 더욱 기술이 향상하면 전복해도 패들의 조작으로 일어날 수 있게 된다.

평수면에서 연습할 경우에는 라이프 자켓(구명복), 격류에서는 라이프자켓과 헬멧을 반드시 착용한다.

공중에서의 레크레이션

인간은 하늘을 올려다 볼 때 무엇을 생각하는 것일까. 아마도, '저 구름과 같이 두둥실 떠 보고 싶구나,' 라든가 '새와 같이 큰 하늘을 마음대로 날아다녀 보고 싶다'등이라고 많은 사람은 생각하리라 생각한다. 그러나 이와 같은 일은 인간의 살아있는 몸뚱이를 사용해서 할 수 있는 일이 아니다.

하늘을 마음대로 날아다니는 것에 대한 챌린지는 레오나르드 · 다 · 빈치에서 시작되어 19세기 후반의 라이트형제의 비행기 발명으로 일단 완성되었다. 그러나 그것은 엔진을 주로 사용한 것으로 돈이 매우 많이 드는 것이 되어 버려서 레크레이션 스포츠로는 적합하지 않았다. 그래서 다시 연구, 궁리가 이루어지고 거기에 몇 가지의 새로운 도구가 출현했다. 그리고 현재 젊은이들 사이에 제3공간, 하늘의 레크레이션 스포츠가 급격히 침투하고 있다.

□행글라이더

우선 그 대표라고도 말할 수 있는 것이 행글라이더일 것이다. 이것은 '카이트'라고 불리는 연에 인간이 매달리듯이 타고, 고지에서 평지로 글라이더와 같이 활공해 내려오는 것이다. 아마도 텔레비젼 등에서 본 사람도 많으리라 생각하는데 상당히 대담성이 필요한 것이다.

행글라이더는 아메리카의 NASA가 우주개발의 부산물로써 만들어낸 것으로 세상에 나온지 10 수 년의 역사밖에 안된다. 카이트가 일반 시민에게 건너가자마자 아메리카의 많은 젊은이가 챌린지하기 시작했다. 그러나 사고가 연속했다. 이것은 아직 트레이닝의 기초가 확립되기 전에 선뜻 할 수 있는 카이트를 많은 젊은이들이 만들어서 넓은 하늘에 챌린지해 버렸기 때문에 발생한 트레이닝 부족에서 오는 사고의 다수였다. 그러나 현재는 그 트레이닝도 상당히 확립되고 행글라이더 강습회도 많이 이루어지고 있다. 물론 여성 애호가도 점점 늘고 있다.

□스카이 다이빙

스카이 다이빙은 전쟁과 함께 발달해 온 스포츠다.

비행기로 목적지의 상공까지 가서 패러슈트를 달고 비행기에서 뛰어내려 목적지의 보다 가까이에 착지하도록 패러슈트를 조작하는 것이다.

패러슈트의 모델 체인지나 다이빙 테크닉이 스포츠 스카이 다이빙으로써 상당한 인기를 얻고 있다. 단, 일반적인 스포츠가 아닌 것이 유감이지만, 아마도 하늘의 레크레이션에서는 스릴도 넘버원이라고 해도 좋을 것이다.

뛰어내릴 계기를 잡을 때까지가 상당한 난관인 것 같다.

□패러 세일링

모터 보트로 개량한 패러슈트를 끌어 당겨서 높이 20m정도의 지점을 날으는 것이다. 행글라이더나 스카이 다이빙과 달리 모터 보트와 패러슈트 사이에 로프가 있기 때문에 조금 안도감이 있고, 따라서 스릴감은 다소 줄어 버리는 것 같다.

하늘의 레크레이션 도입으로써는 비교적 간단한 레크레이션 스포츠라고 말할 수 있을 것이다.

□글라이더

글라이더 애호자에게 물으면 넓은 하늘 속에서 단 혼자 바람이 갈라지는 소리만을 듣고 자연의 바람과의 조화를 생각하면서 비행의 근사함을 느낀다고 한다.

한번이라도 글라이더가 날고 있는 모습을 본 적이 있는 사람이라면 저 소리없는 비행기의 근사함을 이해할 수 있을 것이다.

여기에서는 행글라이더를 중심으로 해서 네 가지 하늘의 레크레이션을 소개했는데 선뜻 할 수 있는 것이 없는 것이 유감이다. 기회가 있다면 꼭 트라이해 보십시오. 당신의 인생관이 얼마간의 형태로 변해갈 것임에 틀림없다.

제8장

호스테링

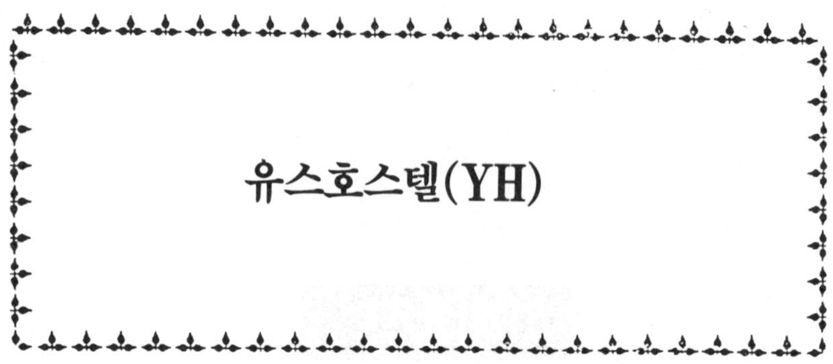

유스호스텔(YH)

태양, 신록, 푸른 하늘을 보고 싶어지면 여행을 떠납시다. 맨 끝에 있는 곳에 서서 큰 소리로 외쳐 보거나 풀숲에서 풍기는 훗훗한 열기에 숨이 막히는 고원을 어디까지나 달려 보거나, 밤 하늘에 반짝이는 별을 보면서 자작나무 숲을 헤매는 재미도 각별하다.

여행을 하고 싶다고 하는 바램은 누구나가 품은 꿈 중 하나다. 그런 여행을 안전하게, 즐겁고, 더구나 경제적으로 유의하게 실현하는 것이 유스호스텔이다.

유스호스텔은 유럽, 아메리카 등 전세계에 약4,400여군데 있다. 이런 유스호스텔을 이용하는 사람(호스텔러)은 전세계적으로 270만명 정도 있고, 활발하게 호스테링을 계속하고 있다.

더욱이 유스호스텔에는 공영, 직영, 민영의 3종류가 있다.

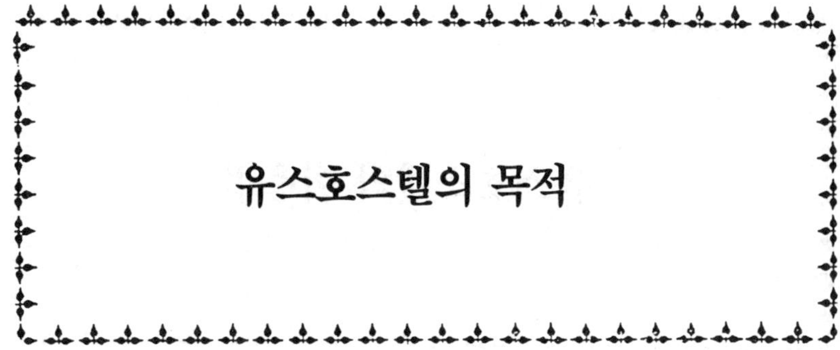

유스호스텔의 목적

유스호스텔의 제창자 리히알트 · 살먼의 말을 요약하면 유스호스텔에는 다음 4가지의 목적이 있다.

· 자연으로 돌아간다.

· 국토를 안다.

· 세계를 안다.

· 공동 생활의 기쁨을 안다.

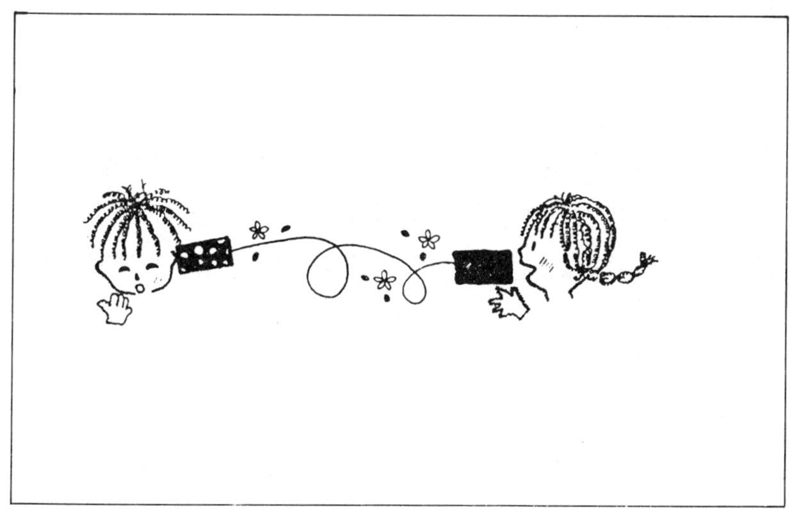

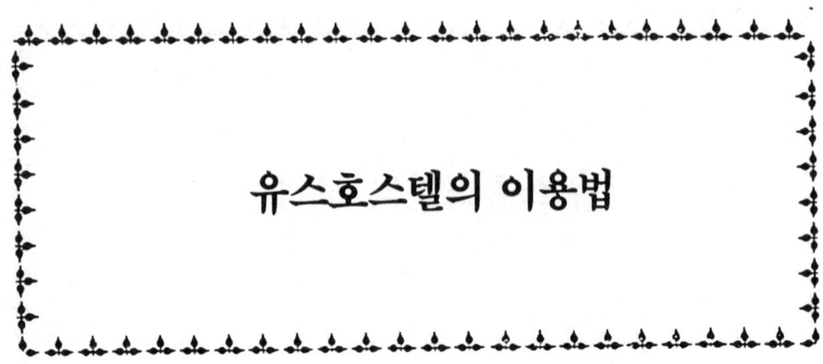

유스호스텔의 이용법

□예약

여행을 즐겁고 추억 깊은 것으로 만들기 위해서는 목적과 계획, 게다가 준비가 만전이 아니면 안된다. 유스호스텔에 숙박하기 위해서는 우선 예약이 필요하다. 예약은 이용하고 싶은 유스호스텔에 직접 왕복 엽서로 신청한다. 숙박 희망일이 촉박해서 시간에 여유가 없을 때는 전화로도 접수한다. 그러나 예약은 가능한 한 일찍 합시다. 여름 방학 등의 여행 시즌에는 만원으로 거절당하는 경우가 있다.

□취소와 변경

숙박 취소나 변경은 가능한 한 빨리 연락한다. 유스호스텔 쪽에는 식사 준비 등이 있기 때문에, 폐를 끼치지 않도록 늦어도 전날에는 그 뜻을 전달하지 않으면 안 된다. 무단 위약은 위약금을 청구당하는 경우가 있다.

□도착

유스호스텔에는 오후 6시 30분까지 도착한다. 그 이후라면 식사는 나오지 않는다. 오후8시를 지나면 예약을 취소당하는 경우도 있으니까 주의합시다.

그런데 유스호스텔에 도착하면 예약 OK엽서를 보이고 규정 이용요금을 전납한다. 회원증을 가지고 있는 사람은 그 때에 제출한다. 모르는 일이 있으면 부모 대신이 되어 돌봐주는 프런트(숙사를 관리하는 사람)에게 뭐든 상담합시다.

□식사

식사는 식당에서 모두와 함께 한다. 유스호스텔에는 모두 셀프서비스다. 프런트의 정성이 담긴 식사를 각자 식탁으로 가지고 가고, 식사 종료 후는 분담해서 뒷처리를 하거나 설겆이를 하거나 한다.

□미팅

저녁 식사 후는 프런트를 중심으로 단란한 한 때를 갖는다. 첫대면인 사람들이 함께 노래하거나, 게임을 하거나, 각자의 여행중 재미있는 체험이나 감상 등을 서로 이야기하거나 한다.

또한, 프런트로부터 그 지방에 전해지는 민화 등을 듣는 것도 즐거울 것이다. 이렇게 하고 있는 사이에 서로 알고, 내일 같은 방향으로 가는 사람과의 약속이 이루어져서 새로운 친구를 얻거나 한다.

이 미팅이야말로 유스호스텔 정신의 발로로 여행의 기쁨을 풍부히 해 준다.

□취침

예
약
왕복 엽서로
예약
★해약은
늦어도 전날까지
취소
변경
변명의
여지가
없습니다.
캔슬하고
싶은데
예약 OK엽서를
보인다.
도
착
식
사
모두 셀프 서비스
미팅
10 PM
취 침
기 상 세 면 청 소
출 발
신세 많이
졌습니다.

10시에는 각자의 방으로 돌아가서, 슬리핑 시트(유스호스텔 독자의 자루 모양의 시트)를 사용해서 내일 활동을 위해 조용히 취침한다. 슬리핑 시트를 준비할 수 없는 사람은 사용료를 지불하고 대출을 받는다. 자신의 것을 사용하는 경우라도, 항상 청결한 것을 준비해 둡시다. 이것은 나중에 오는 동료를 위해서 모포나 이불을 더럽히지 않기 위해서 사용하는 것이다.

숙사내에서의 음주, 정해진 장소 이외에서의 흡연은 금지되어 있다. 또한 남녀는 각각 별실에 나뉘어 취침한다.

□기상 · 세면 · 청소

특히 아침 일찍 출발하지 않으면 안되는 사람을 제외하고 모두 기상을 한 후 전원 청소를 한다. 유스호스텔에서는 '자신의 일은 스스로 하고,타인에게 폐를 끼치지 않는다'를 모토로 하고, '돌아갈 때는 올 때 보다 깨끗이'가 호스텔러(유스호스텔을 이용하는 사람)의 표어다.

□출발

10시전에 전원 숙사를 나간다. 같은 유스호스텔에 연일 체재하는 사람도 하루 종일은 숙사에 있을 수 없다.

10시에 모두 함께 숙사를 나간다. 더욱이 3일 이상 같은 유스호스텔에 체재할 수 없다.

회원증을 제출한 사람은 출발 때에 프런트로부터 회원증을 받아서 건강하게 그 날의 목적지로 여행을 떠난다.

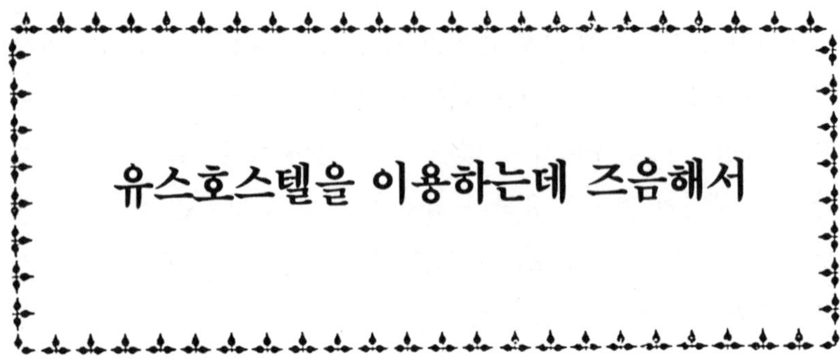

유스호스텔을 이용하는데 즈음해서

□유스호스텔의 종류

공영 유스호스텔

지방 공공단체가 나라의 보조를 받고 세운 것으로 회원이 아니더라도 본인의 신분을 증명할 수 있는 것(신분증명서, 학생증)이 있으면 누구나 이용할 수 있다.

직영 유스호스텔

유스호스텔협회에 의해 세워진 것으로 회원이 아니면 이용할 수 없다. 역시 유스호스텔은 국제적인 조직이기도 하기 때문에 입회에서 회원증을 가지고 있는 편이 바람직하고 또 즐거움도 많은 것이다.

민영 유스호스텔

유스호스텔의 정신에 협찬해서 건물의 일부를 회원에게 개방하고 있는 여관, 산막이나 일반 가옥 등을 말한다. 여기에서는 회원과 함께 온 사람(비회원)도 이용할 수 있는 경우도 있다.

이와 같이 공영 유스호스텔 이외는 유스호스텔협회의 회원이 아니면 원칙적으로 이용할 수 없기 때문에, 직영 유스호스텔, 민영 유스호스텔을 이용할 경우는 사전에 회원으로서 등록하고, 회원증 교부를 받도록 한다.

숙박할 때마다 회원증에 각각의 유스호스텔 독특의 스탬프가 찍히고 각지의 유스호스텔을 이용할 때마다, 차츰 스탬프가 늘어가는 것도 즐거움의 하나다. 더욱이 공영 유스호스텔은 언제나, 누구나 예약의 승인만 얻을 수 있으면 이용할 수 있다.

꼭 한번은 유스호스텔 활동을 체험해 보십시오.

□유스호스텔의 입회 방법

입회를 신청할 때는 각각의 지방에 있는 유스호스텔협회나 안내소, 또는 직영 유스호스텔에 가서 소정의 신청서(2장 복사)에 주소, 성명, 성별, 생년월일, 직업 등을 기입하고, 등록료를 갖춰서 입회 수속을 하면 그 날부터 회원이 될 수 있다. 해외의 유스호스텔을 이용할 경우는 사진(상반신, 정면, 탈모로 6개월 이내에 촬영한 것. 크기는 세로 3.5m 가로 2.5㎝~5.0㎝×5.0㎝까지의 것)1장이 필요하다.

□사용요금

유스호스텔을 이용할 때의 비용은 숙박 요금, 아침 식사, 저녁 식사, 및 그 밖의 비용(자취료, 난방료, 슬리핑 시트 차용료)으로 나뉘어 각각 별도로 계산한다. 자세한 것은 유스호스텔협회 발행의 핸드북을 참조해 주십시오.

□이용 신청서 쓰는 법

유스호스텔을 이용하기 전에 왕복 엽서의 반신란에 주소, 성명(단체의 경우는 책임자명), 연령, 회원증 번호, 남녀별 인원수, 숙박 월일과 일수, 식사의 내역, 도착 예정시각, 코오스 등을 빠짐없이 기입한다. 더욱이 이용할 때에 이 승인된 반신 엽서도 지참합시다.

□휴대품

여행을 위한 휴대품 외에 회원증, 호스텔 예약 반신 엽서, 슬리핑 시트, 유스호스텔협회 발행의 핸드북 등도 모두 지참합시다.

제6부

야외레크레이션의 유의점

제1장 야외레크레이션의 기획
제2장 건강관리
제3장 구급법(야외에서의 응급처치)

도움말

야외 레크레이션을 계획할 때 우선 여러가지 면에서 세심하게 준비할 필요가 있다. 기획에서 차질을 빚는다면 예상 외의 어려움을 당할 수 있으므로 종류, 장소, 기간 및 식료품 등 일일이 점검해야 한다.

또한, 개인 혼자서 준비하지 말고 가족이면 가족, 친구면 친구 등 야외 레크레이션을 같이 하는 사람들과 함께 준비하는 것이 좋다.

야외 활동과 자연과는 밀접한 관계가 있다. 야외 활동이란 자연 속에서의 활동으로 자연 없이는 이루어지지 못하는 것이다. 여기에서는 자연과의 관계가 특히 많은 부분이나 우리들이 야외 활동을 하는데 있어서 기본적으로 필요한 지식 등에 대해서 생각해 본다.

환경의 변화나 마시는 물, 먹는 음식의 변화 때문에 야외 생활에서 몸 컨디션이 잘못되는 경우가 종종 있다. 또한 평소 사용하는데 익숙하지 않은 도끼나 손도끼 등을 사용하기 때문에 베인 상처나 타박상을 입는 경우도 많고 염좌나 골절을 일으키거나 취사 때에 화상을 입거나 독뱀에게 물리거나 벌에게 쏘이거나 하는 경우도 있다. 이와 같은 사고를 일으키지 않기 위해서 야외 생활에서의 건강 관리에 대해서 충분히 생각해 둘 필요가 있다.

제1장

야외레크레이션의 기획

기획상의 유의점

야외활동을 실시하기 위해서는 사전에 빈틈없는 계획을 세워 둘 필요가 있다. 가족이나 소그룹의 경우는 모두 화기애애하게 의논하여 정해도 지장은 없지만 10명 이상이 되면 기획하는 사람을 몇 명인가 뽑아서 그 사람이 야외활동 운영의 중심이 되도록 한다. 뽑힌 사람들은 야외 활동의 의의를 충분히 살릴 수 있는 것 같은 기획을 세웁시다.

· 자연과 친해지고 대자연의 아름다움이나 엄숙함을 알고 체력 만들기도 아울러서 할 수 있다.

· 인간성의 회복을 꾀하고 협조성이나 자주성을 기를 수 있다.

· 자기 자신을 충분히 응시하고, 각각의 역할에 대해서 잘 파악할 수 있다.

· 평소의 긴장으로부터 해방되어, 마음이나 몸의 회복을 꾀할 수 있다.

· 야외 활동의 기술을 뭔가 하나라도 몸에 익혀서, 그 체험이나 내용을 풍부히 할 수 있다.

· 모두의 창조성을 신장시킬 수 있다.

· 레크레이션으로써의 야외 활동으로 생활을 풍요롭게 할 수

있다.

어떤 야외 활동이라도 무리 없는 계획이 바람직하다.

'기쁨에 넘쳐 떠났지만, 비용만 들고 돌아오는 길은 피로만이 남았다' 등 이라고 하는 이야기를 흔히 듣는다. 유익한 활동을 하기 위해서는 빈틈없는 계획이 필요하다.

□야외레크레이션의 종류 결정

어떤 야외 레크레이션을 하느냐는 계절, 장소, 비용, 기간, 인원수 등을 고려한 다음에 결정한다. 참가자가 희망하는 종목 중에서 계절에 맞는 것으로 장소로써 매력이 있고, 일정이나 비용의 면에서 다수의 참가를 얻을 수 있는 것, 그 외 용구 등의 준비가 가능한 것 등을 잘 생각한 후 가장 적합한 것을 선택하도록 한다.

일반적으로 야외 레크레이션은 계절적으로 가장 적합한 것부터 선택하게 된다. 여름에 스키를 하거나 겨울에 캠프를 계획하거나 하는 예도 볼 수 있지만 별로 적당하지 않은 것 같다.

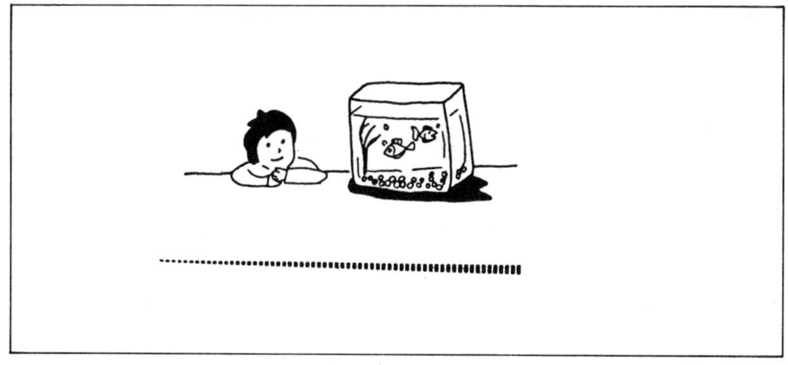

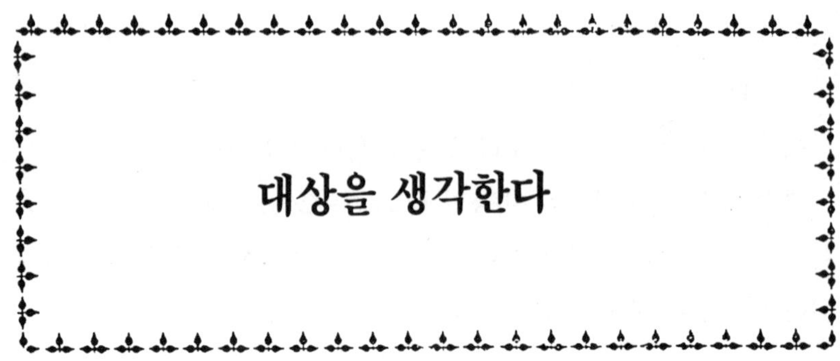

대상을 생각한다

□가족으로

학교 방학이나 연휴를 이용해서 당일치기 또는 2~3박으로 온 가족 야외 레크레이션을 실시할 때 목적은 어디까지나 가족의 단란이 중심이므로 모두의 마음이 서로 통하는 것 같은, 어른이나 아이나 즐길 수 있는 것을 계획합시다.

□그룹으로

그룹으로 활동하는 경우 친한 친구끼리, 이웃 사람들, 직장 동료 등 그룹의 종류, 아이, 청년, 성인, 노인 등 연령에 따라서 또는 남성만의 그룹, 여성만의 그룹, 남녀 혼합 그룹 등에 따라서 계획 방법이 달라진다. 사전에 조사를 하고 모두의 의향에 맞춰 참가하기 쉬운 것을 선택해서 계획합시다.

기일 기간

야외 레크레이션을 계획하는데 즈음해서 기일·기간의 결정 방법은 중요한 사항의 하나다. 일반적으로는 당일치기부터 길어도 3박4일 정도가 적당하다.

우선 첫째로 그 계절에 적합한 종목일 것. 둘째로 대상이 되는 사람들이 가능한 한 많이 참가할 수 있는 것 같은 기일·기간을 설정

해서 형편이 좋지 않은 사람이 많이 생겨 계획은 세웠지만 당일 참가하는 사람이 현저하게 줄었다고 하는 일이 없도록 한다.

어린 아이가 있는 가정에서는 길게 2박 3일. 중학, 고교생 이상이라도 3박4일 이내가 적당할 것이다. 또 당일치기가 가능한 야외 레크레이션도 계절에 따라서 받아들여야만 하고 선뜻 모두 즐길 수 있는 날을 택해서 계획한다.

백 번째 사나이

"선생님, 잘못되어도 각오는 하고 있습니다. 사실대로 말씀해 주십시오."

"안심하십시오. 문제없이 낫습니다. 통계에 의하면 이 병은 백 사람에 한 사람꼴로 낫는 병입니다."

"그런데요?"

"당신은 꼭 백 번째인데…… 그리고 이제까지 나는 이 병을 한 번도 고치지 못했으니까요."

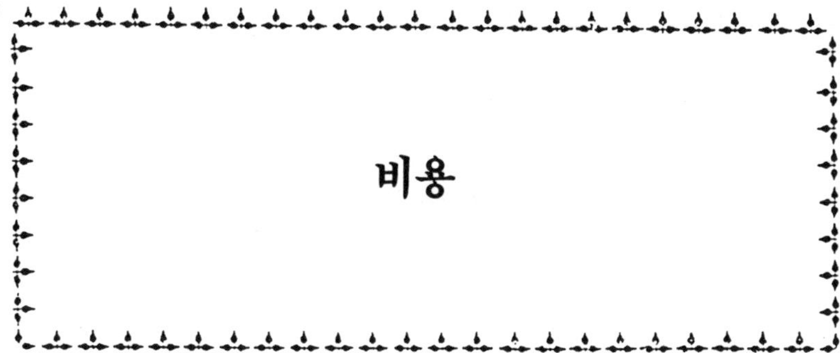

비용

비용에 대해서는 잘 검토해 둡시다. 특히 단체 등으로 실시하는 경우 비싼 비용 때문에 참가자가 줄어 계획 취소가 되거나 하는 경우가 종종 있다.

아무리 훌륭한 계획을 세워도 비용면에서 참가하는 사람이 망설이는 것 같은 경우는 하는 수 없다. 경우에 따라서는 장소를 바꾸거나 기간을 줄이거나 하는 방법도 생각할 필요가 있다. 그러기 위해서는 회계를 담당하는 사람을 정해서 사전에 예산을 빈틈없이 세우도록 한다. 그 구분은 교통비, 숙박비, 식비, 장비비, 구급용품비, 사무연락비, 잡비, 예비비 등이다. 가족이나 소그룹일지라도 단체와 마찬가지로 예산은 빈틈없이 세웁시다.

조직과 역할

소그룹의 야외 레크레이션에는 대규모 조직 등은 필요없지만, 제각기 각각의 역할을 가지고 그 책임을 완수하지 않으면 제대로 되지 않는다. 적어도 리더와 회계 담당은 필요하다. 그 외 기획 담당, 진행 담당(이 두가지는 리더가 겸하는 경우도 있다), 식료 담당, 장비 담당, 생활 담당 등이 있으면 나무랄 데 없을 것이다. 가능하면 참가자 전원이 뭔가 하나의 담당을 맡아서 한 사람에게 부담이 집중하지 않도록 한다. 단체에서는 빈틈없이 담당을 정할 필요가 있다.

조직이나 역할은 운영하기 쉽도록 만드는 것이 중요하고 하나의 틀에 꼭 맞는 것을 생각해 버리면 제대로 되지 않게 된다. 사정이 나쁜 부분은 자꾸자꾸 바꿀 필요도 생긴다.

장비 계획

장비는 야외 레크레이션 종류에 따라서 각각 다르다. 여기에서는 총체적인 면에서 생각해 간다.

□단체로 준비할 것

수량을 좌우하는 것은 참가자의 인원수다. 캠프를 예로 들면, 텐트의 수용 인원은 보통 1인 180㎝×45㎝로서 계산되고 있다. 방갈로 등 간이 숙박시설 등을 이용할 때 침낭 지참 때는 돗자리 1장에 두 명 이불을 이용하는 경우 돗자리 1장에 한 명이라고 하는 비율이 된다. 그러나 실제로는 상당히 궁핍하기 때문에 조금 여유를 갖고 계획하는 편이 좋을 것이다. 야외 취반 때 반합 하나로 4~5명의 밥을 지을 수 있다. 그 외 식칼, 주걱, 국자, 수세미, 스콥, 양동이 등은 각각 2개씩 손도끼, 톱, 주전자 등은 1개씩 준비하면 충분하다. 장작은 1그룹에 1끼당 1~2다발 필요하게 된다.

오리엔티어링을 실시할 때는 자석 등을 미리 준비해 둘 필요도 생긴다. 주최자 측에서 모두 준비할 때는 개인 방식의 오리엔티어링 때는 인원 수만큼 필요해진다. 또한 코오스 만드는 방법에 따라서 모스트 플래그(표식)도 그 분만큼 준비해 두지 않으면 안 된다.

스키 교실 등에서 스키를 실시할 때는 초심자의 용구(스키, 스톡 등 한 벌) 대출이 많아서 미리 신장과 발 크기를 조사해 둘 필요가 있다. 최근의 조임 도구(빈둥) 대부분에 안전장치(세이프티)가 보급되어 있지만 조절이 어려워지고 있다. 실제로 눈 위에서 조정할 필요가 있다.

□개인으로 준비할 것

운반 용구

키슬링형 색(등산용 배낭)이나 일종의 지게가 가장 좋고, 그 외 서브 색이 있으면 좋을 것이다. 어택 색, 백패킹용 프임엠 색, 스키용의 색은 사용 목적에 따른 사용 이외는 실용적이라고는 말하기 어렵다.

침구

깃털 슐라프 색이 최적이지만, 여름은 봉투형이나 인형형보다도 장방형으로 한쪽이 파스너로 전부 열 수 있는 타입의 것이 편리하다. 매트류는 에어매트가 바람직하지만, 발포 스티롤제의 부엌용 매트의 이용도 쾌적하다. 최근에는 등산용으로 개량된 것도 있다. 다소 부피가 커지지만 가볍고 물을 통과시키지 않고 더구나 단열성이 있기 때문에 최적이다.

의류

여름이라도 긴 소매, 긴 바지로 한다. 산기슭이나 고원 걷기에는 니키보커즈가 적당하다. 트레이닝 웨어(체조복)을 이용하고 있는 사람도 많이 볼 수 있다. 쇼트 팬츠는 가능한 한 피한다. 스커트류는 입지 않도록 한다. 내복으로는 피부에 직접 닿는 망셔츠가 남성에게 있어서는 쾌적할 것이다. 위에 입는 셔츠는 여름이라도 모직이 바람직하다. 대낮은 반 소매, 반 바지라도 아침 · 저녁은 반드시 긴 소매, 긴 바지로 한다. 겨울에는 팬티 스타킹을 착용하면 따뜻하고 남성용도 시판되고 있다.

신발

등산이나 산기슭 걷기에는 가벼운 등산화가 최적이지만, 캐러밴 슈즈도 이용 범위가 넓은 것 같다. 가능한 한 발목까지 깊이의 신발로 바닥이 경질 고무(비브램제 등)로 되어 있는 것을 준비한다. 매우 두꺼운 양말과 얇은 목면제 양발을 1장씩 신고 딱맞는 정도가 좋을 것이다.

모자 · 장갑

여름은 차양이 넓은 밀짚모자가 적당하다. 춘추는 각각의 기호에 맞는 것을 이용해도 좋을 것이다. 겨울은 스키용 모자가 널리 이용되고 있다. 장갑은 일반적으로는 스키용 장갑이 많이 이용되고 있지만 목장갑과 모직의 것을 한 벌은 준비해 두기 바란다.

우비

우비에는 이것이라고 해서 결정적인 종류가 없는 실정인 것 같다. 우산이나 폰초는 짐이 젖기 어렵다고 하는 장점이 있지만 강풍에 약한 것이 난점이다. 비닐제나 고무의 소매 없는 비옷이나 바지는

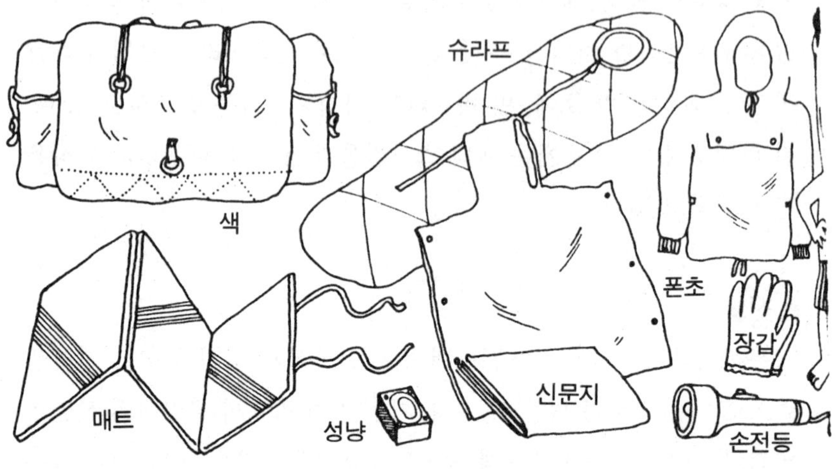

비에 대한 방수는 안전하지만 통기성이 없기 때문에 속에서 무더워 젖어 버리는 것이 난점이다. 야케는 전혀라고 말해도 좋을 만큼 비에는 도움이 되지 않아 방풍복으로서의 이용만으로 한정하는 편이 좋을 것이다. 비닐 큰 조각을 짐과 함께 머리부터 뒤집어 쓰고 허리부터 아래는 비닐 조각을 앞치마로 하는 것도 한 방법이지만 이것도 폰초와 마찬가지로 바람에는 약한 것 같다. 최근에는 나일론제 상하에 고무를 대서 방수처리를 한 것이 시판되고 있다.

다소 무덥지만 통기성을 생각해서 찢어지기 어렵게 되어 있어 우비로써 적합한 것 중의 하나가 될 것이다. 이 경우 짐 등은 비닐로 단단히 싸둔다.

방한복

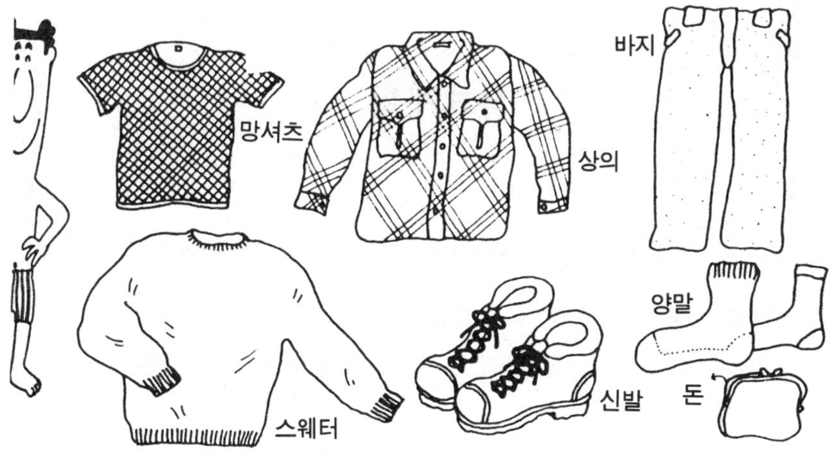

여름산이라도 이른 아침은 5℃ 가까이 기온이 내려가는 곳이 있어서 방한복은 빼놓을 수 없다. 스웨터는 반드시 색 바닥에 넣고, 위급할 때에 입도록 한다. 겨울은 깃털옷이 쾌적하고 다소 야단스러워지는 것은 부득이하다. 내복을 모직으로 하면, 가령 젖어도 따뜻한 것이다.

그 외

그 외 개인적으로 가지고 갈 것으로서는 각각의 야외 레크레이션 종목에 따라서 갖출 필요가 있지만 소품으로써 준비할 것으로 신문지, 성냥, 전등 등을 들 수 있다. 나머지는 각자의 생활 체험에 따라서 연구해 봅시다.

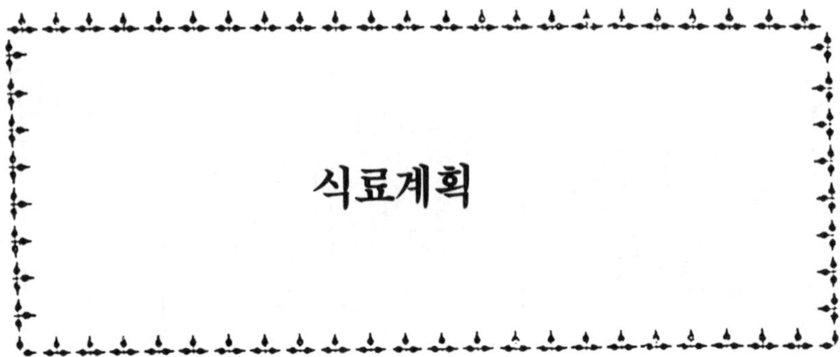

식료계획

식료 계획이라고 해도 특별한 것을 생각할 필요는 없지만, 야외 레크레이션에 있어서의 식료 계획에 즈음해서 다음 사항에 유의한다.

· 휴대성이 우수하다.
· 보존성이 좋다.
· 고칼로리다.
· 조리하기 쉽다.
· 소화하기 쉽다.

□식단을 만드는데 즈음해서

아침은 조리가 간단한 것을 첫째로 낮은 휴대성을 중심으로 생각하고 밤은 변화 풍부한, 보다 즐거운 것을 생각한다.

아침 일찍부터 출발할 때는 전날 밤에 주먹밥을 만들어 두든가, 인스턴트 식품 등을 이용하는 것도 좋을 것이다. 점심 식사도 때로는 비스켓, 크래커, 쿠키 등을 여러가지 조합해서 버터나 마아가린 등을 발라서 먹으면 생각 외로 많이 먹을 수 있는 것이다. 많이 먹을 때는 너무 달지 않도록 피너츠나 레이즌을 곁들여서 먹는다. 매일 1인당

1/2개 정도의 레몬을 먹도록 하면 피로 회복에 도움이 된다.

□생선 식료의 보존

생야채 등은 비닐로 싸는 것 보다 통기성이 있는 바구니나 군데군데 구멍을 뚫은 비닐에 넣어서 운반하고 그늘이나 통풍이 잘 되는 곳에 둔다.

날고기는 구입하면 즉시 기름에 볶아 된장 속에 넣어두면 여름이라도 1주일은 유지한다. 대나무는 방부성이 있기 때문에 대나무통 등을 이용하는 방법도 있다. 조릿대 잎을 고기와 함께 넣어 두든가 구워서 된장 절임한 고기를 조릿대로 싸 두는 것도 좋을 것이다.

□그 외

식단을 만들 때는 조리시간이 길게 걸리는 것이나 특수한 도구를 필요로 하는 것은 피하고 누구나 언제나 할 수 있는 것이 조건이 된다.

또한 산나물이나 생선 등 현지에서 조달하는 것 중 구입하는 것 이외는 예정에 넣지 않는 것이다. 봄은 머위의 새 순, 두릅, 산땅두릅, 고사리, 고비, 수영 등 산나물이 풍부하고 시내에서는 산천이나 곤들매기가 잡히지만 별로 기대할 수 없는 것이다. 버섯류는 잘 알고 있는 것 이외는 먹지 않도록 한다.

제2장

건강관리

출발전의 건강관리

건강하고 안전한 야외 생활을 보내기 위해서 다음 5가지의 점에 대해서 사전에 유의해 둡시다.

□건강진단

야외 활동에 나가기 전에 반드시 건강진단을 받는다. 그리고, 참가해도 좋은지 어떤지 의사와 상담해서 문제가 있을 경우는 참가를 보류하도록 합시다.

□몸 컨디션 경비

1주간 정도 전부터 영양, 운동, 수면 등을 충분히 취하도록 해서 컨디션을 조절해 둔다.

□건강 체크

건강 카드를 만들어서 2일간 정도 전부터 자신의 건강상태(맥박, 체온, 수면시간, 식욕, 변통 상태 등)을 기입해 둔다.

□위생

출발 전에는 목욕, 세발, 손톱(발톱) 깍기를 끝마쳐 둔다.

□약

평소 비교적 자주 사용하는 약품은 갖춰 두도록 한다.

어떤 이야기

두 마리의 비둘기가 서로 의좋게 사랑하고 있었습니다. 어느 날 한 마리의 비둘기가 짧은 여행을 떠났습니다. 뒤에 남은 비둘기는 밤이 되었는데도 남편 비둘기가 돌아오지 않아서, 몹시 걱정하였습니다. 마침내 날이 샐 무렵에야 그 비둘기는 돌아왔습니다. 그러자 아내 비둘기는 푸념을 늘어놓았습니다. 그러나 남편 비둘기는 조용히 대답하였습니다.

"미안, 미안. 너무나 좋은 달밤이어서, 나는 걸어서 돌아온 거야."

야외 생활에서의 건강관리

야외 생활에서는 다음 네 가지의 점에 대해서 주의한다.

□위생

야외 생활에서는 땀이나 먼지 투성이가 되어 어쨌든 더러워지기 쉽다. 특히 모발은 불결해지기 쉬운 것이므로 기회가 있을 때마다 감도록 한다. 또한 수족의 더러움도 심해지니까 식사 전에는 얼굴이나 손을 비누를 사용해서 씻도록 한다. 또한 배설물 처리나 청소, 취사 오물의 처리도 깨끗이 해 둡시다.

□휴양

충분한 활동을 하기 위해서는 충분한 휴양이 필요하다. 하루의 피로를 회복하기 위해서는 적어도 8시간의 수면은 필요하다. 밤 늦게까지 동료와 이야기에 열중하는 것도 즐거울테지만 밤 늦게 자는 일은 부디 하지 않도록. 더욱이 1~2시간의 낮잠을 취하면, 한 층 더 효과가 있다.

□의류와 침구

의류, 침구는 보온성이 있는 가벼운 것이 이상적이다. 항상 청결을 유지해 주십시오. 여름은 땀을 많이 흘리니까 의복은 땀을 발산하기 쉬운 것을 입도록 합시다. 고원이나 산야에서는 기온의 변화가 현저하기 때문에 의복도 거기에 따라서 조절합시다. 땀으로 젖은 셔츠는 곧 갈아 입도록 하지 않으면 감기의 원인이 된다. 아침 이슬이나 밤이슬은 몸에 해로우니까 가능한 한 피한다. 맑은 날에는 텐트 자락을 걷어 올려서 햇빛에 말리고 침구나 의류를 가능한 한 직사광선을 쬐인 후 사용하도록 합시다.

□음식

사람에게 필요한 칼로리는 성년 남자의 경우 하루 2400칼로리다. 야외 생활에서는 적어도 3000~3500칼로리를 섭취하지 않으면 안 된다. 이 정도의 칼로리를 섭취하고 더구나 위에 부담을 주지 않도록 하기 위해서는 함유 탄소를 줄이고 영양가 높은 육류를 먹으면 좋을 것이다. 또한 낮에는 땀을 많이 흘리므로 염분을 많이 섭취해서 피로를 회복시키는 것도 필요하다. 편식은 여러가지 질병을 일으키므로 식품의 조리나 가공에 충분히 주의해서 연구하는 것이 필요하다. 날로 먹는 야채나 과일은 잘 씻어서 먹는다. 그 밖의 음식은 불에 충분히 가열한다. 썩은 고기는 삶아도 구워도 소용 없다. 오히려 중독을 일으킨다.

음식은 1회만으로 다 먹도록 조리하고 남았다고 해서 다음 식사에 먹지 않도록 한다. 특히 딴 통조림의 나머지는 아깝다고 생각해도 버린다. 들풀이나 버섯류에는 독성을 가진 것이 있다. 전문가나 그 지방 사람에게 잘 확인을 받은 후 먹도록 합시다.

이른 아침에 한 잔의 물은 변비를 예방한다. 그러나 물은 함부로 마시지 않도록 합시다. 물은 사용 구분을 지켜서 사용한다. '익숙히지 않은 물은 잘 씹어서 마셔라'라고 옛 사람은 말하고 있지만 가능한 한 지정된 물 이외는 마시지 않도록 합시다.

제3장

구급법
(야외에서의 응급처치)

구급법이란?

'의사의 손에 넘겨 주기까지의 위험이 따르지 않는 처치'라고 하는 것이 구급법의 철칙이다. 절대 의사의 영역까지 침범해서는 안 된다.

일반 사람에게 할 수 있는 범위는 지혈, 상처 보호, 쇼크 방지의 세 가지 처치라고 알아두자.

시간도 돈이다

모처럼 춘천 호수로 나들이를 나간 용호 군. 어렵게 마련한 돈으로 여자 친구인 순자와 함께 보트를 탔다. 노를 저으면서 용호 군은 여자 친구에게 말하였다.

"나는 무엇보다도, 헤픈 여자는 딱 질색이야! 그런데 이 보트는 딱 한 시간 밖에 세를 안냈으니까 그 점을 잊지 말아줘!"

응급처치 때 주의할 점

□사고자의 위치

의식이 있을 때

본인에게 의식이 있을 때는 그 놓여진 위치가 가장 편한 위치에 놓는다.(기분이 좋은지 묻는다)

원칙적으로 베개를 빼고 얼굴을 뒤로 젖혀서 수평으로 누인다. 안색이 창백할 때는 다리 쪽을 12~30㎝정도 높여 두부로 피가 흐르도록 한다. 안색이 좋아지면 수평으로 되돌린다. 안색이 붉을 때는 두부와 어깨를 조금 올리고 하반신은 수평으로 누인다.

구역질이 날 때는 각각의 위치에서 얼굴만 옆으로 돌리고 토하도록 한다. 심장 쇠약이나 천식과 같은 때에는 이불이나 책상 앞에 앉히고 기대게 한다.

의식이 없을 때

호흡하고 있는지 어떤지 곧 조사해서 정지해 있을 때는 인공 호흡을 실시한다. 의식불명이라도 호흡을 하고 있을 때는 날숨으로 질식하지 않도록 위치에 신경쓴다. 우선 옆으로 누이고 모포 등을 둥글게 말아서 안겨준다. 다음에 좌우 어느쪽인가의 팔을 팔꿈치에서 구부리

★의식이 없을 때의 사고자 위치

이 자세에서
뱉는 것을
토하게 한다.
다토하면
손등에 이마를 대고 엎드리게 한다

고 손바닥을 아래로 향해서 그 손등에 이마를 얹고 엎드리게 한다.

□보온

원칙적으로 인공적인 열은 가하지 않는다. 본인이 가지고 있는 체온을 유지하도록 한다. 단, 추운 날 특히 약한 사람에게는 탕파를 넣어도 좋다고 한다. 단, 팔꿈치 또는 뺨에 대고 있을 수 있는 정도의 온도의 것을 헝겊으로 싸서 댄다. 탕파를 넣는 곳은 발바닥, 대퇴부 옆, 또는 복부다.

□촌각을 다투어서 처치를 하지 않으면 안 될 때

① 실혈(다량으로 출혈을 하고 있을 때)

② 호흡 정지(사고로 인해 호흡이 정지했을 때는 어떤 원인일 때라도 곧 인공 호흡을 실시한다.)

③ 음독(잘못해서 독물을 마셨을 때는 촌각을 다투어서 처치를 하지 않으면 안 된다.)

④ 의식 장해

□음식물

절대로 주어서는 안 될 때

의식 불명인 사람, 두부 · 흉부 · 복부에 손상이 있는 사람, 구역질을 하는 사람, 수술을 요한다고 생각되는 것 같은 심한 상처를 입은 사람, 출혈이 심한 사람 등에게는 음식물을 주어서는 안 된다.

소량식 주어도 좋을 때

위와 같은 경우가 아니면 본인이 원할 때는 따뜻한 설탕물을 준다. 설탕이 없을 때는 차, 백비탕 또는 물이라도 상관없다.

본인이 원할 때마다 주어도 좋을 때

심한 화상 환자에게는 2컵 반의 물에 찻숟가락, 평미레로 한 수저의 식염과 염기에 2 / 3의 중조를 넣은 것을 준다. 설사를 하고 있는 사람, 뱀에 물린 사람, 혹은 화농한 상처나 부스럼이 있는 사람에게는 차나 물을 충분히 마시게 한다.

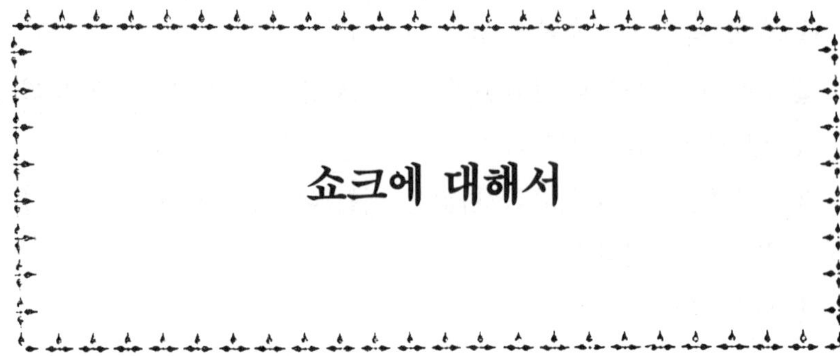

쇼크에 대해서

□쇼크란

공포, 고통, 출혈 등 때문에 녹초가 되어 생기가 없는 상태를 말한다. 이것을 외상성 쇼크라고 하며 혈액 순환이 나빠지기 때문에 발생하는 것이다.

□원인

심한 상처, 기아, 고통을 지연시키는 경우, 거친 취급을 하는 경우, 부적당한 운반, 출혈을 지연시키는 경우, 과도의 추위나 더위에 노출시켜 두는 경우 등이 원인이 된다.

□위험성

폐렴에 걸기기 쉽고, 화농하기 쉬워진다. 또한 순조롭게 회복하고 있는 환자라도 쇼크를 일으켰기 때문에 용태를 악화시키는 경우가 있다. 그 정도로 죽음에 이르는 경우도 있다.

□증상

안면 창백, 무표정하고 식은땀을 흘린다. 빠르고 약한 맥이 뛰고,

기력이 쇠약해져서 녹초가 된다. 수족이 차갑고, 구역질을 일으키는 경우가 있다. 그리고 마침내 의식 불명이 된다.

□주의해야 할 점

증상은 차츰 나타난다. 처음에는 모르는 경우가 많은 것 같다. 쇼크 증상 중 안면 창백, 식은땀, 기력의 쇠약 등이 하나라도 나타나면 이미 쇼크가 일어나고 있다. 수평으로 눕히는데 다리 쪽을 조금 높게 (15~30㎝), 본인이 가장 기분 좋게 느끼는 자세로 한다. 세우거나 걷게 해서는 안된다. 또한 적당한 보온을 한다. 마실 것은 주지 않는 편이 좋을 것이다. 그러나 두부·흉부·복부의 부상, 출혈 다량, 의식 불명, 구역질을 하는 사람, 수술을 요하는 사람 이외에 물을 원할 때는 따뜻한 것 또는 물을 소량씩(1컵을 30분 정도로)이라면 주어도 좋다고 한다.

상처에 대해서

□위험성

상처로 인한 위험성은 감염과 출혈이다. 아무리 작은 상처로부터라도 배균이 들어간다. 부착해 있는 먼지(흙, 가시, 먼지, 유리의 파편 등)를 제거하고 상처 자리를 깨끗이 소독한 후 소독 가제를 대고 붕대를 한 후 의사에게 진찰 받는다. 또한 출혈은 가능한 한 빨리 멈추지 않으면 안 된다.

□지혈법

직접 압박법

상처 위에 소독한 가제를 얹고, 직접 압박해서 출혈을 멈춘다.

간접 압박법

직접 압박할 재료가 마땅치 않을 때는 지압 지혈점을 눌러서 일시적으로 출혈을 멈춘다.

지혈대 압박법

앞서 서술한 방법의 병용으로도 멈추지 않는 심한 출혈 때에만 사용하는 최후의 수단으로, 다음 사항에 충분히 주의를 한다.

지혈대는 직접 상처에 접촉시켜서는 안 된다. 상처 윗쪽의 상처에 가까운 부분에서 실시하고 외부로부터 곧 보이도록 한다. 지혈대는 5㎝폭의 것을 사용하고 지나치게 조여도 조임이 부족해도 안 된다. 한번 졸라서 지혈하면 반드시 의사에게 풀도록 한다. 반드시 지혈 시각을 기록해서 알 수 있도록 해 준다.

□상처의 처치

베인 상처 · 찔린 상처

작은 상처일 때는 상처 자리를 옥시졸로 소독하고 다음에 리바놀 가제를 얹고 붕대를 둘러 둔다.

가시 등에 찔렸을 때는 족집게를 사용해서 가시를 빼고, 다음에 흙이나 먼지가 남아있지 않도록 옥시졸로 소독해 둔다. 상처 속에 찔린 것이 남아 있을 때는 불에 소독한 바늘로 이물을 후비어 내고 피를 짠 낸 후 소독 가제를 얹는다.

칼에 손가락 끝을 베였을 때는 곧 피를 멈추지 말고 조금 피를 흘려서 상처 속에 들어간 것을 피로 씻어 내든가 청결한 물에 씻는다. 출혈이 다량 때는 곧 지혈대를 하고 의사에게 진찰을 받는다.

상처 자리로 파상풍균이 들어갈 위험이 있기 때문에 반드시 의사의 치료를 받는다.

타박상

환부를 냉습포한다.

독충(벌 · 모기 등)에게 찔렸을 때

암모니아수를 바르든가 중조와 콜드크림을 섞어서 바르고 차게 해 둔다.

독풀 피부병

옻을 타기 쉬운 사람은 가능한 한 그와 같은 곳에 가까이 가지 않도록 한다. 옻이 부착했을 때는 비눗물로 여러번 씻어 떨어뜨린다. 이 때 더러운 물이 다른 부분에 닿지 않도록 조심해서 씻는다.

벌레가 귀에 들어갔을 때

벌레가 귀에 들어가면 손가락이나 귀이개 등으로 꺼내려고 해서는 안 된다. 그것은 벌레를 안쪽으로 몰아 넣는 것으로써 오히려 꺼낼 수 없게 된다.

나오지 않을 때는 기름을 조금 귀속에 떨어뜨린다. 벌레는 질식해

서 흘러 나온다.

독뱀에게 물렸을 때

산속에서 독뱀에게 물리면 물린 상처의 조금 위를 쥐어 짜서 독이 윗쪽으로 퍼지지 않도록 한다. 물린 부위를 소독한 칼로 피부를 베는 정도로 X로 베고 피와 독을 입으로 빨아 낸다. 독을 빨아 내어 버리고 입을 씻는다. 이것을 몇 번인가 반복한다. 그 뒤 환부를 과망간산칼륨액 또는 석탄수로 씻는다. 그리고 곧 살모사의 혈청이 있는 병원으로 운반한다.

화상(열상)

화상은 정도에 따라서 3단계로 나눌 수 있다. 제1도, 빨갛게 붓는다. 제2도, 물집이 생긴다. 제3도, 진무른다.

가능한 한 수도 등의 깨끗한 물을 사용해서 계속 차게 하는 것이다. 청결한 가제 등을 가볍게 얹고 의사의 진찰을 받는다. 의복 위로 화상을 입었을 때는 억지로 벗지 말고 의복 위로 냉수를 조용히 끼얹는다. 물집이 생기면 터트리지 않도록 한다. 광범위한 화상은 청결한 시트 또는 큰 타올 등으로 감싸고 날씨에 따라서 보온하고 병원으로 운반한다. 물을 원할 때는 토하지 않도록 조금씩 준다.

눈에 이물이 들어갔을 때

윗 눈꺼풀로 들어갔을 때는 속눈썹을 잡고 윗 눈꺼풀을 아래 눈꺼풀에 겹친다. 아래 눈꺼풀로 들어갔을 때는 이쑤시개 끝에 솜을 감아서 열탕으로 소독하고 식힌 후 눈꺼풀을 벌리고 이쑤시개 끝을 사용해서 이물을 꺼낸다.아무리해도 이물을 꺼낼 수 없을 때는 깨끗한 물이나 붕산수로 잘 씻고 무리를 하지 말고 의사에게 진찰을 받는다.

눈은 절대로 비벼서는 안 된다. 이물의 유무를 모를 때는 가볍게 눈을 감고 눈물이 흐르기를 기다린다.

구두에 닿아서 진무른 상처

껍질이 벗겨지지 않고 빨갛게 된 정도라면 가제가 붙은 반창고로 보호한다. 물집이 생겼을 때에는 주위를 소독하고 물집 가장자리에 소독을 한 바늘로 구멍을 뚫어 액을 밀어 낸다. 그 다음 소독하고, 외상액을 바른 후 살균 가제를 얹고 붕대를 한다. 껍질이 벗겨졌을 때는 소독한 후 가제를 얹고 반창고로 고정시킨다.

또한 구두의 상태, 양말의 상태를 잘 조사해서 단서를 없애도록 연구한다.

발생하기 쉬운 병의 처치

□일사병

일광의 직사를 오랜 시간 받아서 땀을 흘려 체내의 염분이 부족했을 때에 발생한다.

증상은 두통, 현기증, 구역질이 나고, 안면이 붉어지고, 피부는 건조해서 뜨겁고, 체온이 상승하고 입이 마른다.

처치로서는 의류를 벗기고, 통풍이 잘 되는 그늘의 서늘한 곳에 똑바로 누인다. 머리를 찬 수건 등으로 차게 한다. 몸도 마찬가지로 차게 한다. 중증일 때는 의사에게 연락한다.

□뇌빈혈

과격한 운동을 하거나 수면 부족 등이 원인으로 흔히 발생한다.

증상으로써는 안면 창백, 식은땀이 나고, 현기증이 난다. 또한 기분이 언짢아지고 때로는 졸도한다.

처치로서는 공기의 유통이 좋은 곳으로 옮겨서 머리를 낮추어 눕힌다. 심할 때는 다리 쪽을 높게 한다. 의복을 느슨하게 하고 가슴을 연다. 암모니아와 같은 냄새가 강한 것을 맡게 하거나, 얼굴에 물을 내뿜거나 해 본다.의식이 회복 되면 진한 차나 커피를 마시게 한다.

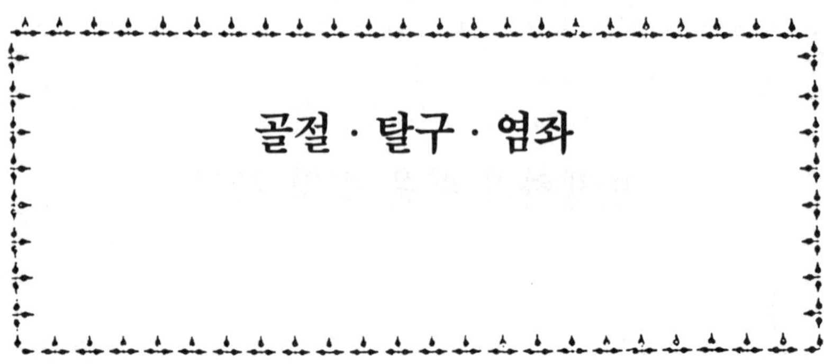

골절 · 탈구 · 염좌

□골절

뼈에 금이 간 정도의 것을 불완전 골절이라고 하며, 뼈가 완전히 부러져 버린 것을 완전 골절이라고 한다. 완전 골절에는 피하 골절과 개방성 골절이 있고, 전자는 골절해도 근육이나 피부에는 아무런 손상도 주고 있지 않은 것을 말하며, 후자는 부러진 뼈로 근육이나 피부를 손상시켜 버리고 있는 것을 말한다.

처치로서는 불완전 골절의 경우 조용히 하고 의사가 오기를 기다린다. 피하 골절의 경우 부목을 대고 3군데를 묶어 부러진 부분을 움직이지 않도록 한다. 개방성 골절은 골절 외부의 부상 상태를 관찰해서 만일 필요가 있으면 그 처치도 한다. 머리의 골절이나 인사 불성의 골절일 때는 중상 취급해서 안정시키고 의사의 처치를 기다린다.

□탈구

관절이 어그러진 것으로 주위 조직의 손상이 있다. 환부를 가능한 한 편안히 하고 그 부분을 차게 한다. 그리고 쇼크를 일으키지 않도록 처치한다. 탈구의 경우는 원칙적으로 부목을 사용해서 고정은 하지 않는다. 어깨 · 팔꿈치 관절의 탈구는 아프지 않으면 팔을 몸쪽

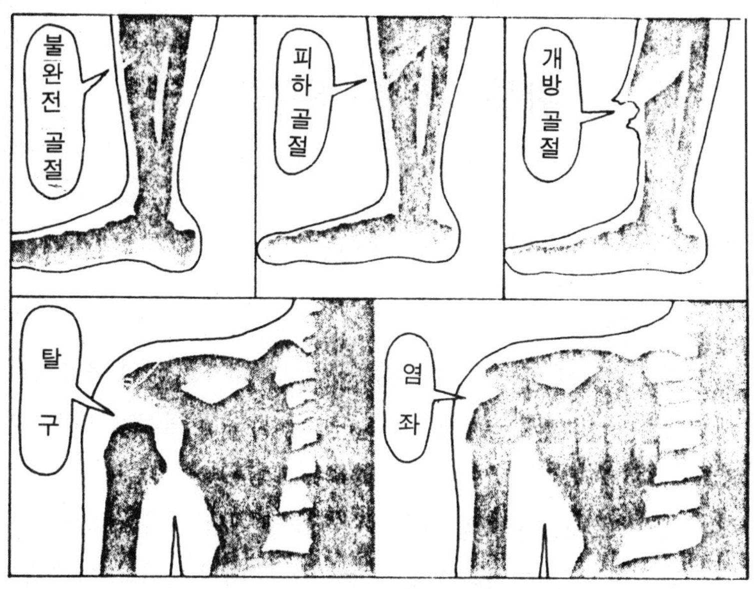

으로 고정시켜서 삼각건으로 느슨하게 목에 매단다. 고관절의 탈구는 무릎 아래에 베개나 의류를 개켜 댄다. 어쨌든 시간이 지나면 원래로 되돌아가는 것이 어려워지므로 빨리 의사에게 진찰 받읍시다.

□염좌

관절이 어그러졌다가 다시 원상태로 되돌아간 것으로 주위의 조직을 비틀거나 파괴하거나 하는 경우가 있다. 빠른 사이에 환부를 차게 하고 안정시킨다. 고관절, 무릎 관절 등은 환부를 조금 올리고 걷게 할 때는 삼각건이나 붕대로 고정한다.

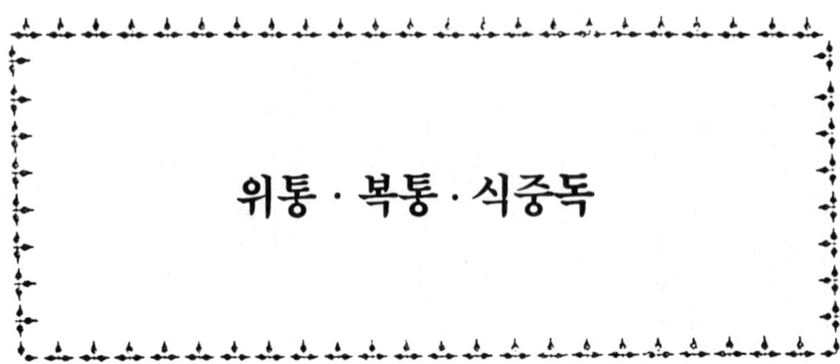

위통 · 복통 · 식중독

□위통 · 복통

배꼽 위(명치)가 아픈 것이 위통, 배꼽 밑이 아픈 것이 복통이다. 위통 때는 입속에 손가락 끝 등을 넣어 토하게 하고 복부를 따뜻하게 한다.

복통 때는 함부로 약을 먹여서는 안된다. 특히 갑자기 심하게 아프기 시작했을 때는 곧 의사의 진찰을 받는다. 구역질이 나고 아랫배가 아플 때는 충수염일 우려가 있으므로 급히 병원으로 운반한다. 이 동안에 배를 따뜻하게 하거나, 물을 마시게 하거나 해서는 안 된다. 또한 설사 때는 1일 정도 절식시키고 다량의 차나 물을 주고 반드시 의사의 처치를 받는다.

□식중독

복통, 발열, 구역질, 설사의 증상이 있고 쇼크 증상을 일으킨다. 이 경우 독을 엷게 하기 위해서 물을 다량으로 마시게 해서 토하게 한다. 해독제가 있으면 주고 반드시 보온한다. 그리고 가능한 한 빨리 의사의 진찰을 받는다. 중독의 원인이 된 음식물은 보존해 두었다가 나중에 보건소로 보낸다.

야외 활동에서의 구급 약품

구급 약품은 그룹이나 단체 등에서는 반드시 준비합시다. 개인이라도 최소한 삼각건이나 반창고, 외상용 연고, 그리고 자신이 걸리기 쉬운 병의 예방약 정도는 반드시 가지고 갑시다.

약품류는 가능한 한 제조 연월일이 새로운 것을 준비합시다. 약품을 변질시키거나 효용을 떨어뜨리지 않기 위해서도 소형의 것을 이용합시다.

□약품

요드팅크(상처 자리 소독용), 옥시졸 또는 리바놀(소독, 양치질용), 붕산(양치질 · 세안 · 습포용), 암모니아(벌레 물림 · 각성용), 중조(양치질 · 해독 · 세정용), 페니실린(외사용), 멘소레담(외상용), 멀미 멈춤, 글리세린액(관장용), 피마자유(설사용), 올리브유(도포 · 해독용), 항히스타민제(천식 · 알레르기 환자의 응급 처치에 이용한다), 건위제, 정장제(위장장해), 감기약(정제 · 아스피린 등), 진통제(두통 · 치통 · 생리통용), 제놀(습포용 도포제).

□붕대 재료

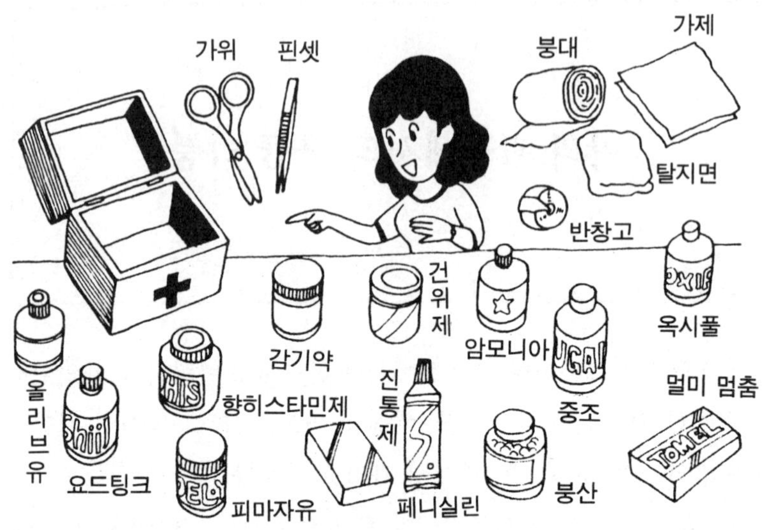

살균 가제, 탈지면, 붕대(7.0㎝, 4.6㎝ 폭이 편리), 삼각건, 기름종이, 안대, 가제 마스크, 반창고, 붕대 고정핀, 밴드에이드류.

□의료 기구, 기타

체온계, 핀셋, 가위, 족집게, 목이 긴 스푼, 면봉, 나무 젓가락, 부목 비닐 봉지, 얼음 주머니, 손전등, 성냥 등

제7부
기 타

제1장 캠프 크라프트
제2장 야외활동과 자연
제3장 사진 촬영

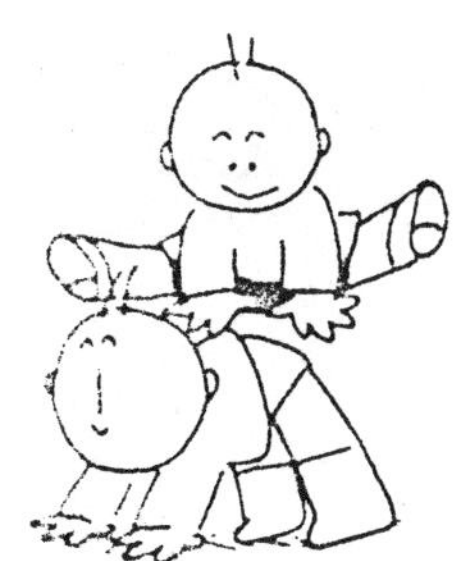

제1장

캠프 크라프트

핸드 크라프트

캠핑은 뭐든지 편리해져 가는 현대 생활에서 벗어나서 일부러 불편한 생활을 보내고, 대자연 속에서 무엇을 생각하고 무엇을 만드는 활동을 통해서 상실된 인간성을 회복하는 장이다. 따라서 여기에서는 생활에 필요한 것은 자신의 손으로 만들어가는 것이 중요하다.

캠프 크라프트란, 텐트의 설치부터 화장실이나 화덕 만들기 등 캠프 생활에 필요한 작업 모두를 말하는데 여기에서는 소위 야외에서 만드는 공작(핸드 크라프트)에 대해서 조금 언급해 보고 싶다고 생각한다. 야외 활동을 돋구기 위해서 스스로 만드는 즐거움을 맛봅시다.

□도구의 사용법

여기에서는 특히 이용도가 높은 것에 대해서 가볍게 언급해 본다.

가장 간단하고 이용 범위가 넓은 것은 나이프다. 재크 나이프나 칼집이 달린 나이프는 야외 활동의 필수품이다. 이 외 톱, 손도끼, 펜치 등이 주로 사용되는 도구다.

도구의 사용법을 모르고 있으면 즐거운 공작은 할 수 없고 또한 익숙하지 않은 도구의 사용은 의외의 부상을 초래하는 원인도 된다.

사용전에 사용법을 잘 확인합시다.

나이프

나이프를 사용할 때는 장갑 등은 끼지 말고 꽉 쥔다. 또한 날은 자신 쪽으로 향하지 않도록 사용한다. 잘리지 않는 나이프는 위험하기 때문에 조금 큼직하고 날이 잘 드는 것을 골라서 항상 잘 갈아 두는 것이 중요하다.

톱

톱에는 세로날과 가로날이 있다. 나뭇결을 따라서 절단할 때는 세로날, 나뭇결을 가로로 절단할 때는 가로날로 구분해서 사용한다. 보통의 톱은 당겼을 때에 잘리도록 되어 있다.

손도끼

우선 목이 느슨해 있지 않은지 확인한다. 그리고 그루터기, 굵은 장작 등을 놓고 그 위에서 사용하도록 한다. 날을 직각으로 세워서 자르는 것이 아니고 좌우 45도 정도로 V자로 잘라 가도록 한다. 주위에 사람이 있으면 매우 위험하므로 충분히 주의합시다. 사용한 후는 잘 닦아 둔다.

□준비해 두기 바라는 도구와 재료

나이프, 톱, 손도끼 이외에 펜치, 캔따개, 쇠망치, 조각칼, 송곳, 줄, 숫돌, 사포, 철사, 못, 핀, 접착제, 그림 물감, 연필, 도화지, 매직펜 등을 준비해 두면 매우 도움이 된다.

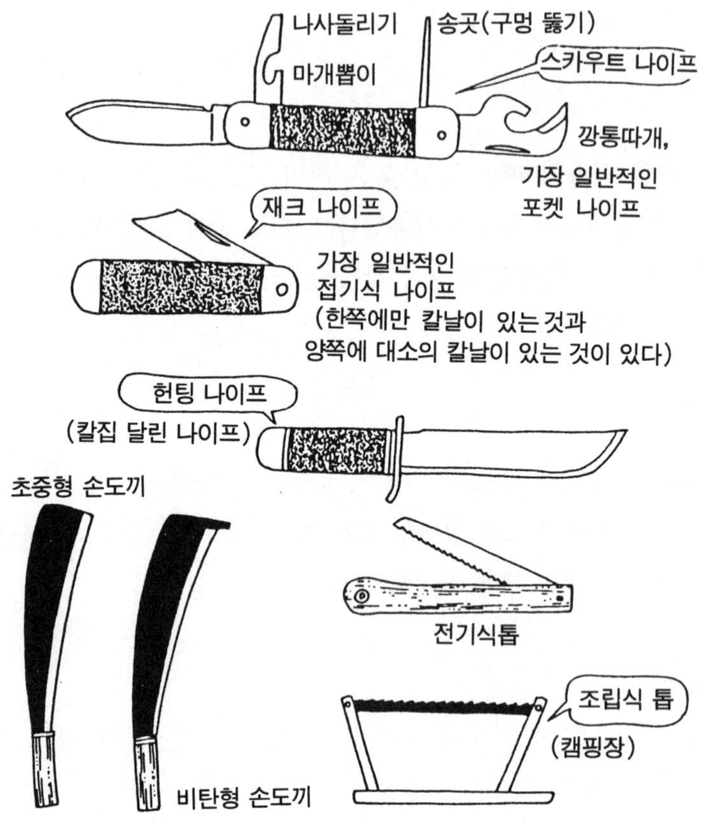

□작품례

자, 무엇을 만들까 라고 하는 문제가 되는데 우선 캠프 생활을 즐겁게 하기 위한 일용품을 생각해 봅시다. 조리대, 식탁, 컵받침, 행거 등 여러가지 것을 생각할 수 있다. 재료는 주변에 있는 것을 이용한다. 빈 깡통, 장작, 철사, 로프, 끈, 못, 마른 가지, 작은 돌 등을 사용하며 생목을 베는 것은 특별한 경우를 제외하고 절대로 피하지 않으면 안 된다.

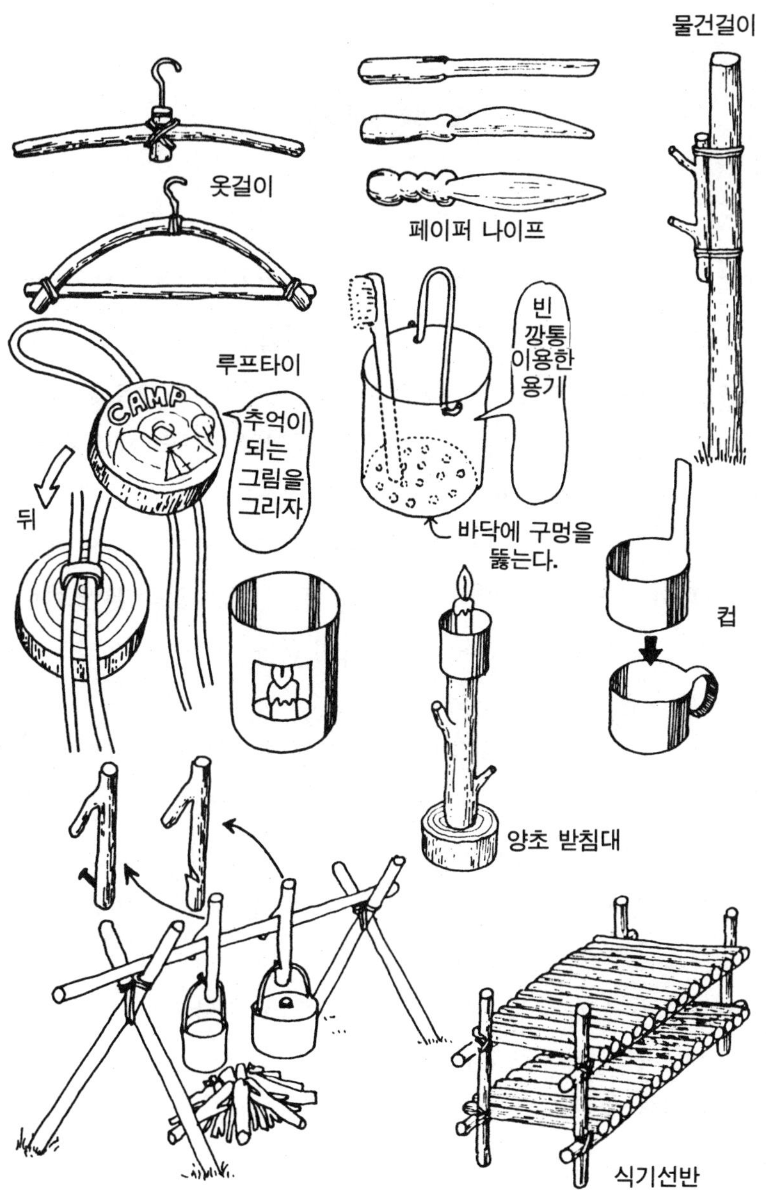
물건걸이
옷걸이
페이퍼 나이프
빈
깡통
이용한
용기
루프타이
CAMP
추억이
되는
그림을
그리자
뒤
바닥에 구멍을
뚫는다.
컵
양초 받침대
식기선반

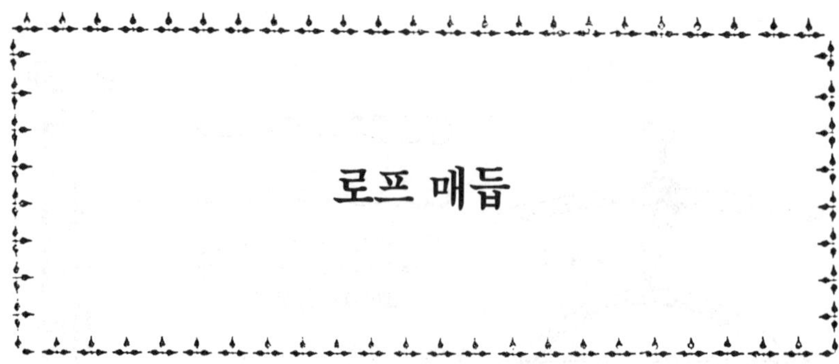

로프 매듭

'캠프의 기술은 로프 묶기부터'라고 일컬어지고 있듯이 로프의 매듭법을 알고 있으면 캠핑 때 등 매우 도움이 된다. 텐트를 치거나, 세탁물용의 로프를 치거나, 잘린 끈을 잇거나, 짐꾸리기를 하는 등 여러가지 장면에서 이용할 수 있으므로 꼭 익혀두기 바란다.

로프 매듭은 용도에 따라서 그 매듭법도 달라진다. 각각의 매듭법을 정확히 모르고 있으면 위급할 때 도움이 되지 않을 뿐만 아니라 오히려 위험한 경우가 있다. 또한 매듭법 뿐만 아니라 푸는 법도 알아두는 것이 필요하다.

좋은 로프 매듭이란, 묶기 쉽고 그 목적에 충분히 적합하고 , 빨리 묶을 수 있고, 간단히 풀 수 있다고 하는 것이다. 텐트를 치거나, 짐을 꾸리거나 했을 때 매듭법이 불충분하기 때문에 생각지도 않은 때에 풀려서 실패하거나 매듭법이 복잡해서 끈을 풀 수 없어 어쩔 수 없이 나이프로 끊어 버리는 것 같은 경우가 있다.

로프 매듭은 크게 다음의 5종류로 나눌 수 있다.

· 로프 끝에 매듭을 만든다.

· 로프로 고리를 만든다.

· 로프와 로프를 마주 잇는다.

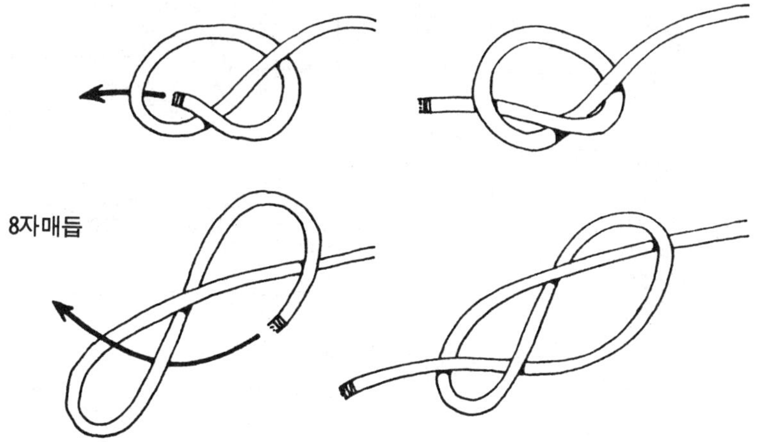

· 다른 것에 로프를 연결시킨다.

· 물건과 물건을 마주 묶는다.

총수 대략 4000종류라고 일컬어지고 있지만 여기에서는 그 중에서 캠핑 등에서 많이 활용되고 있는 몇 가지의 매듭법에 대해서 언급해 봅시다.

□로프 끝에 매듭을 만든다

고정매듭

이 매듭법은 간단하고 작은 매듭이 생긴다. 고리를 만들어서 그

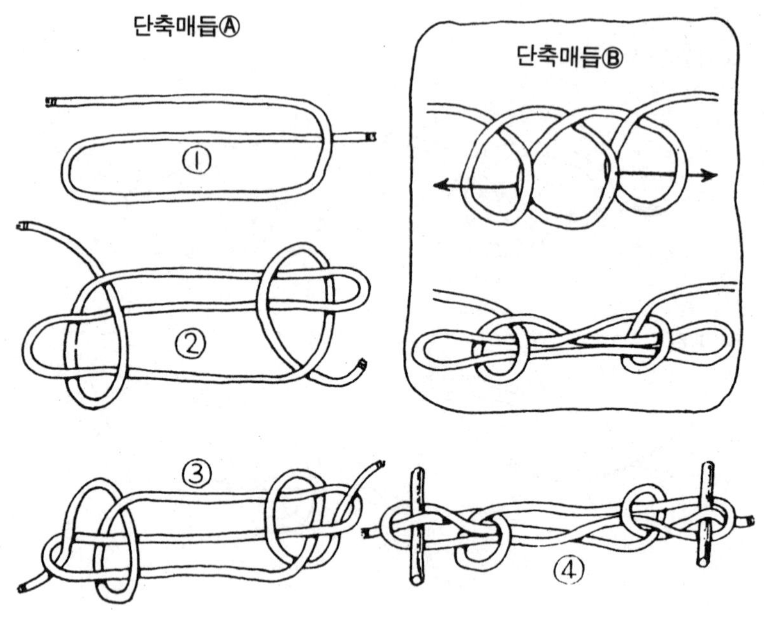

밑에서부터 선단을 통과시켜서 잡아당긴다. 큰 매듭을 만들고 싶을 때는 다시 한 번 더 로프의 선단을 통과시키면, '단단한 매듭'이 된다. 매듭은 튼튼해 지지만, 단단해져서 풀기 어려워진다.

8자 매듭

이 매듭법은 고정 매듭보다 조금 크고 풀기 쉬운 매듭이 생긴다. 텐트의 망을 쇠고리에 통과시켜서 고정시킬 때나 실을 낚싯줄에 묶을 때 등에 이용할 수 있다. 8자 매듭이라고 하는 통칭은 그 모양에서 왔다. 풀 때는 로프 끝을 눌러서 늦추면 간단히 풀린다.

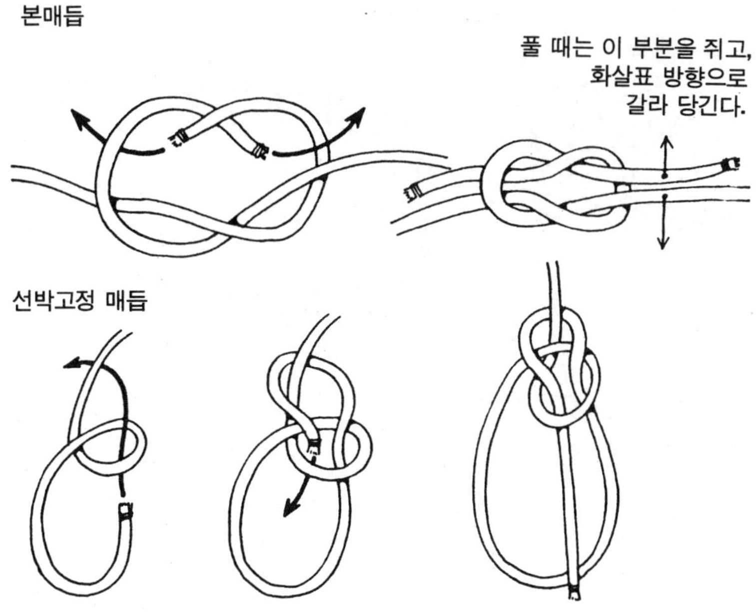
본매듭
풀 때는 이 부분을 쥐고,
화살표 방향으로
갈라 당긴다.
선박고정 매듭

□로프로 고리를 만든다

단축 매듭

긴 로프를 일부러 짧게 사용하기 위해서 만드는 매듭으로 빨리 풀려서 로프를 상하지 않고 원래의 길이로 되돌릴 수 있다. 우선, 로프를 필요한 길이로 겹쳐 포갠다. 다음에 끝에 고리를 만들고, 접어서 짧게 한 부분을 그 안으로 넣는다. 다음은 양쪽의 고리를 당겨 조르면 양끝에 힘이 가해지고 있는 동안은 풀릴리가 없다.

선박 고정 매듭

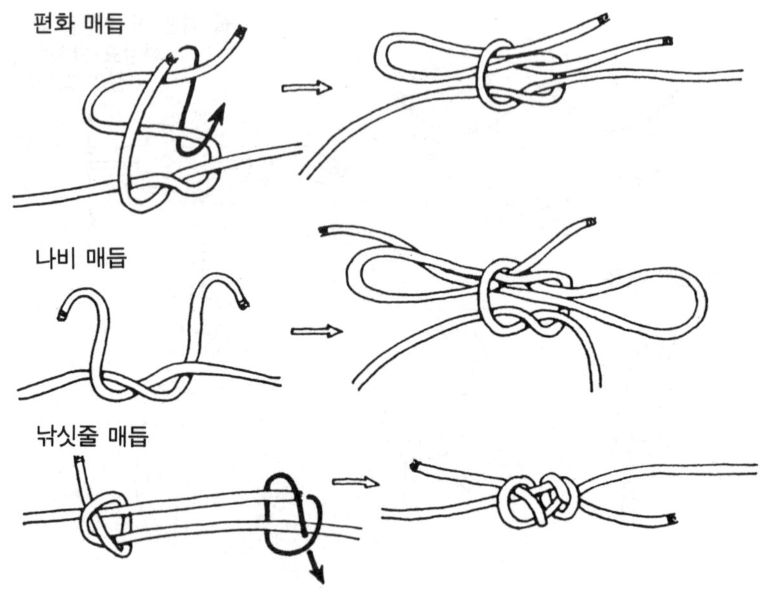

선박 고정 매듭은 원래 배의 뱃머리에 밧줄을 연결시키는데 이용했기 때문에 이런 이름이 붙여 졌다. 풀리거나 단단해지지 않고 상당히 강한 힘이 가해져도 고리의 크기가 변하지 않기 때문에 용도도 매우 다양하고 매듭법도 많이 있다. 화재 때의 구출이나 물에 빠진 사람을 도와줄 때에 이용되거나, 등산에서 자일 끝을 선두와 후미의 사람의 몸에 부착할 때 등에 활용되고 있다.

매듭법은 그림과 같이 로프로 고리를 만들고, 끝을 밑에서부터 통과시켜서 원래의 뒤를 한 번 돌려 다시 고리 속으로 통과시켜서 끝을 당겨 조른다. 이 매듭의 매듭법을 배울 때 다음과 같이 배우면 즐겁게 할 수 있다.

여우가 굴에서 뛰어 나와
나무 주위를 돌았더란다
돌았다고 생각하자 다시 굴로
되돌아 갔더란다.

□로프와 로프를 마주 잇는다

본 매듭

이 매듭법은 포장을 할 때나 붕대를 묶을 때 등 같은 굵기의 것을 마주 묶을 때 등에 편리하다. 이것을 풀 때는 한쪽 끝과 그 원점을

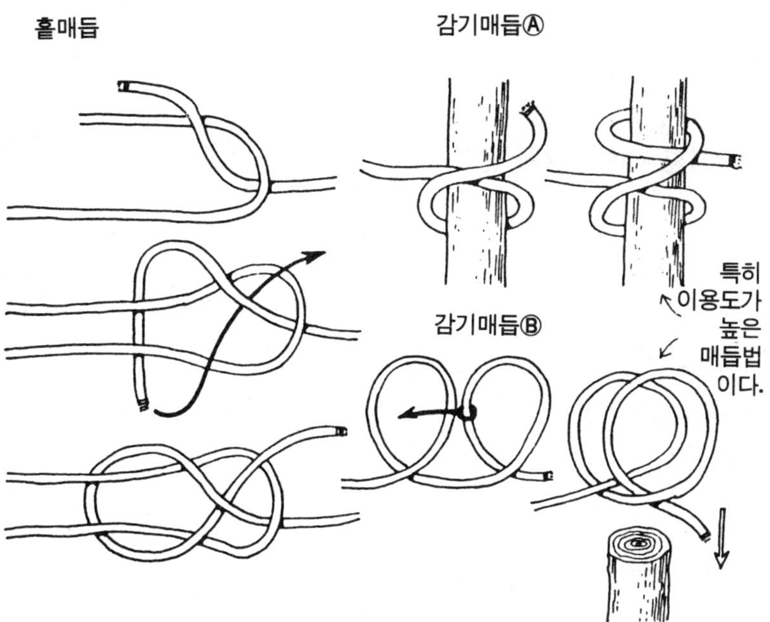

가지고 동시에 옆으로 잡아 당겨서 늦추면 간단히 풀린다. 또한, 양쪽 또는 한쪽의 끝을 무릎 꺾기해 두면 '나비 매듭' 또는 '편화(片花) 매듭'이 되어 풀기 쉽다.

낚싯줄 매듭

낚싯줄과 같이 미끄러지기 쉬운 로프를 마주 잇는데 사용한다. 양쪽 끝에서 각각 다른 쪽에 휘감은 매듭을 만들어서 조른다.

홑 매듭

홑매듭은 2개의 로프를 묶는 가장 좋은 방법으로 특히 굵기가 다른 로프를 마주 잇는데 편리하다. 이것을 풀 때는 굵은 쪽의 로프 끝과 그 처음을 동시에 당기면 매듭은 느슨해진다. 이 매듭법은 빨리 묶을 수 있고 더구나 힘이 가해지고 있을 때는 느슨해지는 일이 없다.

□다른 것에 로프를 연결시킨다

감기 매듭

이 매듭법은 나무에 로프를 연결시키거나 할 때에 이용하는 가장 쉬운 매듭법이다. 이 매듭을 흔히 '잉크 매듭'이라고 하는데 그것은 잉크병이나 그 밖의 병 류의 주둥이 부분에 끈을 매는데 사용하기 때문이다.

자재 매듭

러너(자재)를 사용하지 않는 텐트의 망을 페구(말뚝)에 감아서

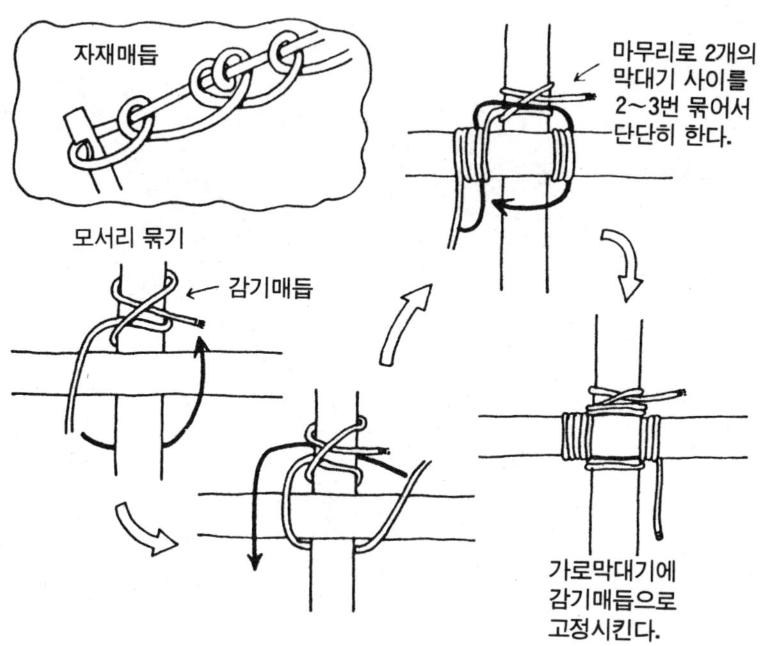
자재매듭
마무리로 2개의
막대기 사이를
2~3번 묶어서
단단히 한다.
모서리 묶기
감기매듭
가로막대기에
감기매듭으로
고정시킨다.

이 자재 매듭으로 하면 편리하다. 매듭을 위에서 아래로 누르는 것만으로 조르거나 늦추거나 할 수 있다.

□물건과 물건을 마주 묶는다

모서리 묶기

이것은 막대기와 막대기를 거의 직각으로 마주 묶을 때에 이용한다. 그 순서는 그림과 같이 세로 막대기 밑을 감기 매듭으로 고정시키고 로프를 가로 막대기에 걸쳐서 세로 막대기 뒤로 돌린다. 이것을 3번 정도 반복하고 마지막으로 세로, 가로 막대기 사이에 마무리를

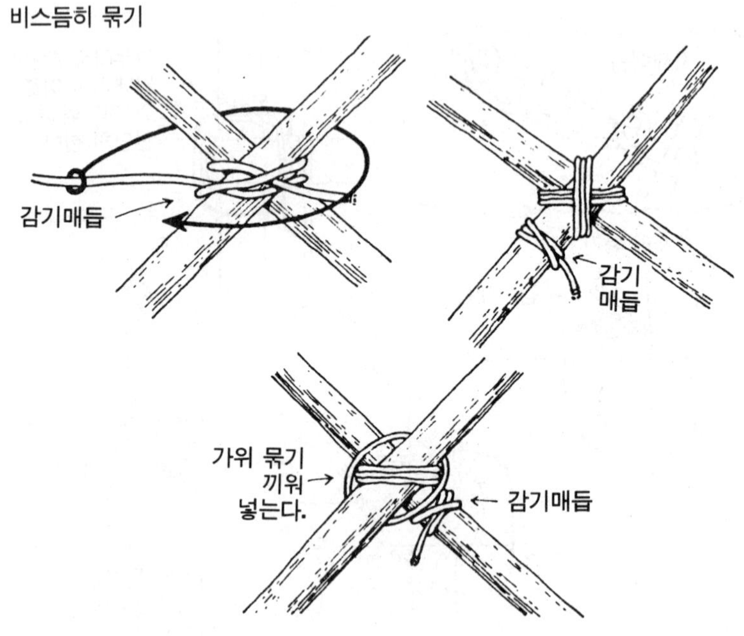

3번 정도 감아서 조르고 어느쪽 막대기인가에 감기 매듭을 한다.

비스듬히 묶기

이것은 X자형으로 교차하는 2개의 막대기를 꽉 졸라서 고착시키는 것이다. 우선 마주 묶을 2개의 막대기에 감기 매듭을 한다. 다음에 한 방향으로 3~4번 감고, 또 한 방향으로도 3~4번 감는다. 그리고 막대기와 막대기 사이를 3~4번 감아서 마무리를 하고 마지막으로 감기 매듭을 한다.

가위 묶기

이것은 2개의 막대기를 마주 묶을 때에 이용한다. 막대기를 벌리면 가위와 같이 된다. 어느쪽인가 1개에 감기 매듭을 하고, 다음에 2개 같이 4~5번 헐겁게 감고 2번 정도 끼워 넣은 후 마지막으로 다른 1개에 감기 매듭을 한다. 끝으로 막대기를 세워서 벌린다.

후회할 말

노래 경연대회에서 어떤 손님 하나가 무대에서 가수가 노래 부르는 것을 끈덕지게 따라 부르자, 옆의 사나이가 마침내 견디다 못해,

"시끄러!"

하고 소리를 꽥 질렀다.

그러나 그 손님은 이 쪽을 무섭게 노려보며,

"지금 한 그 말은 날 보고 했나?"

하고 다짜고짜 물었다.

"천만에! 저 무대의 가수더러 그랬죠. 저놈의 목소리가 거슬려서 당신 목소리가 들려야죠."

제2장

야외활동과 자연

일기와 기상

야외 활동 중에 태풍이나 폭설을 만나는 경우가 종종 있다. 모처럼 즐겁게 보내고 있던 야외 활동이 악천후로 인해 호되게 경을 치면 앞으로 두번 다시 참가하고 싶지 않게 된다. 하는 수 없으면 단념할 수 밖에 없지만 사고라도 일어나면 큰 일이다. 사전에 일기를 어느 정도 예측할 수 있었다면 이런 봉변을 당하지 않았을 것이다. 산이나 바다에서의 사고의 대부분은 기상 변화에 의한 것이라고 말할 수 있다. 정교한 소형 휴대 라디오를 잊지말고 가지고 가서 월간 예보, 주간 예보 등의 장기 예보도 들어둔다.

또한 일기는 원칙적으로 서쪽부터 변해온다. 태풍이나 전선의 진행 상태도 알 수 있으므로 출발하기 전 1주간 정도는 신문의 일기도를 오려 내어 날짜별로 정리해 둔다. 매일의 일기와 비교해 보면 대개의 일기 변화와 일기도와의 관련을 알게 되어 일기도에서 일기의 변화를 읽을 수 있게 된다. 태풍의 진행 상태, 전선의 접근 방법, 벼락의 발생 등도 대강 짐작하게 된다.

□일기도를 그린다

텔레비젼에서 방송되는 기상 통보를 기초로 해서 일기도를 스스로 만들어 본다.

빠른 페이스로 이야기되는 방송은 청취하는 것만도 큰 일이고 그것을 동시에 기입하기 위해서는 익숙을 요하지만, 2~3번 연습하면 곧 그릴 수 있게 된다. 처음에는 자신만의 기호로 임시로 기입해 두고 나중에 천천히 조목조목 완성한다. 특히 등압선을 그릴 때는 종이 뒤쪽이나 여백에 말이나 기호로 메모한 후, 기입하는 편이 좋을 것이다. 또한 각지의 기상 보고는 순서가 정해져 있기 때문에 그것에 익숙해져 버리면 그다지 바쁜 생각을 하지 않아도 된다. 더욱이 선박보고 어업기상이나 백두산정의 기상은 앞으로의 일기 상태나 예측에 도움이 된다. 방송 시간은 실제의 기상 상황의 3~4시간 후가 되므로 그것을 염두에 두고 판단해 본다. 차차 익숙해짐에 따라서 일기도 라디오 · 텔레비젼 등의 일기 예보, 지방 사람들의 의견 등을 종합해서 판단한다. 관천망기 등의 지식이 있으면 그것도 가미해서 판단의 재료로 삼는다. 특히 그 지방 사람 그 중에서도 장년에 걸쳐서 농업, 어업, 임업 등을 경영하고 있는 사람들의 의견을 듣는 것이다. 그 지방 사람의 경험은 매우 귀중한 것이다.

□일기도를 읽는다

기상예측

□구름에 의한 예측

· 포근한 구름은 적당한 바람을 동반한다.(맑음)

· 보기 흉한 모난 단단한 것 같은 구름은 강풍을 동반한다.(맑음)

· 높은 곳의 구름이 남서에서 북동으로 흐르고 있는 것은 악천의 조짐, 서쪽에서 동쪽은 현상 유지, 북쪽에서 남쪽 또는 북서쪽에서 남동쪽으로 흐를 때는 일기는 잠시 좋지만 오래 계속되지는 않는다.

· 적운 출현은 일기 일정한 조짐

· 구름이 높으면 갑자기 비가 내리지 않는다.

· 구름이 저하할 때는 냉기와 강우의 조짐

· 소용돌이 구름, 조각 구름은 폭풍의 조짐

· 갓 모양의 구름은 비의 조짐

· 적란운은 뇌우, 소나기, 돌풍의 조짐

□바람에 의한 예측

· 강우 때 동풍은 비를 지연시킨다.

· 북풍은 냉기를 동반한다.

· 남풍은 습기를 운반하고, 더위를 부른다.

· 바람이 동쪽을 돌아서 따뜻하고 눅눅해지는 것은 악천의 조짐.

□청천의 조짐

· 저녁놀

· 아침 안개, 아침 구름

· 나뉘어서 덩어리 모양이 된 구름이 잿빛에서 흰빛을 띨 때, 구름 바닥이 높아질 때

· 비바람이 불 때

· 별이 많이 나왔을 때

· 무지개가 나온 뒤

· 금요일의 비는 일요일의 청천

□우천의 조짐

· 태양이 일출에 이상한 붉은 기를 띠었을 때

· 저녁놀이 거무스름해졌을 때

· 별의 반짝임이 심할 때, 비 또는 바람

· 먼 산이 잘 보일 때

· 아침, 무지개가 나왔을 때

· 달이 테를 두른 다음날은 비

□기상예측 때의 유의점

· 기상 지식으로 뒷받침된 숙련이 필요하다.

· 기상예측에는 넓은 범위에 적용할 수 있는 것과 어떤 지방, 그 지방에서 밖에 통용되지 않는 특별한 것이 있어, 이것을 구분해서 사용할 필요가 있다.

· 기상예측은 직접 자신의 눈으로 여러가지 징후를 캐치하기 때문에, 일기가 나빠질 때까지는 비교적 예상하기 쉽지만 한번 악천후 속에 들어가 버리면 오리 무중이 되어 일기가 회복하는 전조를 파악하기가 어려워진다.

· 기상예측은 일기 변화의 전조가 되는 현상 중에서도 가능한한 빈번히 볼 수 있는 것을 선택해서 이용하는 것이 중요하다.

· 기상예측의 예보는 일기도를 보고 하는 예보와 달리 너무 앞선 일기 예보는 무리이고 겨우 반나절이나 하루 앞이 고작이다.

자연관찰에 의한 예측

□청천의 조짐

· 비둘기가 저녁 무렵 울 때는 맑음, 아침 무렵 울면 비
· 제비가 높이 날 때
· 물방울이 풀 위에 있었을 때
· 거미가 서둘러서 거미줄을 칠 때

□우천의 조짐

· 나무 위의 청개구리가 울 때
· 초목이 아침에 말라 있을 때는 오후 비
· 야간 초목이 말라 있을 때는 오전 중에 비
· 제비가 낮게 날 때
· 물고기가 수면에 떠오를 때
· 두더지가 열심히 땅을 팔 때
· 우물물이 갑자기 마를 때 가까운 시일내에 홍수
· 뱀이 나무에 오를 때는 큰 비
· 올빼미, 부엉이가 아침에 울면 비, 저녁 무렵 울 때는 맑음
· 텐트 또는 헐거운 망이 팽팽히 켕길 때

· 떡갈나무의 뿌리가 축축하면 강우

□폭풍우의 조짐

· 고추잠자리가 떼를 지어 날 때
· 해면에 거품이 많이 뜰 때
· 게가 민가로 기어 올라올 때
· 종다리의 상승이 낮을 때
· 산제비가 마을로 떼를 지어 날아올 때는 산은 황폐해진다.

제3장

사진촬영

야외 레크레이션에 있어서의 감격을 언제까지나 인상 강하게 마음속에 남겨 두는 것은 야외 레크레이션을 보다 한층 더 즐거운 것으로 해 준다. 그것을 위한 수단으로서 사진, 8㎜영화, 스케치, 기록, 비디오 등 여러가지 것을 생각할 수 있다. 그 중에서도 카메라가 가장 손쉽고 때로는 훌륭한 걸작을 만들어 낼 수 있을 지도 모른다. 그래서 이들 중에서 특히 사진촬영에 대해서 간단히 언급해 보고 싶다고 생각한다.

사진

□기재의 선택법

일반적으로 시판되고 있어 누구나가 입수할 수 있는 카메라로서 필름 사이즈별로 나누면 110판(통칭 원텐 사이즈), 하트판, 35㎜필 사이즈, 세미판, 6×6판, 6×7판, 6×9판 등을 들 수 있다. 이것들은 실제로는 3종류의 필름으로 충분하다. 이 밖에도 여러가지 있지만 일반적이 아니므로 생략한다.

스냅으로는 110판이나 하프 사이즈의 카메라가 컴팩트로 포켓에도 들어가지만 110판은 크게 확대가 어렵고 서비스 사이즈가 한도다. 하프 사이즈는 10년쯤 전은 전성이었지만, 현재는 완전히 유행이 지나가 버려서 2~3기종 밖에 없다. 또한 브로우니 필름을 사용하는 세미판부터 6×9판까지의 카메라는 크게 확대를 할 때, 특히 칼라에서는 위력을 발휘해서 작품을 만들려고 빈틈없이 촬영하는데는 적합하지만, 어쨌든 무겁고 부피가 커지고 가격도 50만 원을 넘게 되면 그렇게 호락호락하다고는 할 수 없다. 이런 이유로 35㎜필 사이즈의 카메라가 최적이라고 하게 되는 것 같다.

초심자 중에서 스냅을 중심으로 촬영하고 싶은 사람이나 경제성을 고려하면 입문용으로서는 렌즈 셔터식 EE카메라로, 렌즈가 40~4

5㎜, F1.8~F2.8 정도의 카메라가 많이 시판되고 있다. 가능한 한 초점 거리가 짧은 것이 좋고, EE를 해제했을 때 500분의 1초부터 슬로우 셔터까지의 매뉴얼 셔터가 부착된 것 쪽이 먼 장래도 즐길 수 있다.

그러나 뭐니뭐니해도 카메라 즐기는 법은 일안 리플렉스카메라에 있다고 해도 좋을 것이다. 깨끗한 들꽃이나 고산 식물, 그리고 나비나 작은 새 등을 촬영하고 싶을 때 멀리 눈이 쌓인 고산을 찍고 싶을 때, 넓은 웅대한 광경부터 순간적인 스냅까지 렌즈 교환이 가능하고 더구나 촬영하는 부분을 그대로 눈으로 확인할 수 있는 일안 리플렉스카메라가 제일이다.

요즘은 많은 기종이 시판되고 그 대부분이 TTLEE오토라고 해서 렌즈를 통과한 빛을 노광계에서 직접 받아 자동적으로 노광을 컨트롤하고 있으므로 절대라고 해도 좋을 만큼 노광의 실패는 없다. 이들 중에는 매뉴얼이라도 사용할 수 있는 것도 있어서 초심자부터 베테랑까지, 물론 어느 쪽인가 하면 베테랑 대상이지만 만능 카메라라고 말할 수 있다. 여기에 모터 드라이브장치를 부착하면 핀트를 맞추는 것과 셔터를 끊는 것 이외로 조작할 필요는 없다. 이런 이유로 만일 예산이 허락된다면 일안 리플렉스카메라(그것도 TTLEE)를 추천한다.

표준 렌즈는 처음부터 부착되어 있지만 밝은 것은 필요없다. F2 클라스로 충분하다. 그러나 표준 렌즈대신 매크로 렌즈로 하는 것도 생각할 수 있다. 이 특징은 접사가 가능하다고 하는 것으로 20㎝ 정도까지 접근할 수 있고, 식물의 1/2 정도까지 촬영할 수 있어, 무한원의 풍경부터 접사까지 1개로 해결할 수 있다고 하는 귀중한

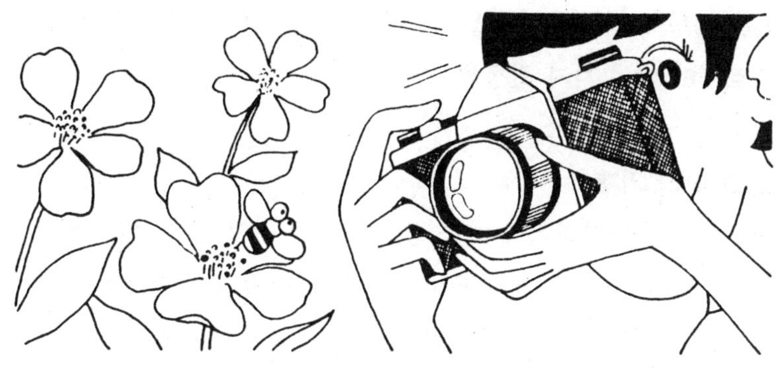

보물이다. 렌즈의 F치가 3.5~2.8 멈춤이지만 칼라 필름에도 ASA400의 필름이 가능한 지금에는 실내 촬영이라도 충분하다.

조금 익숙해지면 교환 렌즈가 바람직하다. 먼 것을 크게 찍고 싶을 때 확대한 풍경을 1장으로 축소하고 싶을 때 등 망원 렌즈나 광각렌즈가 바람직한 것이다. 줌렌즈의 성능이 향상된 지금 75~150㎜ 정도의 텔레즘과 28㎜의 광각렌즈가 있으면 만능이다.

□필름

최근의 필름 성능은 훌륭한 것이지만, 야외 레크레이션에는 역시 칼라일 것이다. 모노크로는 작품 제작의 경우에 한정되게 되었다. 기록으로서는 이미 칼라의 시대다. 네가티브와 리버설이 있다. 나중에 즐거운 추억을 모두 떠올리거나 할 때는 리버설로 슬라이드 하면 좋을 것이다. 색채도 리버설 쪽이 선명하다. 최근은 리버설로부터도 비교적 싸게 프린트할 수 있게 되었다. 그러나 슬라이드 영사기가 없으면 불편하다. 모두에게 완성된 사진을 나누어 주고 싶을 때나 추억을 앨범에 정리하고 싶을 때는 네가티브 쪽이 좋을 것이다. 어느 쪽으로 하느냐는 각자 결정해 주십시오.

□그 밖의 기재

기념사진을 촬영하거나 하는 경우도 있을 것이다. 삼각은 꼭 갖추어 주기 바라는 것의 하나다. 셀프타임은 지금의 카메라에는 거의 부착되어 있으므로 걱정없다. 그 외에는 릴리이즈와 렌즈후드, 게다가 소형의 스트로보가 있으면 더할 나위없다. 필터는 우선 스카이라이트 1종류로 좋을 것이다. 이것을 부착한 채로 해 두면 렌즈의 보호도 되고 유해한 자외선 컷트에도 도움이 된다. 그리고 일안 리플렉스 카메라가 아닌 경우는 접사용의 프락사 렌즈를 1장 마련하기 바란다.

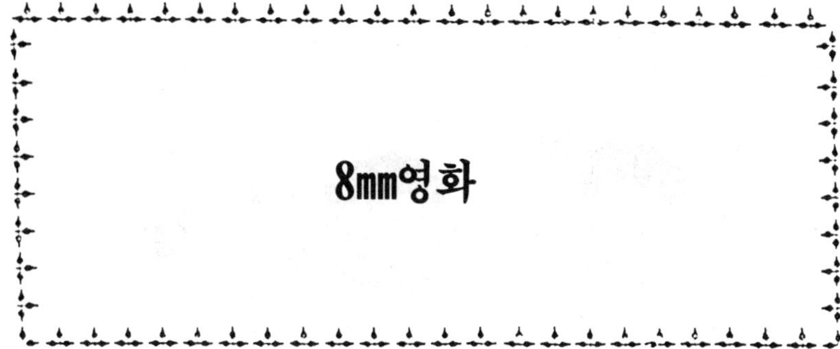

8㎜영화

요즘은 8㎜의 기재도 진보해서 촬영과 동시에 소리도 녹음할 수 있게 되었다. 전에는 더블8이라고 해서 16㎜필름을 반으로 한 것을 사용하고 있었지만 지금은 후지의 싱글8과 코닥의 슈퍼8만으로 되어 버렸다. 사쿠라는 슈퍼8을 제조하고 있다. 어느쪽이나 모두 필름 사이즈는 같고 영사기는 겸용할 수 있지만 장진을 위한 필름을 수납하는 카트리지의 형상이 다르기 때문에 카메라 쪽은 상환성이 없다. 국내에서만 사용하는 것이라면 싱글8 쪽이 편리하고 구조상의 특징도 있다. 카메라의 종류는 어느쪽인가 하면 슈퍼용 쪽이 많은 메이커에서 생산되고 있다. 어느것으로 하느냐는 일장 일단이 있어서 결정하기 어려운 점이다. 어쨌든 현재는 대부분 사운드식으로 동시 녹음이 가능하고 또한 사이렌트식이라도 아프레코를 할 수 있게 되어 즐거움이 배가하고 있다. 나머지는 개인의 기호로 선택할 수 밖에 없을 것이다.

8㎜촬영 때는 다음 사항에 유의해 주십시오. 초보자에게 있을 법한 실패로써 원컷트의 길이, 팬닝, 틸팅, 주밍의 조작과 손흔들림이 없다. 초보자는 신기함도 한몫 거들어서 이것저것 많은 컷트를 1장의 필름에 담고 싶어하고 더구나 한 신의 시간이 너무 짧기 때문에 완성

된 필름을 보면 차례 차례로 화면이 변해서 보고 있는 사람은 어지러워진다. 1개가 완성 약3분 20초 정도가 되기 때문에 1개의 필름에는 타이틀도 포함해서 10～15컷트 정도로 해서 1컷트의 시간은 적어도 10초가 바람직하다.

팬닝과 틸팅인데 전자는 카메라를 옆으로 돌리고, 후자는 상하로 움직이는 것을 말한다. 어느쪽의 경우나 초심자는 카메라를 움직이는 속도가 너무 빠르기 때문에 나중에 보면 역시 어지러워져 버린다. 팬닝의 경우를 예로 들면, 180도의 회전을 약30초 정도 걸려서 천천히 해 주십시오. 그리고 팬닝이나 틸팅은 다용하지 않는 것이다.

줌렌즈 부착 카메라를 입수하면 파인더를 들여다 보고 있을 때에 회전 효과에 그만 황홀해져서 함부로 줌 · 업이나 줌 · 아웃하는 경향이 많은데 난용하면 완성된 영화는 비참한 것이 된다.

손흔들림 대책은 가능한 한 삼각을 이용하는 것이다. 가벼운 시네용 삼각이나 일각이라고 불리는 것으로 충분하다. 대개 핀트의 나쁨

보다 흔들림의 영향이 영화를 악화시킨다고 생각해 주십시요.

이 밖에도 표준 속도 이하로 촬영함, 슬로모션, 페드인, 페드아우트, 오버랩 등의 기술도 있지만 그것은 전문서에 맡기기로 한다. 한번 훌륭한 영화를 만들어 보십시오.

겁 안난다

모스크바의 한 레스토랑에서 어깨가 떡 벌어진 한 사나이가 화장실로 향하였다. 그에 앞서 그는 양복걸이에 외투를 걸어놓고, 다음과 같은 쪽지를 핀으로 꽂아 놓았다.

〈이 외투는 레슬링 세계 헤비급 챔피언의 것입니다. 그 챔피언은 곧 돌아옵니다.〉

그가 돌아왔을 때, 외투는 온데간데 없고, 양복걸이에는 다음과 같은 쪽지가 핀으로 꽂혀 있었다.

〈외투를 가져가는 사나이는 마라톤 세계 챔피언입니다. 그 챔피언은 이제 돌아오지 않습니다.〉

판	권
본	사
소	유

정통 실외레크레이션

2018년 9월 20일 인쇄
2018년 9월 30일 발행

지은이 | 현대레저연구회
펴낸이 | 최 원 준

펴낸곳 | 태 을 출 판 사
서울특별시 중구 다산로38길 59(동아빌딩내)
등 록 | 1973. 1. 10(제1-10호)

■ **주문 및 연락처**
우편번호 04584
서울특별시 중구 다산로38길 59 (동아빌딩내)
전화 : (02)2237-5577 팩스 : (02)2233-6166

ISBN 978-89-493-0538-7 13690

유능한 리더쉽이 성공을 좌우한다

카마다 마사루 지음 / 박영환 옮김

*큰 기업을 이끌어가는 사람들을 보면 모두가 다 하나같이 리더쉽이 뛰어나다는 것을 감지할 수 있다. 리더쉽은 자기 자신에 대한 컨트롤은 물론이고 상대방에게도 확신을 심어준다. 이 책은 당신의 디러쉽 강화를 위해 필수적인 책이다.

역경을 이겨내야만 성공한다

샤 세이끼 지음 / 이정훈 옮김

*인생에 있어서 역경은 다반사이다. 어렵다고 포기해 버리면 결코 성공할 수 없다. 어려운 일에 부딛혔을 때, 난관을 돌파하고자 할 때 읽는 책!

적극적인 자기 표현술로 대성을 거둔다

다끄 아끼라 지음 / 문성원 옮김

*요즘은 광고의 시대이다. 자기 자신을 보다 많은 사람들에게 알릴 필요가 있다. 효과적인 자기 선전은 어떻게 해야 하는가? 강렬한 자기 이미지를 상대방에게 심어주는 비결이 이 책 속에 숨어 있다.

신념이 강해야 뜻대로 된다

櫻木健古 지음 / 김정인 옮김

*신념은 성공의 바탕이 된다. 신념은 배짱과도 통한다. 기어이 해 내고야 말겠다는 신념, 꼭 이룰 수 있다고 믿는 신념의 소유자는 반드시 성공한다. 이 책은 당신의 신념을 두 배로 강하게 해줄 것이다.

여성은 이런 점이 남성과 다르다

시마다 가즈오 지음 / 박영수 옮김

*여성은 남성과는 여러모로 다르다고 하는데 과연 어떤 점이 어떻게 다른가? 적을 알고 나를 알면 백전백승이라던데… 남성과 여성 모두에게 다 필요한 책!